高等财经院校创新创业教育系列教材

ENTREPRENEURSHIP AND MANAGEMENT: DECISION SIMULATION

Entrepreneurship and
Management:
Decision Simulation

创业与管理：决策模拟

魏　红　任晓阳　宁　静 ◎主编

中国财经出版传媒集团
经济科学出版社
Economic Science Press

图书在版编目（CIP）数据

创业与管理：决策模拟／魏红，任晓阳，宁静主编．
—北京：经济科学出版社，2019.2
高等财经院校创新创业教育系列教材
ISBN 978－7－5218－0186－6

Ⅰ.①创… Ⅱ.①魏…②任…③宁… Ⅲ.①创业－高等学校－教材②企业管理－高等学校－教材 Ⅳ.①F241.4 ②F272

中国版本图书馆 CIP 数据核字（2019）第 019835 号

责任编辑：齐伟娜　赵　蕾
责任校对：刘　昕
责任印制：李　鹏

创业与管理：决策模拟
魏　红　任晓阳　宁　静　主编
经济科学出版社出版、发行　新华书店经销
社址：北京市海淀区阜成路甲 28 号　邮编：100142
总编部电话：010－88191217　发行部电话：010－88191522
网址：www.esp.com.cn
电子邮件：esp@esp.com.cn
天猫网店：经济科学出版社旗舰店
网址：http://jjkxcbs.tmall.com
北京季蜂印刷有限公司印装
787×1092　16 开　14.75 印张　280000 字
2019 年 2 月第 1 版　2019 年 2 月第 1 次印刷
ISBN 978－7－5218－0186－6　定价：45.00 元
（图书出现印装问题，本社负责调换。电话：010－88191510）

前言

随着信息和通信技术的创新应用以及经济全球化的迅猛发展，商业决策往往要在海量的大数据环境下进行，管理者必须通过对复杂数据的捕获、挖掘和分析，做出更加有效率的正确抉择。为适应经济社会快速发展对人才培养的新要求，适应现代大学生成长的新特点以及信息化时代教育教学的新规律，高校应开设以提高学生实践能力和创新精神为核心，以现代信息技术为依托，以相关专业类急需的实验教学信息化内容为指向，探索线上线下教学相结合的个性化、智能化、泛在化教学课程。商学课程除了要解决理论与实践相结合、多学科之间的整合问题，还必须解决社会需求与教学条件之间的契合问题。管理决策模拟课程借助计算机、网络技术、虚拟仿真系统，解决了从多学科专业知识架构、风险决策实用技术学习到综合模拟实践的过程。

本书从学生需求出发，注重知识传授、能力培养、素质提高的协同实施，注重对学生创新精神、实践能力的综合培养，注重管理理论与管理实践相结合。内容设计包含两大部分：一是管理决策理论知识，二是管理决策综合模拟，旨在为管理类本科学生和管理决策实践者提供能够有效制定决策所必需的基础理论知识、方法、技术、模型和计算机工具。全书以问题为导向，以案例为导引，以虚拟仿真系统为平台，教授读者在处理管理问题时应该遵循的理性、系统和完善的方法，自主构建解决问题的模型，熟练使用有效的工具，在虚拟仿真的环境下模拟实践方案的选择。

本书第1篇分为5章（第1~5章），将多个学科知识串联，构建管理学基础知识储备。第1章决策分析概述，介绍管理决策分析的类型和一般程序，确定性决策、风险决策和不确定决策的方法；第2章战略管理，介绍企业战略层次和战略制定流程，战略分析、战略选择和战略实施的方法；第3章营销管理，介绍市场营销管理的基本内容，论述市场分析和需求预测、目标市场选择和产品定价、营销策略实施评价等的方法；第4章生产运作管理，介绍生产运作管理的内容、流程和方法，包括生产计划层次以及MRP的工作原理、产能规划的策略、库存控制的方法和模型，以及多目标约束条件下的资源优化方法等；第5章财务管理，介绍筹资管理、投资管理和财务管理分析的基本内容与方法。管理决策所涉及的基础知识众多，本书只截取主要内容进行阐述，所设计的案例和模型多与第2篇综合模拟实验相关。

本书第2篇分为3章（第6~8章），在管理学基础知识储备和方法掌握的基础上，组织学生进行商战综合模拟。学生在学习了第1篇的战略管理、营销管理、运作管理、财务管理，以及统计学、运筹学等多学科融合知识后，往往渴望得到直接管理一个企业的机会，在实践中大显身手。而对于在校的学生来说，通常情况下不具备创办真实企业的经济条件和环境。此时，可以在学校里，在课堂上，利用计算机网络信息化技术手段，搭建一个虚拟仿真的商业环境，实现学生扮演企业高管动手实践的梦想。本书选用BIZSIM 2.0中文版作为商战综合模拟的教学平台，该系统是北京大学光华管理学院王其文教授及其教学团队开发，并经过二十多年的教学实践和全国企业竞争模拟大赛的锤炼，系统成熟稳定，适合本科阶段以及硕士研究生阶段的管理决策综合模拟教学。第2篇中，第6章模拟系统，主要介绍模拟系统BIZSIM 2.0中文版的用户操作；第7章模拟规则，主要介绍BIZSIM 2.0中文版的竞争规则和模拟经营环境；第8章综合实验教学组织，主要介绍在利用BIZSIM 2.0中文版展开综合实践教学的教学执行计划、组织方法、线上辅导关键内容等，并结合第一部分理论知识，指导学生进行自主模型构建、工具使用、综合决策等。

本书坚持问题导向，重点实行基于问题、案例的互动式、研讨式教学，组织跨学科团队教授，实施跨学科团队演练，线上讨论，线下交流，倡导自主式、合作式、探究式学习，探索教学效果提升的方式方法。希望同学们能从本书中汲取知识和营养，在模拟演练中出真知，在社会实践中提升创新实干能力。

本书是团队合作的成果。由任晓阳教授确定全书总框架，第1、2章由宁静编写，第3~8章由魏红编写，皮兴鄂参与了第4章第4节的编写。本书在编写过程中参阅了大量中外文献，主要参考资料目录已附在书后，在此对国内外有关作者表示衷心的感谢。

在本书编写过程中，还要感谢北京大学王其文教授及其团队的倾心指导和无私分享，感谢北京赛创新港科技公司的业务团队给予的操作指导和大力支持，感谢近年来参赛学生团队的全情参与并积极传承参赛经验，最后感谢广东财经大学 BEST-CLUB 协会可爱的同学们，感谢苏瑞在赛事前后提供的周详的组织、培训、宣传和赛后总结工作，为课程建设和教材编写打下了坚实的基础。

编者

2018 年 12 月 6 日

目录

第1篇　管理决策理论与单项实验

第 1 篇

管理决策理论与单项实验

管理决策是企业管理者的一项基本活动，它关系到企业的生存和发展，往往“一着不慎，满盘皆输”。决策者在企业决策过程中处于举足轻重的地位，他们素质的高低直接影响到企业决策的正确性和有效性。越是高层决策者越是要求知识广而博，越是基层决策者越要求专而精。战略管理、营销管理、生产运作管理、财务管理等多个职能主线的理论知识是企业决策者的基本知识储备。

在过去的几十年里，管理决策技术发生了革命性的变化，企业决策者利用管理运筹学、管理科学等领域的技术更好地解决程序化决策内容，对于更加复杂的非程序化的决策问题，逐步发展了计算机模拟、人工智能等技术。著名管理学家西蒙在《管理决策新科学》一书中就曾说道：“计算机应用在新决策中的技术正在使蓝领工人、经理和专业性的工作发生巨大的变化，就像使用机械来代替人力时所引起的变化一样。”

第1章

决策分析概述

教学目标

1. 掌握决策分析的概念、特征及其建模的基本步骤；

2. 能够区分确定型决策、风险型决策和不确定型决策，并掌握不同决策类型的数学模型；

3. 重点掌握使用 Excel 建立风险型决策和不确定型决策的数学模型。

课前预习

1.1 决策分析的概念

所谓决策，是指企业为了达到某种目标，在对企业内外环境及资源进行分析的基础上，借助各种科学的管理理论、方法和工具，对影响实际目标的人力、物力、信息、财力等综合因素进行分析、计算和评价，结合决策者的经验，制定多种行动方案，并从中选择一个优化方案付诸实施。由此可见，决策并不是一个瞬间做决定的问题，而是为了解决某个问题、达到某个行动目标，收集信息，拟订方案，分析、评价及选择方案等一个完整的活动过程。

现代管理理论认为，企业管理的核心是经营，经营的重点在于决策。但是现代企业生产经营活动过程中，受到各种因素的影响，同时这些因素又具有很强的不确定性。因此仅靠企业管理者个人或集体的人为决策方法已经不能满足现代企业管理的需要。管理者在充分考虑企业内外环境的前提下，需要综合运用各种管理方法与基础理论，充分利用计算机技术或工具（如 Excel 及其他决策分析系统工具），建立基于计算机的决策分析模型，提高企业的管理决策水平，增强企业对市场机会的把握能力。

决策分析的产生和发展由两条线展开，一条线是统计决策，另一条线是管理科学，两条线索相互交叉和促进。此后，许多学者充分吸收系统科学、行为科学、运筹学、统计学和计算机科学的内容与方法，使决策分析学科在广度和深度上都得到充分发展。

1.2 决策分析的特征

1. 系统性

所有社会经济现象和社会经济过程，都应该作为一个经济系统进行分析与研究。用系统的思想和方法，去分析决策对象内部各要素之间的结构和联系，需求决策目标、决策环境、决策准则和内部条件之间在整体上的动态平衡，使决策分析取得令人满意的结果。

2. 动态性

社会经济系统是一个不断变化、不断发展的运动系统，是一个非平衡的复杂开放系统，企业经营决策者必须在经营策略、生产规模、技术引进、产品销售及其他方面做出适应市场的相应变化，决策分析的动态特性更具有重要意义。

3. 信息性

社会经济活动的全过程始终离不开信息，离不开信息的收集、传递、加工、处理和应用。在现代竞争激烈的市场环境中，强调决策分析的信息基础，是决策分析的主要特征。

1.3 现代企业决策的基本步骤

1. 确定决策目标

目标是决策所要达到的预期结果和要求。决策目标要根据所要解决问题的性质来确定，并力求做到：(1) 目标具体化、数量化；(2) 各目标之间保持一致性；(3) 分清主次，抓好主要目标；(4) 明确决策目标的约束条件。

2. 拟订备选方案

拟订方案即提出两个或两个以上的可行方案供比较和选择。决策过程中要尽量将各种可能实现预期目标的方案都设计出来，避免遗漏那些可能成为最好决策的方案。当然，备选方案的提出既要确保足够的数量，更要注意方案的质量。应当集思广益，拟订尽可能多的富有创造性的解决问题的方案，这样才能切实保证最终决策的质量。

3. 计算方案收益

决策方案选择的具体方法有经验判断法、数学分析法和试验法三类。经验判断法是依靠决策者的经验进行判断和选择；数学分析法是运用决策论的定量化方法进行方案选择，如期望值（或决策树）法；试验法则是对一些特别的决策问题，如新方法的采用、新产品的试销、新工艺的试用，所采取的一种方案选择方法，可视为正式决策前的验证。本章只针对数学分析法展开阐述。

4. 确定最优方案

即对拟定的多个备选方案进行分析评价，从中选出一个最满意的方案。这个最满意的方案并不一定是最优方案，只要能依据决策准则的要求实现预期目标，这样的决策就是合理的、理性的。具体来说，合理的决策必须具备三个条件：第一，决策结果符合预定目标的要求；第二，决策方案实施所带来的效果大于所需付出的代价，即有合理的费用效果比或成本收益比；第三，妥善处理决策方案的正面效果与负面效果、收益性与风险性的关系。

5. 决策执行

方案的执行是决策过程中至关重要的一步。在方案选定以后，就可制订实施方案的具体措施和步骤。通常而言，执行过程应做好以下工作：

（1）制定相应的具体措施，保证方案的正确执行；

（2）确保有关决策方案的各项内容都为所有的人充分接受和彻底了解；

（3）运用目标管理方法把决策目标层层分解，落实到每一个执行单位和个人；

（4）建立重要工作的报告制度，以便随时了解方案进展情况，及时调整行动。

6. 决策优化

一个大规模决策方案的执行通常需要较长的时间，在这段时间中，情况可能会发生变化，必须及时掌握决策执行的进度，将有关信息反馈到决策机构。决策者依据反馈信息，及时跟踪决策实施情况，对局部与既定目标相偏离的进行优化，以保证既定目标实现；对客观条件发生重大变化，原决策目标确实无法实现的，则要重新寻求问题，确定新的目标，重新制订可行的决策方案并进行评估和选择。

1.4 决策分析模型

决策的模型通常包括以下一些基本要素：

（1）策略、策略集。策略：每一个决策方案，记为S_k；策略集：决策方案的全体，记为 $S=\{S_1, S_2, \dots, S_m\}$。

（2）自然状态：决策者无法控制的因素，记为 $N=\{N_1, N_2, \dots, N_n\}$。如天气、市场状况、战争结果。

（3）状态概率：各自然状态出现的概率，记为$p_j=P(N_j)$。

（4）损益矩阵：由每一个方案在不同的自然状态下所得的损益值构成的数表，记为 $A=(a_{ij})_{m\times n}$，其中，a_{ij}表示在状态 N_j 下做出的决策 S_j 的损益值。

由上述要素构成的决策问题，可以表示为表 1－1 所示的数学模型。

表 1－1　　决策模型

策略	不同状态及概率下的损益			
	$N_1(p_1)$	$N_2(p_2)$	…	$N_n(p_n)$
S_1	a_{11}	a_{12}	…	a_{11}
S_2	a_{21}	a_{22}	…	a_{1n}
⋮	⋮	⋮	…	⋮
S_m	a_{m1}	a_{m2}	…	a_{mn}

1.5 决策模型的分类

决策模型的分类如图 1－1 所示。

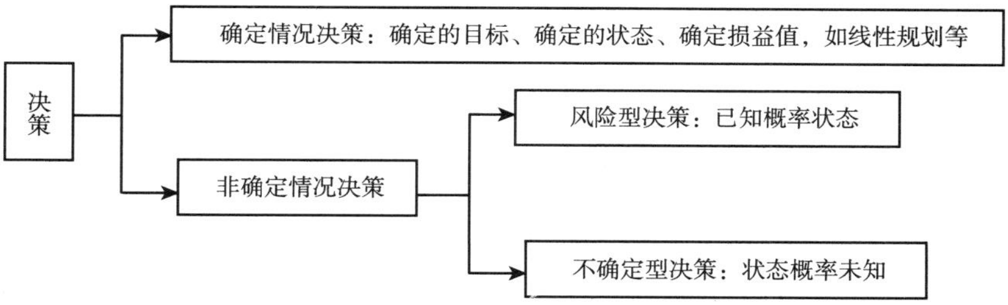

图 1－1　决策模型的分类

1.5.1　确定型决策

确定型决策也称为标准化决策或结构化决策，指决策者在只存在一种自然状态（客观条件）且对各种备选方案的结果均能确切了解的情况下做出的决策。因此，确定型决策准则是根据不同的决策内容、不同的决策目标，采用不同的计算方法，比较已经计算出的各种方案的损益值，选择收益最大的方案或损失最小的方案作为最优方案，也就是所谓的最优原则。除了数学分析和运筹学的线性规划、目标规划、图与网络最优化问题等方法外，通常还有直观法、临界点分析法、效益成本法和评分选择法。

1.5.2　风险型决策

风险型决策是指决策者不能完全掌握环境未来的信息，但可以获得各种自然状态发生的概率，依据这些概率计算出各备选方案的收益期望值，决策者即可根据概率论和统计学的知识做出统计意义下的决策。由于这种决策总要冒一定的风险，故称为风险型决策。风险决策中，通常采用期望值作为决策准则。

1. 最大期望值准则（expected monetary value，EMV）

最大期望值准则是指依据各种自然状态发生的概率，计算出各方案的期望收益值，然后从这些收益期望中挑出最大者，并以其对应的方案为最优方案。

该准则的决策步骤如表1－2所示。

（1）计算各方案的期望值：

$$E(A_i) = \sum P_j a_{ij}(i = 1,2,\ldots,n)$$

其中，$E(A_i)$ 表示方案 A_i 的期望值，P_j 表示自然状态 j 出现的概率，a_{ij} 表示方案 A_i 在自然状态 j 下的值。

（2）从得到的期望值中选出最大值。

表1－2　　最大期望值准则数学模型

策略	不同状态及概率下的损益				$H_i = \sum_{j=1}^{n} a_{ij} p_j$	$max\{H_i\}$
	$N_1(p_1)$	$N_2(p_2)$	…	$N_n(p_n)$		
S_1	a_{11}	a_{12}	…	a_{11}	H_1	
S_2	a_{21}	a_{22}	…	a_{1n}	H_2	$S^* = S_k \leftarrow H_k = max\{H_i\}$
⋮	⋮	⋮	…	⋮	⋮	
S_m	a_{m1}	a_{m2}	…	a_{mn}	H_m	

2. 最小机会损失准则（expected opportunity loss，EOL）

最小机会损失准则主要是指当决策者没有选择某一状态下的最优收益时，可能会形成一定的损失。由于决策时还不能确定哪种自然状态即将发生，此时决策者可以通过比较各个方案的期望损失值得出最优方案。

最小机会损失决策准则的一般步骤如表1－3所示。

（1）将收益值矩阵转变成损失值（后悔值）矩阵，即以每种自然状态下的最大收益值减去该状态下的各损益值。

（2）依各自然状态发生的概率计算出各方案的期望损失值。

（3）从得到的期望损失值中选择最小者，并以其所对应的方案为最优方案。

表1－3　　最小机会损失准则数学模型

策略	不同状态及概率下的损益				$H_i = \sum_{j=1}^{n} a_{ij} p_j$	$min\{H_i\}$
	$N_1(p_1)$	$N_2(p_2)$	…	$N_n(p_n)$		
S_1	a_{11}	a_{12}	…	a_{11}	H_1	
S_2	a_{21}	a_{22}	…	a_{1n}	H_2	$S^* = S_k \leftarrow H_k = min\{H_i\}$
⋮	⋮	⋮	…	⋮	⋮	
S_m	a_{m1}	a_{m2}	…	a_{mn}	H_m	

3. 决策树法

决策树是一种树状图，决策树法是运用决策树状图方法来做出决策，它是决策分析最常用的一种方法。对于较为复杂的决策问题，决策者在做出抉择和采取行动之前要权衡各种可能发生的情况，还需要想到未来发展的各种可能性。这时用决策树方法来表达决策问题中先后各个阶段之间的联系。

决策树一般由四种元素组成，见图1－2。

（1）决策结点。在决策树中，决策结点用图形□表示，从决策结点引出的每一分支，代表决策者可能选取的一个方案，称为方案枝。

（2）状态结点（方案结点）。在决策树中，状态结点用○表示，位于状态分支的末端，其上方的数字为该策略的期望损益值，状态结点引出的分枝称概率枝。

（3）结果结点。在决策树中，结果结点用△表示，它是状体分枝的末梢，旁侧的数字是相应自然状态下某一方案的收益值。

（4）分枝。决策树中的分枝，包括方案枝和概率枝两种，通常用直线表示。

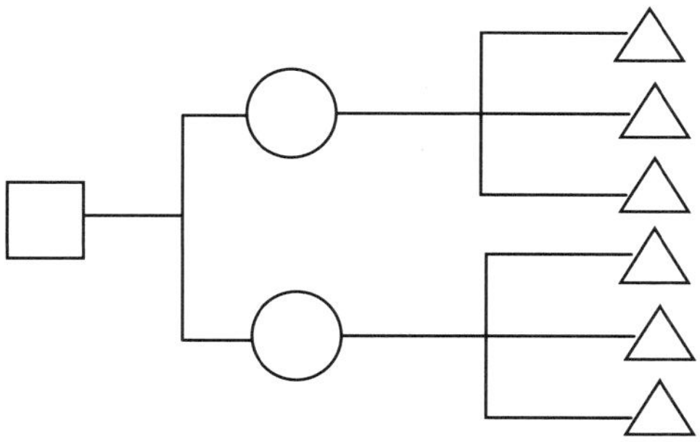

图1－2　决策树数学模型

应用决策树进行决策时，其决策过程为自左向右进行，具体步骤为：

（1）根据收益值及其对应的概率枝上的概率，计算每一个方案的期望收益值，并标于状态结点上方；

（2）根据各方案的期望收益进行决策，决定方案的取舍；

（3）将所剩方案枝的期望收益值标于决策点上方，并以此为最优方案。

1.5.3　不确定型决策

在具有多个自然状态的决策问题中，如果决策者无法获得各种自然状态在未来发生的可能性信息，那么，这类问题就属于不确定型决策。这种情况下，决策者有时只能凭主观倾向进行决策。

1. 乐观准则（最大最大准则，max max）

乐观准则是指决策者所持的态度是乐观的，不放弃任何一个可能获得最好结果的机会，充满着乐观冒险精神，争取各方案最大收益值中的最大值。

决策的步骤一般如表 1－4 所示。

（1）从决策表中选出各方案的收益的最大值。

（2）在这些选出的收益最大值中，再一次选出最大值，其所对应的方案就是乐观型决策者所认为的最优方案。

表 1－4　　乐观准则数学模型

策略	不同状态及概率下的损益				$H_i = max(a_{ij})$	$max\{H_i\}$
	$N_1(p_1)$	$N_2(p_2)$	…	$N_n(p_n)$		
S_1	a_{11}	a_{12}	…	a_{11}	H_1	
S_2	a_{21}	a_{22}	…	a_{1n}	H_2	$S^* = S_k \leftarrow H_k = max\{H_i\}$
⋮	⋮	⋮	…	⋮	⋮	
S_m	a_{m1}	a_{m2}	…	a_{mn}	H_m	

2. 等可能性准则（Laplace）

等可能性准则是 19 世纪数学家拉普拉斯（Laplace）提出的。他认为，当决策者面临着几种自然状态都可能发生时，在没有确切理由说明某一自然状态有更多的发生机会时，那么只能认为各种自然状态发生的机会是均等的，即每一自然状态发生的概率为：1/自然状态数。

该决策方法的主要步骤如表 1－5 所示。

（1）计算各方案的收益平均值：

平均值＝该方案在各种自然状态下收益值的和/自然状态数

（2）在这些收益平均值中选出最大者，并以它所对应的方案为最优方案。

表 1-5　　等可能性准则数学模型

策略	不同状态及概率下的损益				$H_i=\sum_{j=1}^{n}\frac{a_{ij}}{n}$	$mcx\{H_i\}$
	$N_1(p_1)$	$N_2(p_2)$	…	$N_n(p_n)$		
S_1	a_{11}	a_{12}	…	a_{11}	H_1	$S^*=S_k \leftarrow H_k=max\{H_i\}$
S_2	a_{21}	a_{22}	…	a_{1n}	H_2	
⋮	⋮	⋮	…	⋮	⋮	
S_m	a_{m1}	a_{m2}	…	a_{mn}	H_m	

3. 悲观准则（最大最小期望法，max min）

按悲观准则决策时，决策者是非常谨慎保守的，它总是从每个方案的最坏情况出发，然后从这些可能最坏的结果中选择一个相对最好的结果。该准则又称保守主义决策。

决策步骤如表 1-6 所示。

（1）从决策表中选出各方案中收益的最小值。

（2）从这些选出的收益最小值中选择最大者，并以此所对应的方案为最优方案。

表 1-6　　悲观准则数学模型

策略	不同状态及概率下的损益				$H_i=min(a_{ij})$	$max\{H_i\}$
	$N_1(p_1)$	$N_2(p_2)$	…	$N_n(p_n)$		
S_1	a_{11}	a_{12}	…	a_{11}	H_1	$S^*=S_k \leftarrow H_k=max\{H_i\}$
S_2	a_{21}	a_{22}	…	a_{1n}	H_2	
⋮	⋮	⋮	…	⋮	⋮	
S_m	a_{m1}	a_{m2}	…	a_{mn}	H_m	

4. 折中准则

某些情况下，仅用乐观准则或悲观准则来处理可能比较极端，这就需要对它们进行综合。所谓折中准则就是指在乐观准则与悲观准则之间的折中，折中准则中，用乐观系数 α 表示乐观程度，$0\leqslant\alpha\leqslant1$，那么悲观系数即为 $(1-\alpha)$。

折中准则的决策步骤如表 1-7 所示。

（1）计算折中收益值：

$$H_i=\alpha A_{imax}+(1-\alpha)A_{imin}$$

（2）其中 A_{imax} 和 A_{imin} 分别表示第 i 个方案可能实现的最大收益值和最小收益值，从计算出的折中收益值中选出最大者，并以此对应的方案为最优方案。

表 1－7　　折中准则数学模型

策略	不同状态及概率下的损益				$H_i=\alpha\times max(a_{ij})+(1-\alpha)\times min(a_{ij})$	$max\{H_i\}$
	$N_1(p_1)$	$N_2(p_2)$	…	$N_n(p_n)$		
S_1	a_{11}	a_{12}	…	a_{11}	H_1	$S^*=S_k\leftarrow H_k=max\{H_i\}$
S_2	a_{21}	a_{22}	…	a_{1n}	H_2	
⋮	⋮	⋮	…	⋮	⋮	
S_m	a_{m1}	a_{m2}	…	a_{mn}	H_m	

案例与建模

1.6 风险型决策案例分析

风险型决策是指决策的环境不是完全确定的，但对于每一种自然状态发生的概率是已知的。风险型决策最基本的特征是未来可能出现的自然状态不止一个，但每种自然状态发生的概率能够预测出来（视为已知条件）。任一备选方案在既定自然状态下产生的结果是唯一确定的，但方案的最终结果取决于将来出现的自然状态。

风险型决策必备以下五要素：

（1）存在决策人希望达到的目标。

（2）存在两个以上的行动方案可供选择。

（3）存在两个或两个以上的不以决策人的主观意志为转移的自然状态。

（4）在不同行动方案、不同自然状态下的相应损益值（收益或损失）能够预测出来。

（5）在几种不同的自然状态中，各种自然状态出现的可能性是可以预测出来的。

1.6.1 最小机会损失准则

【例 1－1】某公司在生产过程中，一关键设备突然发生故障。为了保证履行合同，必须在 7 天内恢复正常生产，否则将支付 100 万元的违约金。公司面临两种选择：一是修复设备，7 天内修复的概率为 0.5，费用为 20 万元；二是购置新设备，7 天内完成的概率为 0.8，费用为 60 万元。在这种条件下，运用期望损益值决策法，选择哪一种方案最佳？

1. 期望损益决策法的原理及基本步骤

（1）计算各方案的损益期望值：

$$E(A_i) = \sum P_j a_{ij} (i = 1,2,\dots,n)$$

其中，$E(A_i)$ 表示方案 A_i 的期望损益值，P_j 表示自然状态 j 出现的概率，a_{ij} 表示方案 A_i 在自然状态 j 下的损益值。

（2）从得到的损益期望值中选出最小值。

2. 运用 Excel 构建设备选择决策分析的步骤

（1）构建设备选择决策模型。

计算各方案的损益期望值：$E(A_i) = \sum P_j a_{ij} (i = 1,2,\dots,n)$，损益期望最小者为佳。

根据已知数据构建损益矩阵及数据模型，如表 1－8 和图 1－3 所示。

表 1－8　损益矩阵

状态	修复设备		购置新设备	
	概率 P	损益 A	概率 P	损益 A
成功	0.5	20	0.8	60
失败	0.5	120	0.2	160

	A	B	C	D	E	F
1		某公司设备选择决策分析（单位：万元）				
2		状态	修复设备		购置新设备	
3			概率P	损益F	概率P	损益F
4		正常	0.5	20	0.8	60
5		异常	0.5	120	0.2	160
6		期望损益	=SUM(C4*D4,C5*D5)		=SUM(E4*F4,E5*F5)	
7		决策方案	=INDEX(C2:F2,MATCH(MIN(C6:F6),C6:F6,0))			
8						

图 1－3　基于损益矩阵的某公司设备选择模型

表1－9给出了该模型的公式：

表1－9　　相关公式

单元格	公　　式	单元格	公　　式
C6	＝SUM（C4＊D4，C5＊D5）	E6	＝SUM（E4＊F4，E5＊F5）
C7	＝INDEX（C2：F2，MATCH（MIN（C6：F6），C6：F6，0））		

注：①函数INDEX（array，row_num，column_num）。功能：返回数值或数值数组。说明：array为单元格区域或数组常数；row_num为数组中某行的行序号，函数从该行返回数值；column_num是数组中某列的列序号，函数从该列返回数值。

②函数MATCH（lookup_value，lookup_array，match_type）。功能：返回指定内容所在的位置。说明：lookup_value表示要在区域或数组中查找的值，可以是直接输入的数组或单元格引用；lookup_array表示可能包含所要查找的数值的连续单元格区域，应为数组或数组引用；match_type表示查找方式，用于指定精确查找（查找区域无序排列）或模糊查找（查找区域升序排列），取值为－1、1、0，其中0为精确查找。

（2）决策方案选择结果如图1－4所示，决策方案为选择修复设备方案。

某公司设备选择决策分析（单位：万元）

状态	修复设备		购置新设备	
	概率P	损益F	概率P	损益F
正常	0.5	20	0.8	60
异常	0.5	120	0.2	160
期望损益	70		80	
决策方案	修复设备			

图1－4　某公司设备选择的决策分析结果

1.6.2　决策树法案例分析

【例1－2】某公司计划改进一项生产工艺。取得新工艺有两种途径：一是自行研究，需投资270万元，成功的可能性为0.6；二是改进技术，投资300万元，成功的可能性为0.8 。主要设备寿命周期均为5年。无论采用哪一种方案，如果成功，都要考虑两种生产规模：一是保持原产量，二是扩大产量；如果失败，则仍采用原工艺进行生产，并保持原产量不变。据市场预测，估计今后5年这种产品价格下跌的可能性为0.1，保持不变的可能性为0.4，上涨的可能性为0.5 。各状态下的收益值如表1－10所示，何种方案最优？

表 1－10　　各种状态下的损益值

方案 / 损益值 / 自然状态	按原工艺	引进技术成功		自行研究成功	
		产量不变	扩大产量	产量不变	扩大产量
价格下跌	－100	－200	－300	－200	－300
价格不变	0	50	50	0	－250
价格上涨	100	150	150	200	600

1. 决策树法的基本原理及决策步骤

应用决策树进行决策时，其决策过程为自左向右进行，具体步骤为：

（1）根据收益值及其对应的概率枝上的概率，计算每一种方案的期望收益值，并标注于状态结点上方。

（2）根据各方案的期望收益进行决策，决定方案的取舍。

（3）将所剩方案枝的期望收益值标注于决策点上方，并以此为最优方案。

2. 运用 Excel 构建工艺选择决策分析的步骤（方法一）

（1）构建决策树，如图 1－5 所示。

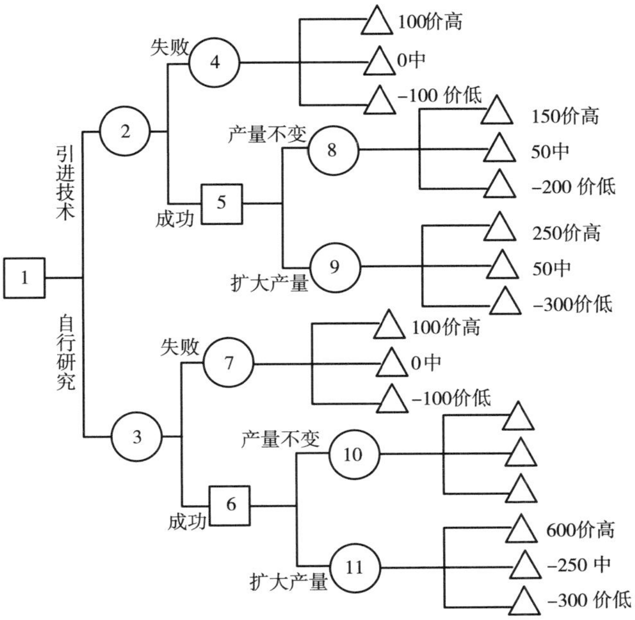

图 1－5　基于决策树的某公司工艺选择模型

（2）根据已知数据、损益表及决策树结果构建 Excel 表格，如图 1－6 所示。

某公司工艺选择决策分析						
方案 损益值 自然状态	概率	按原工艺	引进技术	0.8	自行研究	0.6
			产量不变	扩大产量	产量不变	扩大产量
价格下跌	0.1	-100	-200	-300	-200	-300
价格不变	0.4	0	50	50	0	-250
价格上涨	0.5	100	150	250	200	600

图 1－6　某公司工艺选择的决策分析结果

（3）根据决策树法思路构建工艺选择决策分析模型，表 1－11 给出了该模型的公式。

表 1－11　　相关公式

单元格	公　　式	单元格	公　　式
C10	＝SUMPRODUCT（$C$4：$C$6，E4：E6）	C11	＝SUMPRODUCT（$C$4：$C$6，G4：G6）
D10	＝SUMPRODUCT（$C$4：$C$6，F4：F6）	D11	＝SUMPRODUCT（$C$4：$C$6，H4：H6）
E10	＝MAX（C10：D10）	E11	＝MAX（C11：D11）
F10	＝MATCH（E10，C10：D10，0）	F11	＝MATCH（E11，C11：D11，0）
G10	＝SUMPRODUCT（$C$4：$C$6，$D$4：$D$6）	G11	＝SUMPRODUCT（$C$4：$C$6，$D$4：$D$6）
H10	＝F2＊E10＋（1－F2）＊G10	H11	＝H2＊E11＋（1－H2）＊G11
B13	＝MAX（H10：H11）	C13	＝MATCH（B13，H10：H11，0）
G12	＝INDEX（B10：B11，C13）&INDEX（C9：D9，INDEX（F10：F11，C13））		

决策分析模型公式如图 1－7 所示。

决策方案分析	成功期望值		成功期望值最优	最优值所在列	失败期望值	总期望值
	产量不变	扩大产量				
引进技术	=SUMPRODUCT($C$4:$C$6,E4:E6)	=SUMPRODUCT($C$4:$C$6,F4:F6)	=MAX(C10:D10)	=MATCH(E10,C10:D10,0)	=SUMPRODUCT($C$4:$C$6,$D$4:$D$6)	=F2*E10+(1-F2)*G10
自行研究	=SUMPRODUCT($C$4:$C$6,G4:G6)	=SUMPRODUCT($C$4:$C$6,H4:H6)	=MAX(C11:D11)	=MATCH(E11,C11:D11,0)	=SUMPRODUCT($C$4:$C$6,$D$4:$D$6)	=H2*E11+(1-H2)*G11
总期望值最优	最优值所在例		决策方案结果		=INDEX(B10:B11,C13)&INDEX(C9:D9,INDEX(F10:F11,C13))	
=MAX(H10:H11)	=MATCH(B13,H10:H11,0)					

图 1－7　某公司工艺选择的模拟公式

（4）动态决策方法结果如图 1－8 所示，选择自行研究、扩大产量的方案。

某公司工艺选择决策分析						
方案 损益值 自然状态	概率	按原工艺	引进技术	0.8	自行研究	0.6
			产量不变	扩大产量	产量不变	扩大产量
价格下跌	0.1	-100	-200	-300	-200	-300
价格不变	0.4	0	50	50	0	-250
价格上涨	0.5	100	150	250	200	600
决策方案分析	成功期望值		成功期望值最优	最优值所在列	失败期望值	总期望值
	产量不变	扩大产量				
引进技术	75	115	115	2	40	100
自行研究	80	170	170	2	40	118
总期望值最优	最优值所在例		决策方案结果		自行研究扩大产量	
118	2					

图 1－8　某公司工艺选择的模拟结果

3. 运用 treeplan 决策（方法二）

（1）加载 treeplan 控件：开始—选项（如图 1－9 所示）。

图 1－9　加载 treeplan 控件的总界面

（2）选中“加载项”，点击“转到…”（如图 1－10 所示）。

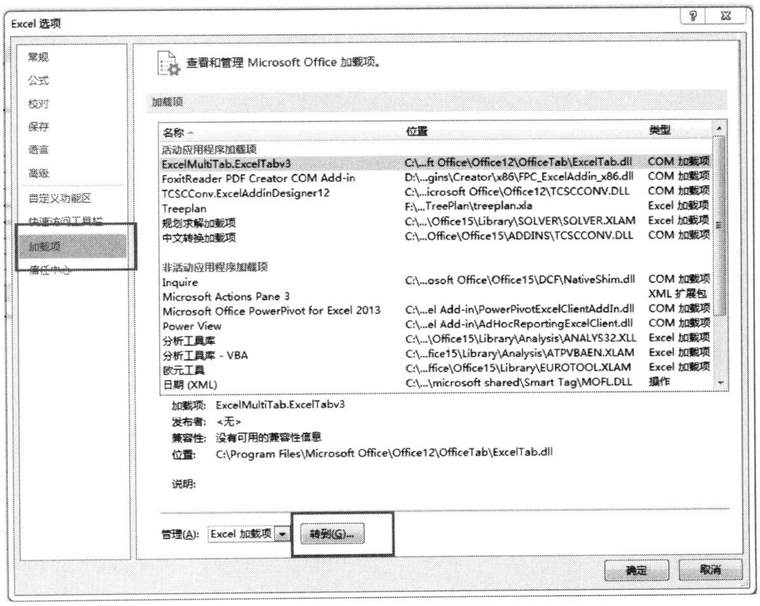

图 1－10　加载控件的 Excel 选项界面

（3）点击“浏览…”，选中“treeplan. xla”，然后确定（如图 1 – 11 和图 1 – 12 所示）。

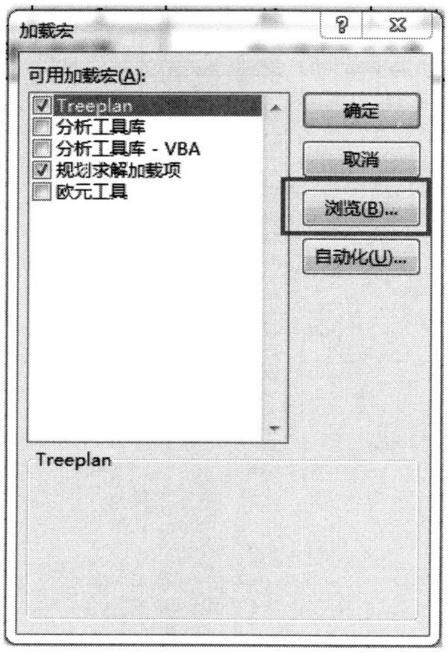

图 1 – 11　加载控件的宏界面

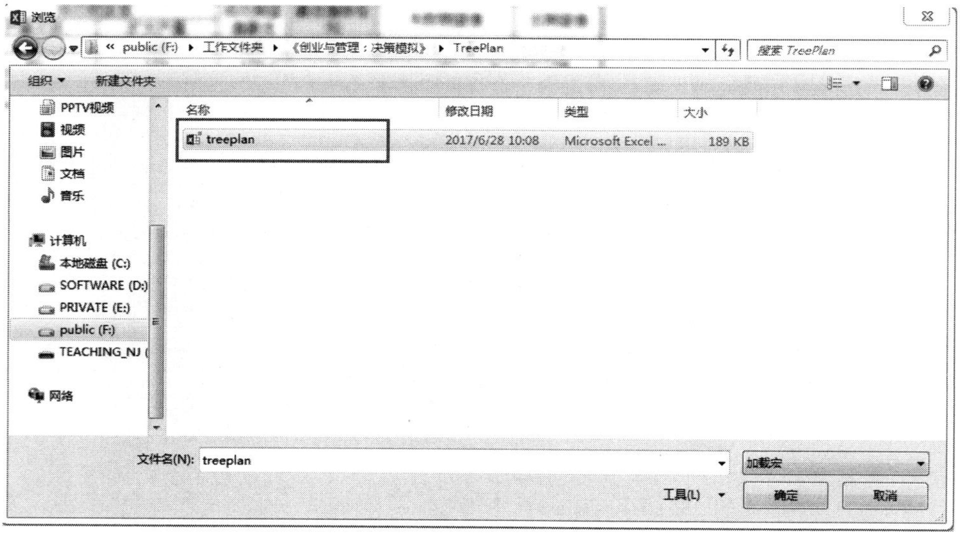

图 1 – 12　打开 treeplan 目标文件

（4）菜单栏新增了“加载项”一栏，并出现了“Decision Tree”菜单命令，至此，完成 treeplan 的加载（如图 1 – 13 所示）。

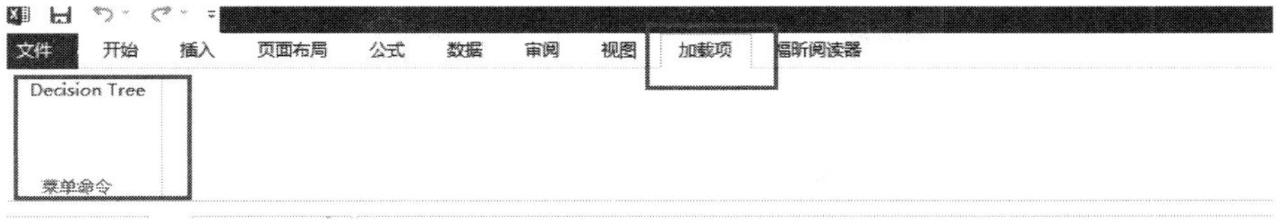

图 1－13　加载项菜单

（5）依次点击“加载项”“Decision Tree”，出现如图 1－14 所示对话框。

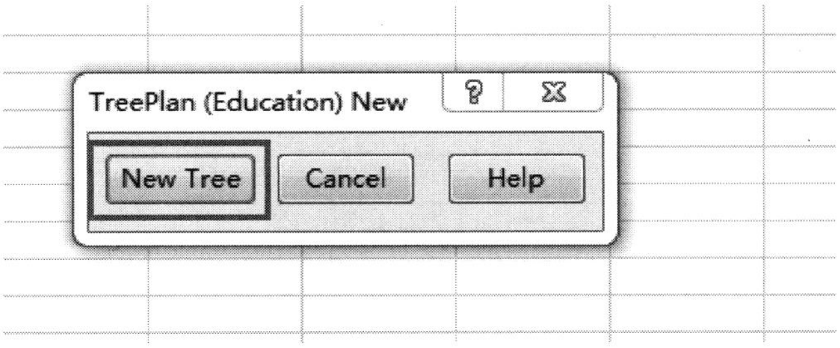

图 1－14　新建决策结点

（6）单击“New Tree”，出现如图 1－15 所示界面。

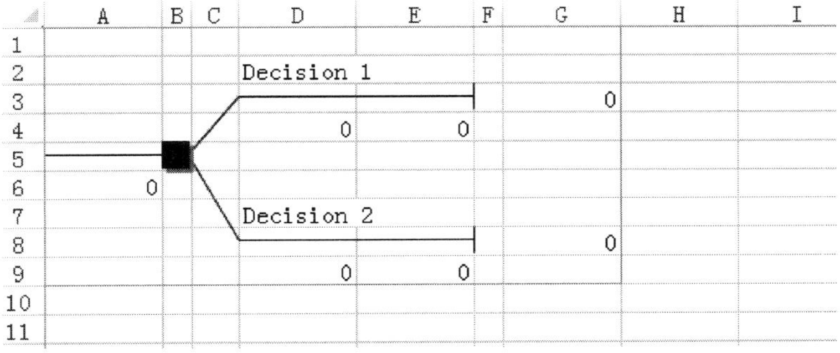

图 1－15　修改分支名称

将第一分支的“Decision 1”改成“引进技术”，0 改成－300；第二分支的“Decision 2”改成“自行研究”，0 改成－270。

（7）选中“F3”，点击“Decision Tree”，选中“Change to event node”和“Branches”下的“two”，点击“OK”确定（如图 1－16 和图 1－17 所示）。

第二个节点的两条分支修改如表 1－12 所示。

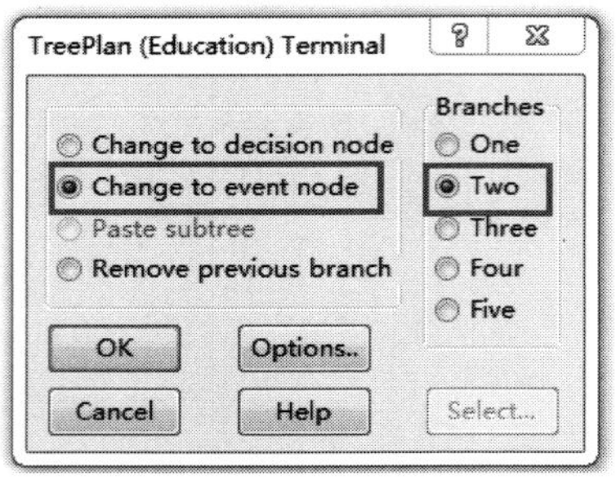

图 1-16 新建分支界面

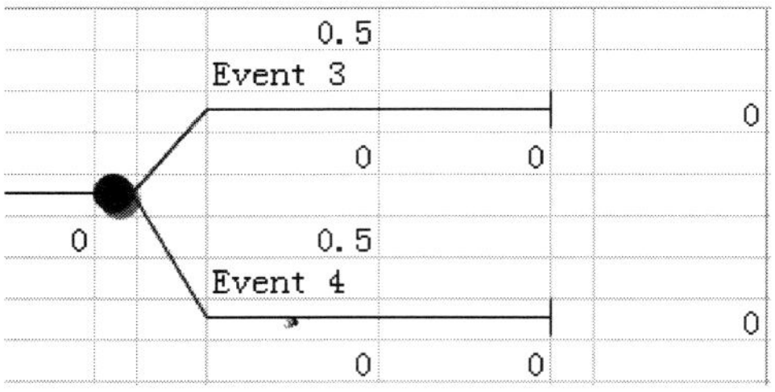

图 1-17 新建第一级状态结点

表 1-12 相关数据录入

第一分支	
0.5	0.2
Event 3	失败
第二分支	
0.5	0.8
Event 4	成功

（8）选中“J3”，点击“Decision Tree”，选中“Change to event node”和“Branches”下的“Three”，点击“OK”确定，如图 1-18 所示。

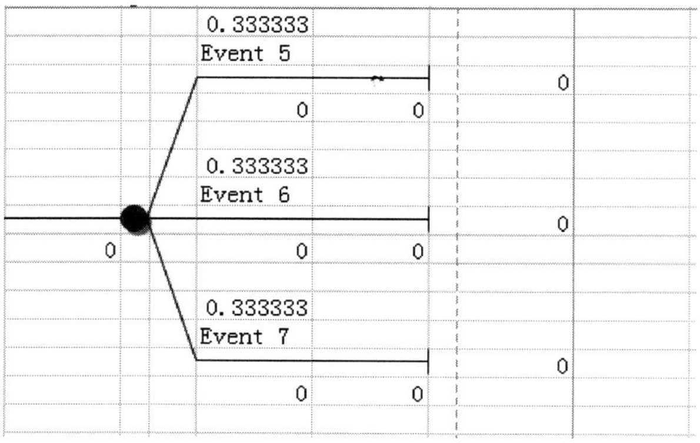

图 1-18 新建第二级状态结点

（9）第三个节点的两条分支修改如表 1-13 所示。

表 1-13　　相关数据录入

原值	修改值
第一分支	
0.5	0.5
Event 5	价高
0	100
第二分支	
0.5	0.4
Event 6	中
0	0
第三分支	
0.5	0.1
Event 7	价低
0	-100

（10）选中“J18”，点击“Decision Tree”，选中“Change to decision node”和“Branches”下的“Two”，点击“OK”确定，如图 1-19 所示。

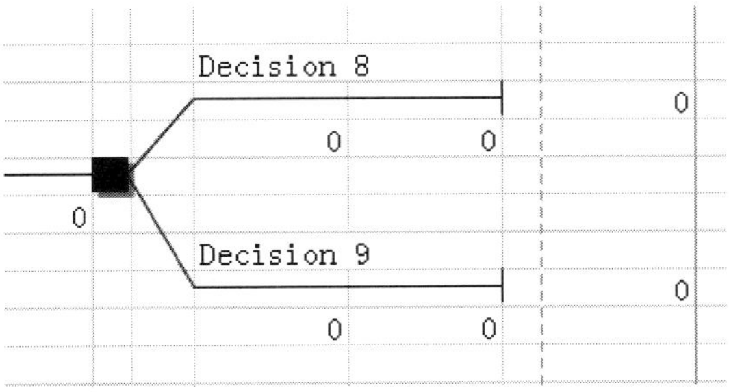

图 1-19　新建第三级状态结点

将第一分支的“Decision 8”改成“产量不变”，第二分支的“Decision 9”改成“扩大产量”。

（11）以此类推，根据题意依次录入所有数据，选中末端单元格，选择“Options...”，打开“TreePlan Options”对话框，选择“Maximize（profits）”，点击“OK”确定，如图 1-20 和图 1-21 所示。

（12）“自行研究扩大产量”的值最大为 330，所以最优决策选择“自行研究扩大产量”，如图 1-22 所示。

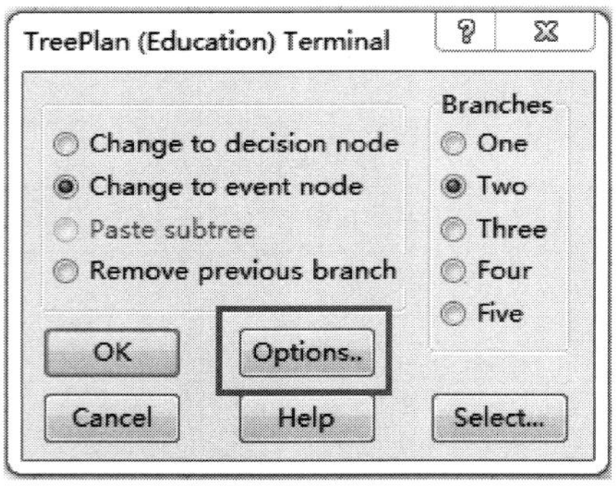

图 1-20　计算模式选择界面

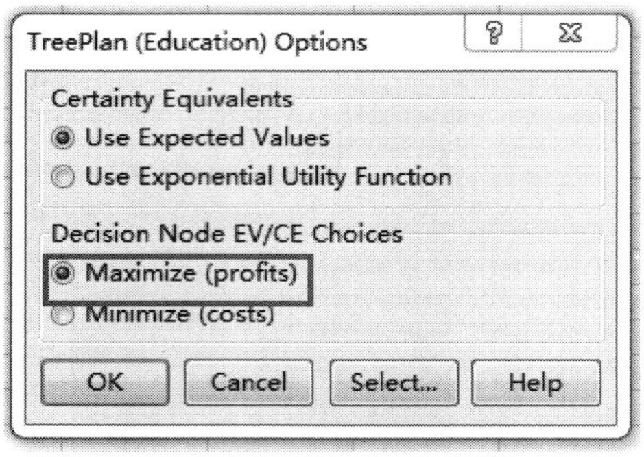

图 1-21　选择利润最大化

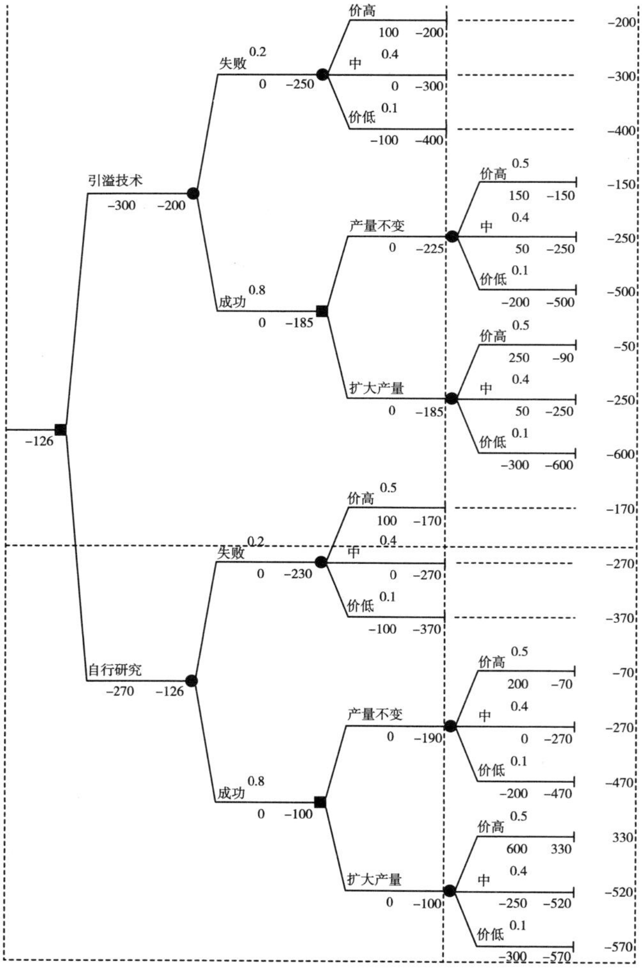

图 1-22　运行结果

1.7 不确定型决策实例分析

本节仅以最大最小期望决策法为例。

【例1-3】 某公司准备生产一种新产品，由于缺乏市场调查，预测人员对该产品的市场需求只能大致估计为销路好、销路较好、销路一般和销路差四种类型，对每种自然状态所发生的概率无法预知。对于生产该产品拟订有四个方案：（1）改建原有生产线；（2）新建一条生产线；（3）利用原生产线生产部分产品，不能生产的由外厂加工；（4）与有关企业联合经营。

四个方案在不同的自然状态下的收益值如表1-14所示。

表1-14　　四种方案不同自然状态下的收益值　　单位：万元

	销路好	销路较好	销路一般	销路差
方案1	600	550	400	200
方案2	800	600	-100	-300
方案3	300	200	50	-100
方案4	450	260	100	70

1. 最大最小期望值决策法原理及基本步骤

（1）从决策表中选出各方案收益的最大值。

（2）在这些选出的收益最大值中，再一次选出最大值，该最大值所对应的方案就是乐观型决策者所认为的最优方案。

2. 运用Excel构建新产品生产接触分析步骤，如图1-23所示。

	A	B	C	D	E	F	G
1		新产品生产决策分析					
2		状态 方案	销路好	销路较好	销路一般	销路差	最小收益值
3		方案1	600	550	400	200	=MIN(C3:F3)
4		方案2	800	600	-100	-300	=MIN(C4:F4)
5		方案3	300	200	50	-100	=MIN(C5:F5)
6		方案4	450	260	100	70	=MIN(C6:F6)
7		最小收益值	=MAX(G3:G6)		决策方案	=INDEX(B3:B6,MATCH(C7,G3:G6,0))	
8							

图1-23　新产品生产决策分析

表1-15中给出了该模型的公式。

表 1－15　　相关公式

单元格	公　　式	单元格	公　　式
G3	＝MIN（C3：F3）	G6	＝MIN（C6：F6）
G4	＝MIN（C4：F4）	C7	＝MAX（G3：G6）
G5	＝MIN（C5：F5）	F7	＝INDEX（B3：B6，MATCH（C7，G3：G6，0））

采用模型决策，决策结果如图 1－24 所示，此案例最优选择方案 1，即改建原有生产线方案。

新产品生产决策分析

状态 / 方案	销路好	销路较好	销路一般	销路差	最小收益值
方案1	600	550	400	200	200
方案2	800	600	-100	-300	-300
方案3	300	200	50	-100	-100
方案4	450	260	100	70	70
最小收益值	200		决策方案	方案1	

图 1－24　新产品生产决策结果

训练与思考

1. 某厂按批生产某产品，并按批销售。设每件产品成本 30 元，批发价每件 35 元。如果每月生产的产品当月销售不完，则每件损失 1 元。该产品每批 10 件，月最大生产能力是 40 件。可行生产方案有五种，即每月生产该产品件数为 0（a1）、10（a2）、20（a3）、30（a4）、40（a5）件。市场销售状态也是按批进行。试用以下不确定型决策选择最优行动方案：

（1）乐观准则（乐观系数是 0.3）；

（2）等可能性准则；

（3）悲观准则；

（4）折中准则。

2. 在习题 1 中，若各种自然状态发生的概率分别为 P(N1)＝0.1、P(N2)＝0.3、P(N3)＝0.3、P(N4)＝0.2、P(N5)＝0.1。请用期望值准则进行决策。

3. 某市场需建设一个生产某产品的工厂，有两个方案：一是建大厂，二是建小厂。

建大厂投资 300 万元，建小厂投资 140 万元，两者使用期均为 10 年。若在 10 年间产品销路好，小厂每年可盈利 40 万元，大厂每年可盈利 100 万元。若销路差，则小厂每年盈利 20 万元，而大厂每年亏损 20 万元。根据市场的预测，产品销路好的概率为 0.7，产品销路差的概率为 0.3，运用 treeplan 进行决策。

主要参考文献

[1] 李宗民：《Excel 与企业管理决策分析》，北京科海电子出版社 2007 年版。

[2] [美] 戴维·R. 安德森：《数据、模型与决策：管理科学篇》（侯文华等译），机械工业出版社 2012 年版。

[3] 党耀国：《运筹学》，电子工业出版社 2015 年版。

第2章

战略管理

教学目标

1. 学习企业战略的层级与内容，以及企业战略制定流程；
2. 掌握企业经营的外部环境分析和内部环境分析的方法与工具；
3. 运用企业战略分析的方法和工具分析实际案例。

课前预习

2.1 企业战略的层级与内容

企业按照其层级可分为企业总体战略（公司战略）、竞争战略（事业战略）和职能战略三个层次。

2.2 企业总体战略

企业总体战略的任务是确定企业的经营方向，主要涉及应该进入哪些业务领域、应该如何对其业务群进行管理两个方面的决策问题。企业总体战略包括向其他行业或业务领域开拓的“多元化战略”和在原有行业的产业链上寻求发展的“一体化战略”两种基本形态。

1. 多元化战略

企业实行多元化战略必须具备以下条件。

首先，企业必须拥有实现多元化的可行资源，其中无形资源更重要；其次，企业要能在资本市场上获得必要的资金（特别是在企业并购时），同时要能在人才市场上获得合格的管理者，这一点更为重要；再其次，为使多元化经营决策科学化，企业必须建立一套多元化投资决策管理体系和程式；最后，多元化战略的实施至关重要。

实行多元化经营的企业在进行总体战略决策时会面临三个问题：一是必须确定目前经营的这组业务的吸引力；二是假如这些业务是有吸引力的，必须对每项业务的未来潜力做出估计；三是当某些业务存在问题时，必须做出对哪些业务进行剥离的判断。对于这三个问题的分析与决策，通常采用波士顿矩阵分析法和通用矩阵分析法。

2. 一体化战略

一体化战略是指在某种产品的社会生产全过程（“产业链”）的诸阶段中，本企业要从事哪些阶段经营的战略选择问题。由于在产业链的不同阶段企业存在着竞争能力的差异，这些差异使企业可以通过垂直一体化获得利益。

企业实行一体化战略可以将产业链上更好地创造价值的机会留在企业内部，使企业的剩余产能找到用武之地，并降低运输和制造成本，为企业创造更强的竞争优势和更大的利润空间。但是，实行一体化战略，在产业链上的延伸，也会形成大而全的局面。一方面由于投资过大而增加风险，另一方面也将失去由专业化和社会化带来的效益。一旦该行业发生了问题，企业就没有回旋的余地。

2.3 企业竞争战略

企业竞争战略是指在具体业务领域中如何建立和提高自己的战略竞争优势以便战胜对手。基本思路是：作为一个有效的竞争战略，必须能够使得本企业的利润水平高于行业的平均利润水平。

波特（Porter）通过竞争优势和竞争范围两个维度分析，把企业竞争战略的基本类型划分为四种：成本领先战略、差异化战略、成本集中战略和差异集聚战略。前两种战略针对大市场，后两种战略针对细分市场，如图 2－1 所示。

		竞争优势	
		低成本	差异化
竞争范围	宽广对象	全面低成本	全面差异化
	狭窄对象	集中低成本	集中差异化

图 2－1 波特的一般竞争战略

1. 成本领先战略

成本领先战略即通过设计一整套行动，以最低成本生产并提供被顾客接受的产品或服务。其优势在于：一是行业中的企业以相同的价格销售各自的产品时，由于成本领先者有低成本优势，可以获得比其他企业都高的利润，从而提高企业的价值；二是随着行业逐步走向成熟，竞争加剧，行业内展开价格战时，成本领先者可以凭借其低成本坚持到最后，直到其他企业入不敷出时仍然可以获得利润，因而具有持久的竞争优势。

实施低价格战略的企业之间的经营活动围绕着降低成本展开，重视规模经济性，即提供标准化的产品，不率先推出新产品；选择一个规模较大的市场提供较为单一的产品；通过经验曲线效益和规模经济效应取得优势；通常以生产与库存管理两个核心职能展开，其他职能都要围绕着这两个职能来进行安排。

成本领先战略的适用条件：市场中有很多对价格敏感的用户；实现产品差异化的途径很少；购买者不太在意品牌间的差别；存在大量讨价还价的购买者；有较高的市场份额和良好的原材料供应，能够靠规模经济和经验曲线效应来降低产品成本。成本领先战略通常需要的基本技能和资源：持续的资本投资和良好的融资能力、工艺加工技能、对工人严格监督、所设计的产品易于制造、低成本的分销系统。

2. 差异化战略

差异化战略即通过设计一整套行动，生产并提供顾客认为很重要的与众不同的产品或服务。其优势核心是可以建立顾客忠诚度，这样既可以紧密地维系顾客，又可以构筑阻止潜在竞争者进入的屏障。

差异化的重点是不断地投资和开发顾客认为重要或具有差异化特征的产品与服务，

通过多方面的努力使自己的产品和服务不同于竞争对手。如通过高质量使产品差异化，通过不断推出产品的新功能来实现差异化，通过特色服务来创造差异化，通过做好营销管理来实现差异化等。

差异化战略适用条件：企业具有强大的生产营销能力、产品设计和加工能力、很强的创新能力和研发能力，具有从其他业务中得到的独特技能组合以及销售渠道的高度合作能力。在实行差异化战略时还需要注意促进产品研发部门和市场营销部门之间的密切协作，重视主观评价和激励而不是定量指标，创造良好的氛围以吸引高技能工人、科技专家和创造型人才。

3. 集中化战略

集中化战略指通过设计一整套行动来生产并提供产品或服务以满足某一特定竞争性细分市场的需求，又称提供满足某一特定目标用户群体需求的产品和服务的战略。一般选择对替代品最具抵抗力或竞争对手最弱之处作为目标市场。实行集中战略的通常是一些规模较小的企业。它们由于资源和能力有限，不可能通过实行成本领先战略或差异化战略来取得竞争优势，但它们可以在选定的细分市场中，或采用集中成本领先战略，或采用集中差异化战略，或者两者结合起来获取竞争优势。关键是在这个细分市场上强调“我是专家”。通常的途径包括产品集中化、细分市场集中化、地区集中化、品牌集中化、服务“一条龙”等。

集中化战略适用条件：存在着适合的细分市场，否则无法实行集中化战略；企业无力在大市场参与竞争；企业有独特的生产和服务能力，否则无法集中一点为特定的顾客群体服务。

4. 差异集聚战略

由于集中战略既可以通过成本领先也可以通过差异化来实现，这就是波特所说的“成本集中战略”和“差异集聚战略”。

2.4 企业职能战略

职能战略是企业根据总体战略和竞争战略的而确定的不同职能部门的具体战略行动方案。

1. 市场营销战略

市场营销战略是根据企业战略定位，在市场调研以及顾客分析和竞争分析的基础上，对企业市场营销目标、产品和市场定位、营销策略及其组合的总体谋划。其主要内容有：（1）市场营销战略目标；（2）市场与竞争定位；（3）品牌与形象战略；（4）产品组合策略；（5）定价策略；（6）销售渠道策略；（7）促销策略；（8）营销组合策略；（9）营销费用预算和资源部署。

2. 生产制造战略

生产制造战略是根据企业总体战略和竞争战略的要求，对企业生产制造系统构造的总体谋划。其主要内容包括：（1）生产制造战略目标；（2）采购政策；（3）生产技术政策；（4）生产组织策略；（5）生产系统设计；（6）生产费用预算与资源配置。

3. 研究与开发战略

研究与开发战略是根据企业的战略定位，通过科学的市场调研与分析制定的产品开发与工艺开发战略。其主要内容包括：（1）研究与开发的战略目标；（2）研究与开发政策；（3）研究与开发战略类型的选择；（4）研究与开发费用预算；（5）研究与开发活动的资源配置。

4. 人力资源战略

人力资源战略是根据企业总体战略对人力资源的需求，从而对人力资源的获取、开发、利用、激励与约束等问题的总体谋划。主要内容有：（1）人力资源战略目标与规划；（2）人力资源章程；（3）战略性人才资源的储备与培养；（4）绩效评估体系；（5）激励与约束机制；（6）员工关系。

5. 财务战略

财务战略是根据企业资源的总体部署，对资金的筹措与运用、收支状况的平衡、资产结构等问题的系统谋划。主要内容包括：（1）财务战略目标；（2）筹资政策；（3）投资政策；（4）盈利分配政策；（5）资产结构；（6）财务风险控制。

本书结合模拟系统 BIZSIM 2.0，将在第 3 章、第 4 章和第 5 章分别重点讲解营销战略、生产战略和财务战略。

2.5 企业战略制定

企业战略制定流程如图 2－2 所示。

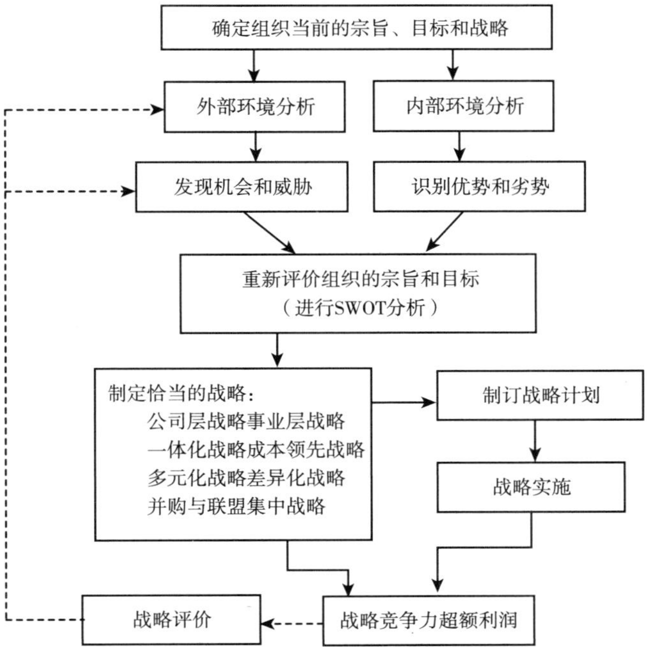

图 2－2　企业战略制定流程

2.6 经营环境分析

2.6.1　企业外部环境分析

企业外部环境一般包括宏观环境（一般环境）和行业环境（竞争环境）两个部分。

1. 宏观环境分析

宏观环境的范围可用 PEST 来概括，即政治环境（politics）、经济环境（economics）、社会环境（society）和技术环境（technology）（如图 2－3 所示）。

2. 行业竞争环境分析

在一个行业中，企业的经营状况取决于两个重要因素：一是它所在行业的整体发展状况；二是该企业在行业中所处的竞争地位。因此，要进行行业分析就要对两个重要因素分析，即行业生命周期与行业结构分析。

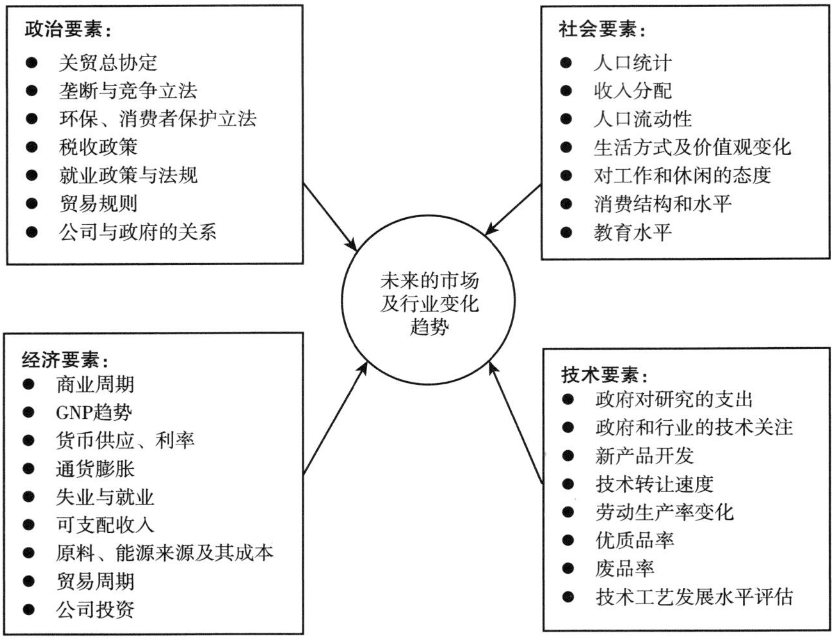

图 2－3　宏观环境分析

（1）生命周期。行业的生命周期指行业从出现到完全退出社会经济活动所经历的时间。行业的生命周期包括四个发展阶段：导入期、成长期、成熟期和衰退期，如图 2－4 所示。

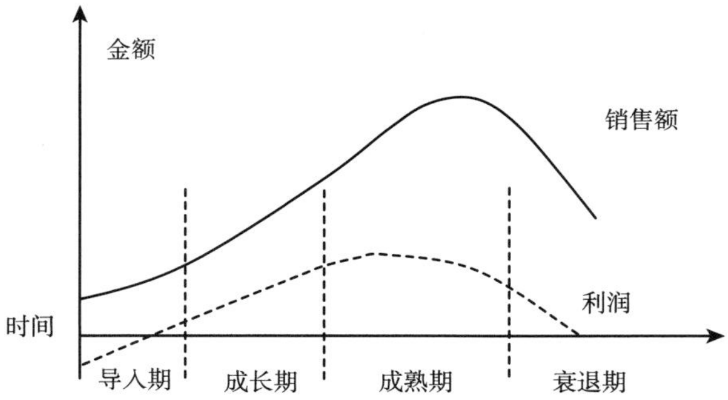

图 2－4　企业的生命周期

第一，导入期。这一时期的市场增长率较高，需求增长较快，技术变动较大，行业中的用户主要致力于开辟新用户、占领市场，但是此时技术上有很大的不确定性，在产品、市场、服务等策略上有很大的余地，对行业特点、行业竞争状况、用户特点等方面的信息掌握不多，企业进入壁垒较低。

第二，成长期。这一时期的市场增长率很高，需求高速增长，技术渐趋定型，行业特点、行业竞争状况及用户特点已经比较明朗，企业进入壁垒较高，产品品种及竞争者数量增多。

第三，成熟期。这一时期的市场增长率不高，需求增长率不高，技术上已经成熟，行业特点、行业竞争状况及用户特点非常清晰和稳定，买方市场形成，行业盈利能力下降，新产品和产品的新用途开发更加困难，行业进入壁垒很高。

第四，衰退期。这一时期的市场增长率下降，需求下降，产品品种及竞争者数量减少。从衰退的原因来看，包括四种类型的衰退：一是资源型衰退，即由于生产所依赖的资源的枯竭所导致的衰退；二是效率性衰退，即由于效率低下的比较劣势而引起的行业衰退；三是收入低弹性衰退，即因“需求—收入”弹性较低而衰退的行业；四是聚集过度性衰退，即经济过度聚集的弊端所引起的行业衰退。

（2）行业结构分析。行业机构分析是产业经济学的任务，但要制定公司战略就必须了解行业中的竞争态势及竞争结构，深入分析行业竞争过程，找出竞争压力的来源，确定行业内各种竞争力量的强度，对制定公司战略具有极为重要的意义（如图 2－5 和表 2－1 所示）。

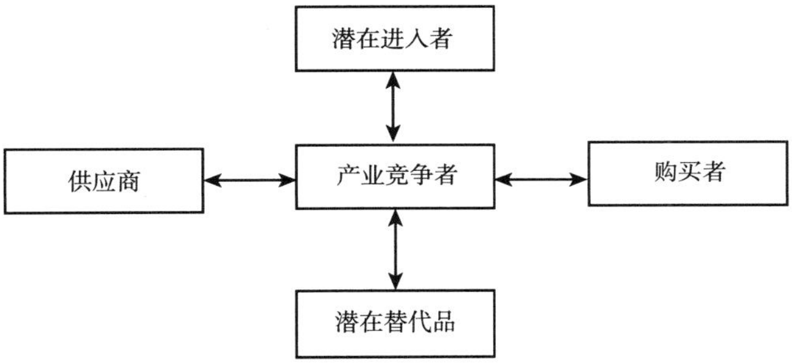

图 2－5 行业结构分析模型：波特五要素

表 2－1 波特要素的考虑因素

波特要素	考虑因素
潜在进入者	入侵壁垒：规模经济、专卖产品的差别、转换成本、资本需求、分销渠道、成本优势、政府政策、预期的反击
供应商	决定供方力量的因素：投入的差异、供方和企业的转换成本、替代品投入的现状、供方的集中程度、批量大小对供方的重要性、与产业总购买量相关的成本、投入对成本和特色的影响、产业中企业前向整合相对于后向整合的威胁
产业竞争者	竞争的决定因素：产业增长、固定（存储）成长/附加价值、产品差异、商标专有、转换成本、集中与平衡、信息的复杂性、竞争者的多样性、企业的风险、退出壁垒
购买者	决定买方力量的因素：买方的集中程度相对于企业的集中程度、买方数量、买方转换成本相对于企业转换成本、买方信息、后向整合的能力、替代品、克服危机的能力、价格/购买数量、产品差异、品牌专用、质量/性能的影响、买方的利润、决策者的激励
潜在替代品	决定替代威胁的因素：替代品相对价格表现、转换成本、客户对替代品的使用倾向

3. 战略集团分析

行业分析的另一个重要方面是确定行业内所有竞争对手战略方面的特征。波特用战略集团的划分来研究这些特征。一个行业内的企业在战略上会有许多共同点，但也会有许多不同点。战略的不同点主要表现在以下几方面：

第一，纵向一体化的程度不同。有的企业自己生产原材料和零部件，有的则完全从外部采购；有的企业有自己的销售渠道和网点，有的则全靠批发商和零售商。

第二，专业化程度不同。有的企业只经营某一种产品和服务项目，有的则生产多品种、多规格的产品和服务，有的甚至是跨行业经营。

第三，研究开发重点不同。有的企业注重争取开发新产品的领导地位，不断投放新产品，而有的企业把研发重点放在生产技术上，力争在质量和成本上不断取得优势。

第四，营销的重点不同。有的企业重视维持高价产品，有的企业则采取低价策略展开竞争；有的企业特别重视对最终用户的推销活动，有的企业主要以销售者的服务来巩固和扩大疏通渠道。

行业战略集团分布如图 2－6 所示。

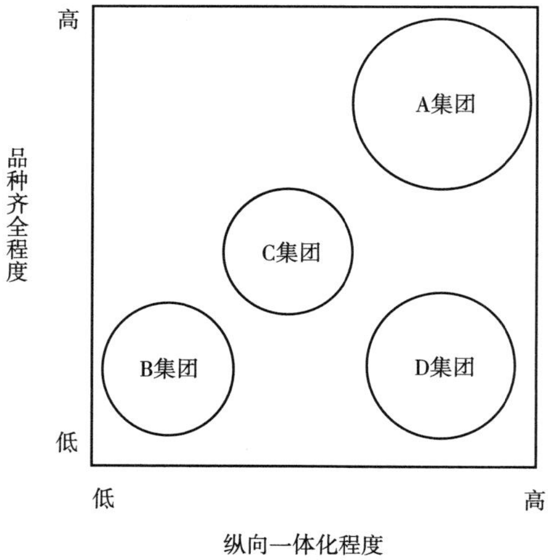

图 2－6 行业战略集团

注：A 集团：丰富的产品品种，高度纵向一体化，成本低，中等质量。
B 集团：狭小的产品品种，低纵向一体化，高成本、高质量、高技术水平。
C 集团：品种齐全程度和纵向一体化程度都是中等，中等价格，质量低，服务质量高。
D 集团：狭小的产品品种，高度纵向一体化，成本低、价格低、服务水平低。

2.6.2　企业内部环境分析

企业内部环境（enterprises interior environment）是指企业内部的物质、文化环境的总和，包括企业资源、企业能力、核心竞争力（包括企业文化）等因素，也称企业内部条件。

1. 资源分析

企业资源是指贯穿于企业经营、技术开发、生产制造和市场营销等各个环节的一切物质和非物资要素，主要包括有形资源和无形资源两大类。其中，有形资源主要指固定资产和财务资源等物质形态的资源，无形资源主要是指人力资源和组织资源的非物质形态（如表2－2所示）。

表2－2　内部资源分析

经营资源		主要特征	核心指标
有形资源	财务资源	企业的贷款能力和内部资金的再生能力决定企业的投资能力	资产负债率、可支配现金总量、信用等级
	物质资源	企业规模与位置、技术的精密性以及获得原材料的可能性限制企业的生产可能性，并决定生产费用与品质优劣	固定资产变现价值、机器设备寿命、企业规模、固定资产用途转换的可能性
无形资源	人力资源	职工的教育水平以及专业技术水平决定企业所能够利用的技术水平；职工的韧性决定企业所制定战略的韧性；职工的忠诚和贡献决定企业维持竞争优势的能力	职工教育、技术水平、专业资格、产业平均对比、工资水平
	组织资源	企业的组织结构类型与各种规章制度决定企业的运作方式和方法	企业的组织机构以及各种计划、控制、协调机制
	技术资源	企业技术资源的重组程度决定企业的工艺水平、生产能力以及产品品质等多个方面，是决定企业是否具有竞争优势的关键	专利权的数目和重要性、从独占性知识产权所得的收益、全体职工中研究开发人才的比重
	商誉	商誉的高低反映了外部对企业的整体评价水平，决定着企业的生存环境	对顾客的信誉、品牌，对产品质量、耐久性、可靠性的认识，与供应商的互利合作关系

2. 能力分析

企业能力是指能够将企业的资源加以整合以完成预期任务和目标的技能，是对企业各种资源进行组合、协调以发挥其潜在价值的能力，集中体现为管理能力。企业能力类型如表 2－3 所示。

表 2－3　　能力分析

企业能力类型		举　例
职能领域能力	营销能力	敏锐的市场意识 准确的市场定位与恰当的广告促销 有效的分销物流体系
	人力资源	有效的、广泛的、持续的员工培训 有效的激励体系
	研究与开发	快速的产品革新 独到的工艺技术 良好的基础研究能力
	制造	灵敏制造 精密制造 复杂制造
	管理信息系统	网站的信息管理体系 良好的信息分析与加工能力 商务电子化的能力
跨职能的综合能力	学习能力	良好的鼓励个人学习的氛围 作为整体的企业能够通过实践进行学习的能力
	创新能力	鼓励创新的氛围 有效的创新方法
	战略性整合能力	有效的市场驱动的与顾客和供应商的关系 有效的战略联盟 有效的组织结构 构建健康的企业文化与恰当的时刻进行文化变革的能力

3. 企业的核心竞争力

核心竞争力是核心知识竞争力和核心运转能力的合力。前者指企业所拥有的专门知识、独特的产品与技术；后者的含义主要指企业如何将知识应用于知识管理本身，或称知识管理的策略与手段，它是企业知识最大限度地转化为生产力的重要组成部分。企业核心竞争力的标准与具体内容如表 2－4 所示。

表 2－4　企业核心竞争力

标　准	具体内容
有价值的能力	帮助企业减少威胁及利用机会
稀有的能力	不被他人拥有 历史性因素：独特而有价值的组织文化和品牌
难以模仿的能力	模糊性因素：竞争能力的原因和应用不清楚 社会复杂性因素：经理之间、供应商及客户间的人际关系、信任和友谊
不可替代的能力	不具备战略对等的资源

2.7 战略决策分析方法

企业的环境分为外部环境和内部环境，他们对企业的影响又分为正向和负向两个方面，从而形成了企业环境的四个方面：机会与威胁、优势与劣势。

2.7.1 SWOT 矩阵分析法

SWOT 矩阵分析法将企业外部环境的机会（opportunities）与威胁（threats）、内部环境的优势（strengths）与劣势（weaknesses）同时列出，并在此基础上进行交叉配对分析，探索企业如何制定适应环境发展的战略方案，建立持久的竞争优势。SO 战略是组织运用内部资源优势来充分利用外部机会和其他要素，以形成竞争优势；WO 战略的意图在于利用外部机会弥补和改善内部劣势；ST 战略是运用企业的内部优势来规避或者减少外部威胁的冲击；WT 战略则是一种防御战略，用来规避外部威胁和内部劣势带来的不利影响（如表 2－5 所示）。

表 2－5　SWOT 分析矩阵分析

内部因素 / 外部因素	优势（strengths） 1. 财务状况良好 2. 企业信誉好 3. 员工常年培训，技术水平较高 4. 重视产品开发	劣势（weaknesses） 1. 生产能力不足 2. 销售人员收入低
机会（opportunities） 1. 购买人口多，市场潜力大 2. 国家经济发展快 3. 国家劳动成本低	S＋O 战略选择 • 国家经济发展快，劳动力成本低，应投资建厂	W＋O 战略选择 • 国家投资建厂解决生产能力不足问题 • 增加销售人员薪酬，加大激励力度

续表

威胁（threats）	S＋T 战略选择	W＋T 战略选择
1. 国家经济萎缩 2. 国家存款利率高 3. 国家通胀率高	• 国家通胀率高，早投资成本低	• 暂不投资 • 增加销售人员薪酬

2.7.2 BCG 矩阵分析法

波士顿矩阵（BCG Matrix）又称市场增长率—相对市场份额矩阵、波士顿咨询集团法、四象限分析法、产品系列结构管理法等（如图 2－7 所示）。

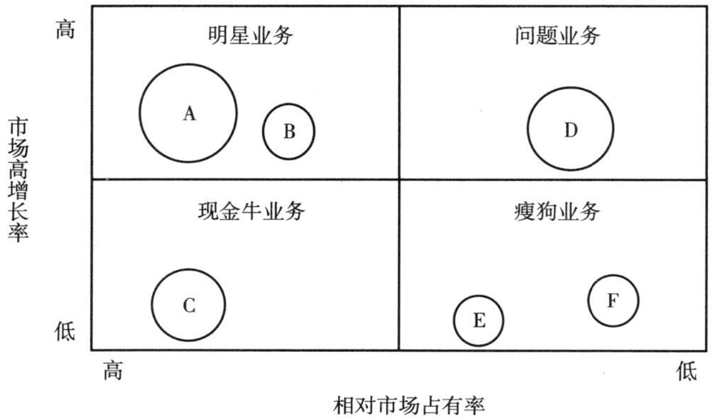

图 2－7 BCG 矩阵分析法

1. 问题业务

这类业务的特点是高增长率、低竞争力，大致处于生命周期的导入期阶段，其现金流处于最差的状态。由于市场增长率高，企业需要大量投入来支持其发展，但此时业务的获利能力很弱，甚至会发生亏损，因此企业在投资问题上必须认真进行分析，判断使其变成明星业务的可能性及所需的投资量，以确定是否值得投资。

2. 明星业务

这类业务的特点是在快速增长的市场中拥有强大的市场地位。向它们投资，因为它们是公司的未来，即使在短期内它们可能并非有利可图。

3. 现金牛业务

由于其强大的市场地位能够产出大量现金。由于其市场非常稳定或者增长非常缓慢，因此不需要大量投资。这类业务可以为企业提供大量的资金，用以支持其他业务的发展。

4. 瘦狗业务

在稳定的市场上，拥有弱小的市场地位。由于市场不再增长，能够获得的市场份额都是来自其他竞争者。应撤出投资。

2.7.3　GE 矩阵分析法

GE 矩阵（GE Matrix）根据事业单位在市场上的实力和所在市场的吸引力对这些事业单位进行评估，矩阵坐标纵轴为产业吸引力，横轴为业务实力（如图 2－8 和图 2－9 所示）。在图 2－8 上标出一组业务组合中位于不同市场或产业的战略事业单位时，可以用圆来表示各企业单位，图中圆面积的大小与相应单位的销售规模成正比，而扇形的面积代表其市场份额。

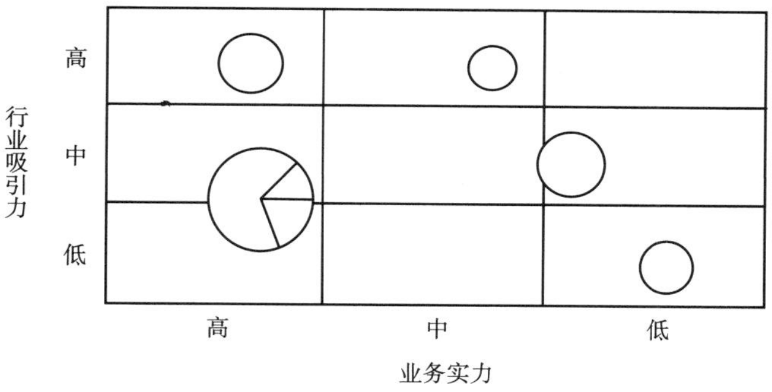

图 2－8　GE 矩阵基本结构

行业吸引力 \ 业务实力	高	中	低
高	● 寻求增长 ● 寻求优势地位 ● 寻求投资最大化	● 选择有优势增长 ● 强化经营实力 ● 有重点投资	● 寻找有优势领域 ● 合资、合作经营集中经营
中	● 有选择地增长 ● 一定规模的投资 ● 维护其他优势	● 集中优势经营 ● 优选的投资	● 缩小经营范围 ● 寻找新的领域 ● 逐步撤退
低	● 重点回收投资 ● 保持总体优势 ● 维持性的投资	● 缩小经营范围 ● 压缩投资 ● 主动转向	● 及时撤退

图 2－9　GE 矩阵策略分析

2.8 对手分析

根据波特教授对竞争对手的分析模型，对竞争对手的分析有四方面的主要内容，即竞争对手的未来目标、自我假设、现行战略和潜在能力（如表2－6所示）。

表2－6 对竞争对手分析的主要内容

主要内容	举　例
未来目标	• 竞争对手已声明和未声明的财务目标 • 竞争对手追求的市场地位总体目标 • 竞争对手各管理部门对未来目标是否取得一致性意见 • 竞争对手的核心领导者的个人背景以及工作经验 • 竞争对手的组织结构特别是在资源分配、价格定制和产品创新等关键决策方面的责权
自我假设	• 竞争对手如何看待自己在成本、产品质量、技术等关键战略因素等方面的地位和优势 • 某些影响竞争对手对其他企业战略行为觉察与重视程度的文化、地区或民族上的差别因素 • 影响竞争对手对其他企业的战略行为的严密的组织准则或法规或某种强烈的信条 • 竞争对手估计同产业中其他企业的潜在竞争能力 • 竞争对手预测产品的未来需求和产业的发展趋势
现行战略	• 竞争对手的市场占有率、产品分布、销售方式和促销策略 • 研发能力和投入资源 • 产品价格、产品设计、要素成本、劳动生产率 • 竞争战略
潜在能力	• 核心能力 • 增长能力 • 快速反应能力 • 适应变化的能力 • 持久力

2.9 市场结构与竞争

市场结构分为四类：完全竞争、垄断竞争、寡头垄断、完全垄断，是经济学最基础的知识之一，能够帮助我们对市场中竞争对手的性质进行正确的估计。

2.9.1 完全竞争市场

完全竞争市场有四个基本特征：第一，市场上有无数的买者与卖者；第二，同一产业中的每一个厂商生产的产品是完全无差异的；第三，厂商进入或退出一个产业是完全自由的；第四，市场中的每一个买者和卖者都掌握与自己的经济决策有关的商品和市场的全部信息。企业只能按边际成本定价，没有任何经济利润。

2.9.2　垄断竞争市场

垄断竞争市场是这样一个市场组织：一个市场中有许多厂商生产和销售有差别的同种产品。可以看到，垄断竞争市场与完全竞争市场的特征比较接近，二者的主要差别在于垄断市场上同种产品是有差异的。产品差异性是研究市场结构与市场竞争的一个重要概念。产品差异化为企业建立了固定客户，叫作“市场壁龛”（market niches），并且允许企业对这些固定客户享有某些市场权力。在这里“市场权力”导致的是价格超过边际成本。

2.9.3　寡头垄断市场

寡头垄断市场是指少数几家厂商控制整个市场的产品和销售的一种市场组织。寡头垄断市场被认为是一种较为普遍的市场组织，不少产业都表现出寡头垄断的特点，例如，我国汽车、家用电器等产品的生产和销售都被几家企业所控制。与前两个市场不同的是，在寡头垄断市场上，每一个厂商的定产、定价行为都会对整个市场的价格和产量产生影响，因而，每个厂商的决策都要依赖厂商的选择。所以在作战略规划时，它要考虑其他市场参与者对此决策可能作出的回应。这就是一个典型的博弈状况。

2.9.4　完全垄断市场

完全垄断市场是指整个市场上只有一个厂商的市场组织。具体地说，垄断市场的条件主要有以下三点：第一，市场上只有一个厂商生产和销售商品；第二，该厂商生产和销售的商品没有任何相近的替代品；第三，其他任何厂商进入该市场都极为困难或不可能。在这样的市场上，垄断厂商可以控制和操纵价格与产量。

2.10　博弈论

博弈论又称对策论（game theory），是研究具有斗争或竞争性质现象的理论和方法，它是应用数学的一个分支，既是现代数学的一个新分支，也是运筹学的一个重要学科。目前在生物学、经济学、国际关系学、计算机科学、政治学、军事战略和其他很多学科都有广泛的应用。主要研究公式化了的激励结构间的相互作用。

2.10.1 对策的基本要素

局中人：在一场竞赛或博弈中，每一个有决策权的参与者成为一个局中人。只有两个局中人的博弈现象称为“两人博弈”，而多于两个局中人的博弈称为“多人博弈”。

策略：一局博弈中，每个局中人都有选择实际可行的完整的行动方案，即方案不是某阶段的行动方案，而是指导整个行动的一个方案，一个局中人的一个可行的自始至终全局筹划的一个行动方案，称为这个局中人的一个策略。

支付值：一局博弈结局时的结果称为支付值（得失）。每个局中人在一局博弈结束时的得失，不仅与局中人所选择的策略有关，而且与全局中人所取定的一组策略有关。所以，一局博弈结束时每个局中人的“得失”是全体局中人所取定的一组策略的函数，通常称为支付函数（payoff function）。

次序：各博弈方的决策有先后之分，且一个博弈方要做不止一次地决策选择，这就出现了次序问题；其他要素相同次序不同，博弈就不同。

2.10.2 对策的分类

对策的分类如图 2－10 所示。

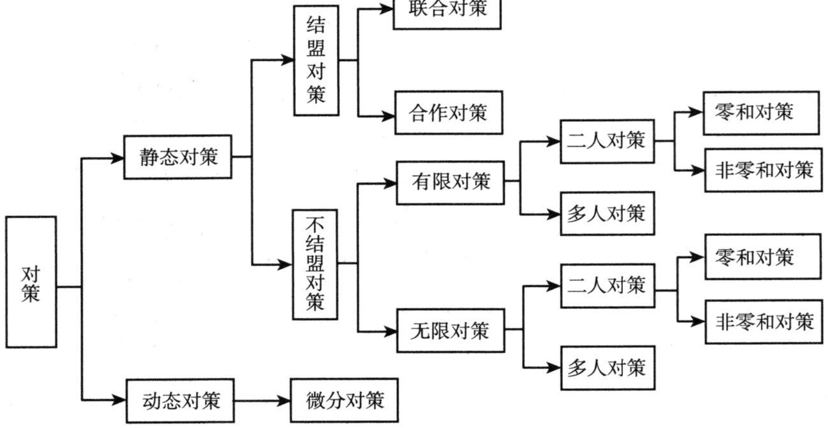

图 2－10 对策的分类

2.10.3　对策论的基本思想

在博弈论中，含有占优战略均衡的一个著名例子是由塔克给出的“囚徒困境”（prisoners' dilemma）博弈模型。该模型用一种特别的方式为我们讲述了一个警察与小偷的故事。假设有两个小偷 A 和 B 联合犯事，私人民宅被警察抓住。警方将两人分别置于不同的两个房间内进行审讯，对每一个犯罪嫌疑人，警方给出的政策是：如果一个犯罪嫌疑人坦白了罪行，交出了赃物，于是证据确凿，两人都被判有罪；如果另一个犯罪嫌疑人也作了坦白，则两人各被判刑 8 年；如果另一个犯罪嫌疑人没有坦白而是抵赖，则以妨碍公务罪（因已有证据表明其有罪）再加刑 2 年，而坦白者有功被减刑 8 年，立即释放。如果两人都抵赖，则警方因证据不足不能判两人偷窃罪，但可以私入民宅的罪名将两人各判入狱 1 年。表 2－7 给出了这个博弈的支付矩阵。

表 2－7　　囚徒困境博弈

	B　坦白	B　抵赖
A　坦白	－8，－8	0，－10
A　抵赖	－10，0	－1，－1

我们来看这个博弈可预测的均衡是什么。对 A 来说，尽管他不知道 B 做何选择，但他知道无论 B 选择什么，他选择“坦白”总是最优的。显然，根据对称性，B 也会选择“坦白”，结果是两人都被判刑 8 年。但是，倘若他们都选择“抵赖”，每人只被判刑 1 年。在表 2－7 中的四种行动选择组合中，（抵赖，抵赖）是帕累托最优的，因为偏离这个行动选择组合的任何其他行动选择组合都至少会使一个人的境况变差。不难看出，“坦白”是任一犯罪嫌疑人的占优战略，而（坦白，坦白）是一个占优战略均衡。

案例与建模

2.11　格兰仕战略选择的案例分析

格兰仕集团从 1978 年成立至今，已发展成为一家与全球 200 多家跨国公司建立全方位合作联盟的全球化家电专业生产企业，它也是中国家电业最优秀的企业集团之一。

2003年，格兰仕集团的年销售额突破100亿元人民币，出口创汇5亿美元，顺利实现年度销售目标。纵观集团的发展历程，可以划分为创业、转型和国际化三个发展阶段。随着公司的发展，它的战略类型也发生了不同的变化。

一、创业阶段（1978~1992年）

这一时期，公司主要经营羽绒和服装等产品。

1978年，梁庆德带领10余人筹办羽绒制品厂。1979年，广东顺德桂洲羽绒厂（格兰仕公司的前身）成立，以手工操作洗涤鹅、鸭羽毛供外贸单位出口，年产值46.81万元。1983年，桂洲羽绒厂与港商、广东省畜产进出口公司合资兴建的华南毛纺厂建成并投产，引进日本最新型号的粗梳毛纺生产线，年产量300吨，年创汇400多万美元。1984年，桂洲羽绒厂扩建，水洗羽绒生产能力达600吨，年产值达300多万元。1985年，桂洲羽绒厂更名为桂洲畜产品工业公司。1987年，与港商合资成立华丽服装公司、与美国公司合资成立华美实业公司，生产羽绒服装和羽绒被直接出口。1988年，桂洲畜产品企业（集团）公司成立，其成员企业包括桂洲畜产品工业公司以及该公司与外商合资的3家工厂，年产值超过1亿元。1989年，与港商合资的桂洲毛纺有限公司投产；1990年，公司全面实行现代企业制度改革；1991年，中外合资的华诚染整厂有限公司建成投产。至此，公司的经营业务包括原白色兔毛纱出口、染色纱出口、纱线染色加工、羽绒被、服装等制品的生产、出口。同时，格兰仕牌羽绒被、服装开始在国内市场销售，仅羽绒被年销售额就达1500万元。1992年6月，公司更名为广东格兰仕企业（集团）公司，格兰仕牌羽绒系列制品全国总销售额达3000万元，集团公司总产值达几百亿元人民币，年出口2300万美元。

二、转型阶段（1992~1997年）

这一时期，公司经营重点由羽绒和服装产品转向微波炉产品。

1991年，格兰仕最高决策层普遍认为，羽绒服装及其他制品的出口前景不佳，并达成共识：从现行业转移到一个成长性更好的行业。经过市场调查，公司初步选定家电业为新的经营领域，并进一步选定小家电为主攻方向，最后确定以微波炉作为进入小家电行业的主导产品（当时，国内微波炉市场刚刚起步，生产企业只有4家，其市场几乎被外国产品垄断）。公司领导层做出决策后，首先聘请上海微波炉专家组建了一支优秀的技术人员队伍，同时从日本东芝集团引进具有20世纪90年代先进水平的自动化生产线，并与其进行技术合作。1992年9月，中外合资的格兰仕电器有限公司开始试产，第一台以“格兰仕”为品牌的微波炉正式诞生。1993年，格兰仕试产微波炉1万台，开始从纺织业为主转向家电制造业主为。1994年，格兰仕集团推行股份制改革，集团骨干人员贷款购买公司股份并成为公司的主要股东，依照现代企业制度重组公司的治理结构；初步建立了一个遍布全国的销售网络。1995年，格兰仕微波炉销售量达25万台，市场占有率为25%。1996年8月，格兰仕集团在全国范围内打响微波炉的价格战，降价幅度平均达40%，带动中国微波炉市场从1995年的不过百万台增至200多万台。格兰仕集团以全年产销量65万台的规模，占据中国市场的34.7%，部分地区和月份的市场占有率超过50%。1997年2月，国家统计局授予格兰仕“中国微波炉第一品牌”称号；同年10月，格兰仕集团第二次大幅降价，降价幅度达29%～40%；全年微波炉产销售量达198万台，市场占有率达47.6%以上，稳居第1位。

三、第三阶段（1998年至今）

这一时期，公司采取相关多元化战略，经营产品从微波炉拓展到电饭煲等小家电领域。

1995年以来，格兰仕微波炉国内市场占有率一直稳居第1位，达到60%以上。在此基础上，格兰仕集团于1998年开始实施新的战略：通过国际化与多元化，实现全球市场小家电多项冠军的宏伟目标。1998年，格兰仕微波炉年产销量达450万台，成为全球最大规模化、专业化制造商。同时，格兰仕集团投资1亿元进行自主技术开发，并在美国建立研发机构；下半年利用欧盟对韩国微波炉产品进行反倾销制裁的机会，格兰仕微波炉大举进入欧洲市场；从单项微波炉走向产品多元化，全年豪华电饭煲产销规模达到250万只，成为全球最大的制造商。1999年1月，格兰仕结束最后一家轻纺产业毛纺厂，全面转型为家电集团；同年3月，格兰仕北美分公司成立，同时在美国成立微波炉研究所；向市场推出新开发的品种达百余种，其产品融入了新开发的专有技术；聘请安达信公司为集团财务顾问；全年销售额达29.6亿元，微波炉销售量达600万台，其中内销与出口各占50%，国内市场占有率为67.1%，稳居第1位，欧洲市场占有率达25%；在关键元器件供应领域，开始采取垄断战略；电饭煲国内市场占有率达12.2%，居第3位。2000年9月，公司宣布进军空调产业，通过在全球产业链中的强强合作，迅速建立起国际一流的高度自动化生产线；2001年内销实现40万台，2002年产能扩张至300万台。到2003年，格兰仕已打造出“全球微波炉制造中心”“全球空调制造中心”“全球小家电制造中心”“全球物资管理中心”四大基地，微波炉制造、光波炉制造世界第一。至此，格兰仕集团的多元化和国际化经营步伐仍在加快。

（资料来源：王方华、吕巍编，《战略管理》，机械工业出版社2004年版，第66～68页。）

问题：简述格兰仕各阶段的总体战略和竞争战略。

【案例分析】

1. 总体战略

格兰仕的总体战略如表 2 – 8 所示。

表 2 – 8 格兰仕的总体战略

阶 段	经营领域	经营地域	总体战略
1978 ~ 1991 年	畜毛整理、粗纺、染色加工、服装及制品生产	广东顺德/中国市场	一体化战略
1992 ~ 1997 年	微波炉、电饭煲和电风扇制造	广东顺德/产品出口	集中化战略
1998 年至今	微波炉制造、轻纺产品生产	广东顺德/全球市场	多元化与国际化战略

2. 竞争战略

竞争战略的关键问题是给定的产品市场怎样实现可持续的竞争优势。很明显，格兰仕集团在微波炉和小家电产品市场上的竞争战略是成本领先，而不是差别化。格兰仕的成本领先战略在转向阶段和新阶段中有所不同：

（1）转向阶段的竞争优势主要来源于规模经济基础上的成本领先。

（2）新阶段竞争优势则主要来源于规模和范围经济基础上的成本领先。

格兰仕集团的规模经济首先表现在生产规模上，据分析，100 万台是微波炉生产的经济规模底线，格兰仕 1996 年就达到了这个规模；其后每年以两倍于上一年的速度扩大生产规模；生产规模的迅速扩大带来了生产成本的大幅度降低。其次，格兰仕的规模经济还表现在销售、科研和管理方面。格兰仕集团的范围经济主要表现在利用微波炉经济资源的能力积累来开拓电饭煲和电风扇；由于微波炉与电饭煲、电风扇同属于小家电行业，其产品技术、销售网络，尤其是品牌延伸方面的相关程度很高。因此，格兰仕集团从单一产品向多种产品发展。

2.12 阿里巴巴集团 SWOT 的案例分析

阿里巴巴集团是以马云为首的 18 人于 1999 年在杭州创立，阿里巴巴集团经营多项业务，另外也从关联公司的业务和服务中取得经营商业生态系统上的支援。业务和关联公司的业务包括：淘宝网、天猫、聚划算、全球速卖通、阿里巴巴国际交易市场、"1688"、阿里妈妈、阿里云、蚂蚁金服、菜鸟网络等。

2014年6月，阿里巴巴集团完成收购电影及电视节目制作商文化中国传播（现称"阿里巴巴影业集团"）约60%股权。

2014年7月，阿里巴巴集团完成对数字地图公司高德的投资。

2014年10月，阿里巴巴集团关联公司蚂蚁金融服务集团（前称"小微金融服务集团"）正式成立。同月，淘宝旅行成为独立平台并更名为"去啊"。

2015年3月11日，阿里巴巴集团宣布旗下全球批发贸易平台和英国创新借贷机构ezbob及iwoca达成战略合作。

2015年5月14日，阿里巴巴集团宣布，已联手云锋基金对国内主要物流快递企业圆通进行战略投资。

2015年7月15日，阿里巴巴集团宣布成立阿里音乐集团，高晓松出任董事长，宋柯出任CEO。

2015年7月20日，阿里巴巴集团与联合利华签署战略合作协议，帮后者将产品销售给更多的中国客户。

2015年7月29日，阿里巴巴集团宣布对旗下阿里云战略增资60亿元，用于国际业务拓展，云计算、大数据领域基础和技术的研发，以及DT生态体系的建设。

2015年8月10日，阿里巴巴集团与苏宁云商集团股份有限公司共同宣布达成全面战略合作。

2015年8月12日，阿里巴巴集团与美国百货零售巨头梅西百货共同宣布，双方正式达成长期独家战略合作。

2015年9月8日，阿里巴巴集团与全球领先的零售贸易集团麦德龙宣布达成独家战略合作。

2015年11月3日晚，阿里巴巴集团与河北省人民政府在石家庄签署了"互联网+扶贫"合作备忘录。

2015年11月6日，阿里巴巴集团和优酷土豆集团宣布，双方已经就收购优酷土豆股份签署并购协议。

2015年11月11日，阿里巴巴"双11购物狂欢节"当天交易量达到912.17亿元人民币。

2015年11月12日，阿里巴巴入选MSCI中国指数。

2015年12月1日，阿里巴巴集团在巴黎、慕尼黑同时宣布任命集团德国办公室总经理和法国办公室总经理，同时，阿里巴巴也将在德国慕尼黑和法国巴黎设立办公室。

2015 年 12 月 9 日，阿里巴巴和国际足联在日本东京联合宣布阿里巴巴将成为国际足联俱乐部世界杯从 2015 年到 2022 年的独家冠名赞助商。

2015 年 12 月 24 日，阿里巴巴集团与国家认证认可监督管理委员会信息中心正式签署合作框架协议。

2016 年 2 月 12 日，据韩联社报道，韩国 SM 公司娱乐发布的消息称，SM 公司与阿里巴巴集团签署在华音乐业务和电子商务业务的战略合作协议。

2016 年 2 月 17 日，阿里巴巴集团与国家发展改革委签署结合返乡创业试点发展农村电商战略合作协议。

2016 年 4 月 1 日，阿里巴巴集团 CEO 张勇宣布，张建锋出任集团首席技术官（CTO）。张建锋除了担任阿里巴巴集团首席技术官之外，同时还将担任集团技术战略执行小组组长。除继续带领原中台事业群团队外，技术保障部也将由张建锋负责。

2016 年 4 月 13 日，饿了么与阿里巴巴及蚂蚁金服正式达成战略合作协议。

2016 年 4 月 14 日，阿里巴巴集团加入国际反假联盟（IACC），成为该国际组织的首个电商成员。

2016 年 4 月 18 日，阿里巴巴集团与新西兰政府指定机构新西兰贸易发展局（NZTE）签署战略合作协议。

2016 年 6 月 15 日，阿里巴巴集团 CEO 张勇宣布，正式成立“阿里巴巴大文娱版块”。

2016 年 12 月 2 日，国家发展和改革委员会与阿里巴巴集团在京签署关于推进商务领域诚信体系建设合作备忘录。

2017 年 2 月 4 日，阿里巴巴集团澳大利亚新西兰总部揭幕典礼在澳大利亚新南威尔士州举行。

2017 年 2 月 28 日，重庆市政府与阿里巴巴、蚂蚁金服签订战略合作协议。

2017 年 3 月 21 日，阿里巴巴宣布全资收购大麦网。

（资料来源：百度百科。）

问题：运用 SWOT 模型简要分析阿里巴巴集团的战略选择。

【案例分析】

表 2－9　　阿里巴巴集团 SWOT 分析矩阵分析

内部因素 / 战略选择 / 外部因素	优势（strengths）	劣势（weaknesses）
	1. 一体化的业务组合 2. B2B、C2C、第三方交易平台均是行业领导者 3. 营销能力强 4. 优秀的企业文化 5. 庞大的注册用户 6. 资金来源充足 7. 员工高福利，及广阔的晋升平台 8. “双十一”购物节	1. 平台假货泛滥 2. 业务增长放缓 3. 整体平台过于庞大，业务转型困难 4. 电商模式很容易被模仿 5. 主要市场仅在中国 6. 投资其他领域巨额亏损 7. 无自有物流
机会（opportunities） 1. 网购已广泛普及，移动网络购物市场发展迅猛 2. 中小企业需要强大的 B2B 平台 3. 电子商务法律制度日趋完善 4. 国家对电子商务日益重视 5. 农村市场前景广阔 6. 阿里入选 MSCI 中国指数 7. “互联网＋”的概念写入政府工作报告	**S＋O 战略选择** • 云计算、大数据（阿里云） • 加强营销力度，引导人们的观念 • 组织架构重组，提拔新人 • 与政府合作开拓电子政务市场 • 持续完善交易平台，提供优质服务	**W＋O 战略选择** • 打假，保护知识产权、商标权 • 大力发展农村电商市场（农村电商）
威胁（threats） 1. 国内外竞争对手越来越多 2. 中国经济增长放缓 3. 网络安全缺乏坚实保障 4. 吞并行为耗资巨大 5. 阿里与美团决裂 6. 互联网金融产品主导被瓜分 7. 物联网布局起步落后 8. 海外直邮的迅速发展	**S＋T 战略选择** • 发展 O2O 市场 • 加大产品创新力度 • 开展多样化的营销 • 有选择的组建战略联盟 • 推动电子商务立法 • 整合文化、体育等产业资源	**W＋T 战略选择** • 因地制宜加快国际化进程（全球化） • 跨境电商（合作或收购） • 完善阿里物流体系

训练与思考

请课后阅读《腾讯传》，思考并回答以下问题。

腾讯在互联网的历史就是一部中国互联网的发展史，中国互联网发生过三次“圈地运动”。第一次在 1999 年前后，以新闻门户为基本业态，出现了新浪、搜狐和网易三巨头。2007 年之后，出现了以应用平台为基本业态的大洗牌，百度、阿里巴巴和腾讯则分别从搜索、电子商务和即时通信工具三个方向出发，成为“新三巨头”，被合称为BAT。而从2012年开始，智能手机异军突起，互联网的用户重心从电脑端向移动端快速平移，是属于微信的“独舞者时代”。

1. 运用BCG矩阵法，从战略选择的角度分析腾讯创业以来研发的各种产品和服务。

2. 运用SWOT矩阵法，简述腾讯进入支付与金融领域的可行性。

3. 根据企业竞争模拟系统BIZSIM 2.0的规则和内部信息，思考你自己经营企业的短期阶段性战略和长期规划战略。

4. 结合企业竞争模拟比赛，可以从哪些方面作对手分析？

主要参考文献

[1] 文理、谢武、孙超平：《企业战略管理——原理、实例、分析》，中国科学技术大学出版社2011年版。

[2] 王其文：《决策模拟》，北京大学出版社2012年版。

[3] 王方华、吕巍编：《战略管理》，机械工业出版社2004年版。

[4] 吴晓波：《腾讯传》，浙江大学出版社2017年版。

[5] [美] 迈克尔·波特：《竞争战略》（陈丽芳译），中信出版社2014年出版。

第3章

营销管理

教学目标

1. 掌握常用的时间序列模型分析方法；
2. 了解市场细分、选择目标市场、市场定位的基本方法；
3. 掌握产品定价的影响因素，产品定价的常用方法；
4. 了解促销效果评价方法。

课前预习

营销管理是为了企业自身及利益相关者的利益而创造、传播、传递客户价值，管理客户关系的一系列活动过程。其具体过程分为：分析市场机会（发掘、评估市场机会）、选择目标市场（市场需求衡量与预测、市场细分、选择目标市场、市场定位）、拟定特定的市场营销组合（产品、价格、分销、促销），以及组织、执行和控制等几部分。这是企业竞争模拟中最富有变化的部分，也是最不容易把握的内容。

3.1 市场分析

市场是商品经济的产物，哪里有商品生产和商品交换，哪里就有市场。市场是联系生产和消费的纽带。现代营销学之父菲利普·科特勒认为，市场营销是个人和群体通过创造产品和价值，并同有购买能力和购买欲望的人进行交换，以获得其所需或所欲之物的过程。因此，可以认为：

市场＝人口＋购买力＋购买欲望

现代企业开展市场营销活动，不仅需要人才、技术、资金诸方面的资源要素，尤其需要信息资源。信息量的大小取决于该信息所反映事物的不确定程度的大小，不确定程度越大，信息量也越大。市场营销信息之所以重要是由以下几方面决定的：第一，企业面对的市场范围越来越大，企业的市场营销活动不仅限于本地区、本国，而且跨越了国家和地区之间的界限，使营销人员在不同地区市场或国际市场中面临较为生疏的环境，需要收集、加工许多新的信息；第二，随着消费者收入水平的明显提高，他们在购买过程中的挑选性越来越强，这就是使得购买行为变得复杂，也需要大量有关消费需求变化趋势的信息为企业的经营决策提供依据；第三，市场竞争已由单一的价格竞争发展为非价格竞争的更高级形式。

综上所述，市场营销信息是企业经营决策的前提和基础，企业营销过程中面临的很多决策问题，包括营销战略选择以及企业产品开发、定价、渠道、促销等战术方面的决策，都必须建立在准确获取市场营销信息的基础之上。

公司通过建立营销信息系统，获得市场营销信息，并进行决策方案的判断和选择。现代营销管理信息系统由内部报告系统、营销情报系统、营销调研系统、营销决策系统四个子系统组成。

市场营销管理者通过企业内部报告系统获取企业内部有关财务、生产、库存、销售等数据。营销情报系统提供有关企业外部环境发展变化的情报，营销经理通过阅读书籍、报刊，或与顾客、供应商、分销商或其他公司经理交谈以收集情报，通过对情报的分析和整理，认识企业所处的宏观环境，获悉未来发展趋势。营销调研系统的任务是，针对企业面临的明确具体的问题，对有关信息进行系统的收集、分析和评价，并将研究结果形成市场研究报告，从而对企业决策者决策发挥咨询作用。市场调研的方法有很多，如访谈法、调查法、观察法、实验法等。最后，营销决策支持系统通过对以上三个子系统所提供的信息，借助系统中的统计库和模型库里一系列分析模型与决策模型，进行科学分析，为决策者提供量化分析结论，并进而提出多种决策建议，供决策者参考、选择。

成功的营销者便是能够有效地利用市场调研结果，开发对消费者有价值的产品，并运用富有说服力的方法将产品有效地呈现在消费者面前的企业和个人。

3.2 需求预测

现代企业的市场营销观念从企业“以产定销”向“以需定产”转变，企业须生产、经营顾客所需要的产品或服务。为了向用户提供满意的产品或服务，并能发挥企业的优势，决策者除了要对社会宏观环境中的政治、经济、技术发展等方面进行预测和判断外，还必须面对一系列的问题，包括：为哪些用户提供产品或服务？所提供的产品或服务应具备哪些特色？什么时候提供这些产品或服务？在什么地方提供这些产品或服务？提供多少产品或服务？等等。对以上问题的回答，很大程度上取决于企业对未来需求的预测。

企业产品或服务的实际需求是受市场上众多因素作用的结果。其中，有些因素是企业可以影响甚至决定的，而另外一些因素则是企业无法控制的。一般来讲，影响需求的因素包括价格、消费者的收入、偏好、广告、产品质量、人口构成与数量、竞争者的行为和市场份额等。

需求预测按预测时间的长短，可分为长期预测、中期预测和短期预测。需求预测按照主客因素所起的作用分类，可分为定性预测和定量预测。定性预测方法中比较常见的是德尔菲法、部门主管会议法、用户调查法、销售人员意见汇集法等。定量预测法主要包括时间序列模型和因果模型。本节主要讲解定量预测分析法。

3.2.1 时间序列类型

要建立预测模型，首先要找到影响预测目标变化的主要因素，研究不同变量之间的线性相关关系大多用回归模型。但是在现实中的经济现象往往是错综复杂的，有时要想找到影响预测目标变化的主要因素是相当困难的，即使找到了，在缺乏必要和足够的统计数据时，也不能用回归建立模型进行准确预测。此时便可以考虑使用时间序列预测模型。

时间序列模型以时间为独立变量，利用过去需求随时间变化的关系来估计未来需求。时间序列通常可以分解为趋势成分、季节成分、周期成分和随机成分。

1. 趋势成分

尽管时间序列的数据一般呈现随机起伏的形态，但在较长的时间里，仍能表现出逐渐增加或逐渐减少或停留在某一水平上的趋向，我们把这种变化称为时间序列的趋势。通常，可以利用 Excel 绘制时间序列观测值随时间变化的曲线图，并添加趋势线，初步判断该时间序列是否存在趋势成分，是线性还是非线性。

2. 季节成分

季节成分是指由于自然条件的影响，时间序列中的需求在一年内随着季节的转变而引起稳定的周期性的变动。要确定季节成分，至少需要两个年度的数据，并且时间序列观测值的时间间隔须小于年，如季度、月等。

3. 周期成分

在较长的时间里环绕趋势做有规则的上下波动，它的波动时间较长，变动周期长短不一，一般需要数十年的数据才能描绘出这种周期。一般来说，这种波动通常被称为经济周期，是由经济中多年的循环运动引起的，任何时间间隔超过一年的环绕趋势线上下的波动都可归纳为时间序列的周期成分。

4. 随机成分

剥离了趋势成分、季节成分、周期成分之外剩余的，因其他各种偶然性因素引起的变动，称为随机成分。随机成分是不可重复、不可预测的部分，所以一般不做定量分析。通常，周期成分因需要长期的历史数据而被忽略，随机成分由于无法预测也不在讨论之列，因此时间序列分析主要讨论的是趋势成分和季节成分。这样做并不影响绝大多数企业生产经营决策的科学性。

多种成分作用于实际需求时，可能出现如图 3－1 所示的四种时间序列类型。

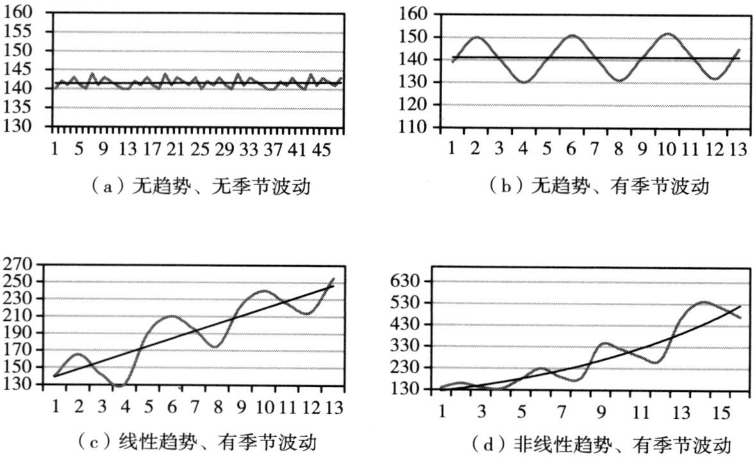

图 3－1　时间序列类型

3.2.2 常用的时间序列模型

常用的时间序列模型包括简单移动平均法、加权移动平均法和指数平滑法。

1. 简单移动平均法

简单移动平均法是指对由移动期数的连续移动所形成的各组数据，使用算术平均法计算各组数据的移动平均值，并将其作为下一期预测值。计算公式如下：

$$F_t = (A_{t-1} + A_{t-2} + A_{t-3} + \dots + A_{t-n}) \div n$$

式中，F_t 是对第 t 期的预测值；A_{t-1} 至 A_{t-n} 是前 1 期至前 n 期的观测值；n 是移动平均采用的数据周期数，n 值取值越大，预测结果受以往历史数据的影响就越大；n 的取值越小，预测结果越能反映时间序列近期的变化快慢。

2. 加权移动平均法

当时间序列变化较快时，近期数据包含着更多的关于未来的信息，换言之，近期数据比远期数据更加重要。因而，可以使用加权移动平均法预测模型，给各期数据赋予不同的权重，使近期数据权重大，远期数据权重小。加权移动平均模型如下：

$$F_t = w_1 A_{t-1} + w_2 A_{t-2} + w_3 A_{t-3} + \dots + w_n A_{t-n}$$

其中，$0 \leqslant w_i \leqslant 1$，且 $\sum_{i=1}^{n} w_i = 1$；w_i 是各期观测值的权重。

【例 3-1】某公司某品牌手机近期逐月销量记录如表 3-1 所示，取 $n=4$，使用简单移动平均法预测销量。

表 3-1 某公司某品牌产品月销量统计与预测表 1 单位：万部

销量	1月	2月	3月	4月	5月	6月	7月	8月
销售量	40	42	43	41	43	45	44	
预测值					41.5	42.25	43	43.25

以 5 月预测为例，$F_5 = (41 + 43 + 42 + 40) \div 4 = 41.5$（万部）。

若取近两期数据权重分别为 $w_1 = w_2 = 0.4$，远两期数据权重分别为 $w_3 = w_4 = 0.1$，则采用加权移动平均法的预测结果如表 3-2 所示。

表 3-2　　某公司某品牌产品月销量统计与预测表 2　　单位：万部

销量	1 月	2 月	3 月	4 月	5 月	6 月	7 月	8 月
销售量	40	42	43	41	43	45	44	
预测值					41.8	42.1	43.6	44

同样以 5 月预测为例，$F_5 = 0.4\times41 + 0.4\times43 + 0.1\times42 + 0.1\times40 = 41.8$（万部）。

3. 指数平滑法

指数平滑模型是移动平均模型的改进和发展，它克服了移动平均模型的两个不足之处：一是存储数据量较大，二是第 n 期以前的数据完全被忽略。指数平滑预测模型用过去时间序列值的加权平均数作为预测值，是加权移动平均模型的一种特殊形式。其计算公式为：

$$F_t = (1-\alpha)F_{t-1} + \alpha A_{t-1}$$

式中，F_{t-1}是上期一次指数平滑预测值；A_{t-1}是上期的观测值；α 是平滑常数，$0\leqslant\alpha\leqslant1$；$1-\alpha$ 是阻尼系数。

由上式可知，F_t 是上期预测值和上期实际观测值的加权平均值，通过 $t-1$ 期推进展开，预测值的权数呈指数形式递减，这正是指数平滑法名称的由来。

【例 3-2】某公司某品牌手机近期月销量记录如表 3-3 所示，试取 $\alpha=0.7$，$F_1=40$，采用一次指数平滑法预测未来销量。

表 3-3　　某公司某品牌产品月销量统计与预测表 3　　单位：万部

销量	1 月	2 月	3 月	4 月	5 月	6 月	7 月	8 月
销售量	40	42	43	41	43	45	44	
预测值	40	40	41.40	42.52	41.46	42.54	44.26	44.08

以 3 月预测为例，$F_3 = (1-0.7)\times40 + 0.7\times42 = 41.40$（万部）。

采用指数平滑预测模型适合于无趋势成分的时间序列预测，对于无趋势成分的时间序列参数的选择将影响预测值的准确性，如移动周期数、权重、平滑系数等，一般采用均方误差最小来判断，通过规划求解得出该参数最优值。而在有趋势的情况下，一般采用二次指数平滑法。对于含有季节成分的时间序列可采用季节指数法。在本章 3.5 节中将举例详细介绍季节指数法预测的计算过程。

3.2.3　因果模型

在时间序列模型中，将需求作为因变量，将时间作为唯一的自变量，这种做法忽略了对其他影响因素的分析，如广告、促销、产品定价等，都对需求产生影响。因果模型就是利用历史记录分析出两个或两个以上变量之间相互依赖的定量关系，进而通过一个变量的变化来预测另一个变量的未来变化。因果模型中最常见的是回归模型。

回归分析（regression analysis）通过规定因变量和自变量来确定变量之间的因果关系，建立回归模型，并根据实测数据来求解模型的各个参数，评价回归模型是否能够很好地拟合实测数据；如果能够很好地拟合，则可以根据自变量进行预测。回归分析按照涉及变量的多少，分为一元回归和多元回归分析；按照自变量和因变量之间的关系类型，可分为线性回归分析和非线性回归分析。

线性回归（linear regression）是最为人熟知的建模技术。在这种技术中，因变量是连续的，自变量可以是连续的也可以是离散的，回归线的性质是线性的。线性回归使用最佳的拟合直线在因变量（Y）和一个或多个自变量（X）之间建立一种关系。如一个多元线性回归可表示为：

$$Y = a + b_1 \times X_1 + b_2 \times X_2 + b_3 \times X_3 + e$$

其中，a 表示截距，b 表示直线的斜率，e 表示误差项。

本章 3.6 节将举例讲解回归分析过程。

3.3　STP 营销

在市场营销活动中，企业要面临的问题是：本企业所提供的产品或服务的顾客在哪里？愿意购买本企业产品的顾客的职业、性别、年龄、爱好及购买行为特点是什么？企业如何根据对竞争对手的分析发挥自身差别化优势以赢得顾客的认可？这些抉择就是市场营销中的市场细分（segmentation）、选择目标市场（target）、市场定位（positioning）组成的 STP 营销策略。

3.3.1　市场细分

市场细分，是指营销者通过市场调研，依据消费者的需要和欲望、购买行为和购买习惯等方面的明显差异性，把某一产品的整体市场划分为若干个消费群的市场分类过程。市场细分有利于发现目标消费群的详细需求，更早发现市场营销机会，使企业抓住市场主动权；能更加有效地制订市场营销策略，有的放矢，效率更高；能提高企业的市场竞争力，有效地与竞争对手抗衡。

市场细分的依据可以是地理环境因素、人口统计因素、消费心理因素、消费行为因素、消费受益因素等。有效的市场细分，使细分市场具有可衡量性、需求足量性、可进入性、反应差异性四项特征。麦卡锡公司通过大量的案例分析，总结提出了细分市场的一整套程序，包括以下七个步骤：

（1）选定产品市场范围，即确定进入什么行业，生产什么产品；

（2）列举潜在消费者的基本需求；

（3）了解不同潜在用户的不同要求；

（4）抽掉潜在顾客的共同要求，而以特殊需求作为细分标准；

（5）根据潜在顾客基本需求上的差异，将其划分为不同的群体或子市场，并赋予每一子市场一定的名称；

（6）进一步分析每一细分市场的需求与购买行为特点，并分析其原因，以便在此基础上决定是否可以对这些细分市场进行合并，或做进一步细分；

（7）估计每一细分市场的规模，包括顾客数量、购买频率、平均每次的购买数量、产品竞争状况及发展趋势等。

企业应当采用上述哪种方式选择目标市场，主要取决于企业资源、产品性质、市场结构以及竞争对手的目标市场策略等多方面的条件。

3.3.2 选择目标市场

运用市场细分策略的企业，在选择目标市场时，可采用的涵盖市场的方式归纳起来主要有五种：密集单一化、产品专业化、市场专业化、选择专业化和全面涵盖（如图3－2所示）。

3.3.3 市场定位

所谓定位，就是对企业的产品和形象进行设计，从而使其能在目标顾客心目中占据一个独特的位置的行动。市场定位是在20世纪70年代由美国营销学家艾·里斯和杰克特劳特提出的，是指企业根据竞争者现有产品在市场上所处的位置，针对顾客对该类产品某些特征或属性的重视程度，为本企业产品塑造与众不同的，令人印象鲜明的形象，

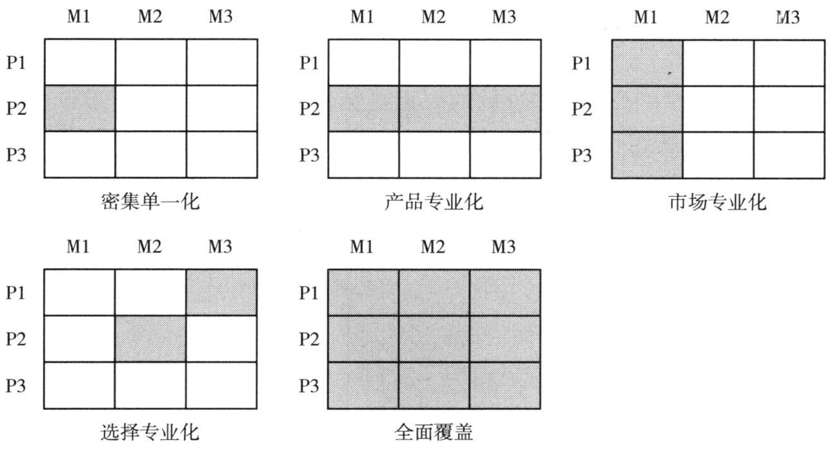

图3-2　目标市场选择的模式

并将这种形象生动地传递给顾客，从而使该产品在市场上确定适当的位置。

企业和产品的差异化是达到市场定位的一种手段。企业通过产品差异化、人员差异化、渠道差异化、形象差异化等确定企业的竞争优势。

在企业竞争模拟软件中，通常已经事先按照地理、人文统计、心理和行为因素等对市场细分进行了确定。

3.4 营销组合

3.4.1　定价

价格策略是企业营销组合的一个极其重要的组成部分。经济学中的价格是商品价值的货币表现，是严肃且不能随便更改的，定价是一门科学。市场营销学认为，价格是顾客购买商品所支付的经济成本，是可以变动的，因此营销学中的定价在很大程度上是一门艺术。

价格的高低直接关系到产品是否能被消费者接受、市场占有率的高低、需求量的变化和利润的多少，价格是影响市场需求和消费者有关行为的主要因素。要合理定价，首先，必须研究影响定价的基本因素。其次，根据企业的特定条件和决策者的意愿，确定合理的定价目标，以及确定需求、估计成本及分析竞争对手的商品、成本和价格等。再其次，选择适当的定价方法制定基础价格，并根据各种定价策略调整基础价格，以形成最终的市场价格。最后，企业还需根据客观环境和市场形势的变化，及时调整价格。

1. 影响企业定价的因素

从理论上来讲，影响产品价格变化的因素主要有：

（1）商品价值。在其他条件不变的情况下，单位商品价值增加，以货币表现的商品价格将随之上升，反之价格下跌。

（2）货币价值与货币量。在其他条件不变的情况下，货币价值下降，商品价格上涨，反之下跌。

（3）供求关系。供不应求时商品价格上涨，反之下跌。

短期内，我们视货币价值不变，那么影响商品实际定价的因素有：

（1）成本因素。产品的成本构成主要表现为固定成本、变动成本、总成本、单位平均固定成本、单位平均变动成本、单位平均总成本、边际成本和机会成本等。从长期来看，产品价格必然要等于成本加上利润，产品定价必须能够补偿产品生产及营销等所有的支出，并补偿商品经营者为其承担的风险支出，否则就没有意义。所以，就长期而言，产品价格如果低于单位平均总成本，企业将难以生存；就短期而言，产品价格必须高于单位平均变动成本，否则亏损将随生产数量的增加而增加。

（2）定价目标。企业某一产品的定价目标最终取决于企业的经营目标。在定价之前，企业必须对产品总战略做出决策，如果企业已经审慎地选择好目标市场和市场定位，那么确定营销组合战略，包括定价，便是一件容易的事情了。企业定价的目标大致可以分为以追求利润最大化为目标、以维持企业生存为目标、以保持或扩大市场占有率为目标、以保持稳定的价格为目标、以保持良好的分销渠道为目标。

（3）竞争因素。理论上来讲，市场竞争程度可以划分为完全竞争、完全垄断、垄断竞争和寡头竞争四种情况。

在完全竞争的市场上，生产企业不可能采用提价的办法得到利润，只能靠提高自己产品的生产效率，降低各种消耗，从而降低成本以取得更多的利润。同时，由于产品完全同质，卖方无须花精力进行营销研究、广告和促销，这些活动只会增加成本，因而都是不必要的。在现实中，完全竞争市场是不存在的。

完全垄断市场在实际生活中也极为少见，完全垄断是与市场经济提倡的自由经济相矛盾，只有在特定条件下才能形成，如电力、自来水等。从理论上来讲，完全垄断企业完全有自由定价的权利，但实际上，独占企业的产品价格也会受到其他情况的限制，例如容易引起消费者的反对和政府的干预，消费者减少消费或采用其他代用品等。

在现实中，比较常见的是垄断竞争市场状态。在垄断竞争市场中有很多买主和卖主，但不同卖主的同类产品都有差异性，因此卖主对其各自产品都有相对的垄断性，能控制其产品价格，他们往往通过强调本企业产品的与众不同之处使消费者接受其价格。

另一种不完全竞争市场状态是寡头竞争，在寡头竞争市场条件下，商品的价格不是通过市场供求决定的，而是由寡头们通过协议或默契决定，称为操纵价格或联盟价格。操纵价格一旦确定，一般在很长的时间内不会改变，因为某一个厂商降价，会立刻遭到对手更猛烈的降价报复，结果是使大家的收入都降低；而如果某一个企业单独提价，其竞争对手不会随之提价，同时会乘机夺取提价企业的市场份额。这可以从博弈论的角度得到解释，在寡头竞争市场条件下，商品价格处于纳什均衡状态后很长时间不会改变，并且各个寡头在广告宣传、促销等方面竞争激烈。

（4）需求因素。市场营销学理论认为，决定价格下限的是成本，决定价格上限的是产品的市场需求。需求是企业定价的主要影响因素，而需求又受价格和收入变动的影响。经济学上将因价格和收入等因素引起的需求的相应变动率称为需求的弹性。需求的弹性包括：需求的价格弹性、需求的收入弹性、需求的交叉弹性。

通常而言，市场需求会按照和价格相反的方向变动，价格提高，市场需求量就会减少；价格降低，市场需求量就会增加。除了某些显示身份地位的商品，价格提高时其销售量反而会提高。不同的商品受价格影响的变动程度不同，$E_p=0$、$E_p=1$ 或者 $E_p=\infty$ 的情况非常少见；根据市场数据统计来看，一般情况下，生活必需品 $0<E_p<1$，表示需求量受价格的影响弹性小，降价并不能刺激需求，薄利并不能多销，适当提价反而能提高企业利润；而奢侈品 $1<E_p<\infty$，需求价格弹性大，降价会带来销量的大幅增长，反而能获得利润的增加，提价则务必要谨慎，以避免需求量锐减，影响企业收入。

$$\text{需求的价格弹性系数 } E_p=\frac{\text{需求量变动率}}{\text{价格变动率}}$$

一般来说，收入增加，市场需求量会增加。其中，生活必需品受收入的变动影响较小，而奢侈品，如珠宝、豪华汽车等，受收入变动的影响较大。但是，对于低档商品，如低档服装、低档食品等，E_y却呈负值，人们收入越高，对抵档商品的需求越少。

$$\text{需求的收入弹性系数 } E_y=\frac{\text{需求量变动率}}{\text{收入变动率}}$$

即因A商品的价格变动引起B商品的需求量的相应变化，A、B商品很可能是替代品或者互补品。当A、B为替代品时，E_BP_A为正值，A商品涨价将引起B商品需求量的增加；当A、B为互补品时，E_BP_A为负值，如汽车和汽油，当汽油价格上涨时将制约消费者购买汽车的决定。

$$\text{需求的交叉弹性系数 } E_BP_A=\frac{\text{B商品需求量变动率}}{\text{A商品价格变动率}}$$

（5）其他。影响商品定价的其他因素还有政府或行业组织对价格的干预、社会经济状态、消费者的心理因素、消费者购买行为方式等。

2. 定价方法

无疑，定价是一件非常令人头疼的事情。我们可以借助一些方法来做出定价决策，例如：成本导向定价法，包括成本加成法、目标收益定价法、收支平衡定价法；需求导向定价法，包括理解价值定价法、需求差异定价法；竞争导向定价法，包括随行就市定价法、投标竞价法、拍卖竞价法、倾销定价法。

（1）成本加成定价。最基本的定价方法是在产品成本上加一个标准的加成，如利润和税金，来确定产品的售价。产品的成本包括单位平均固定成本加上单位变动成本，利润加成以产品售价的比率来表示，如式（3.1）所示。

$$\text{某产品价格} = \frac{\text{单位变动成本} + \dfrac{\text{固定成本}}{\text{预计销售量}}}{1 - \text{预计利润加成率}} \tag{3.1}$$

应用成本加成定价法是否合乎逻辑呢，答案是否定的，因为成本加成定价法只有在所定的价格能精确地产生预计销售量时才能使用。预计销售量需要预测需求和竞争对手的状况。但成本加成法仍被普遍应用的原因是：首先，卖方可以确定成本；其次，行业中所有企业都使用这种定价方法，会使价格趋于相似，减少价格竞争的风险；最后，这种方法是对买卖双方都认为比较公平的方法。

（2）盈亏平衡分析（break - even analysis）。又称保本点分析或量本利分析法，一般来讲，企业利润 = 销售收入 - 成本，当利润为零时，收入 = 成本，此时即为企业的保本点。

可以绘制一张盈亏平衡图（如图 3 - 3 所示），以便了解定价的销售保本点。

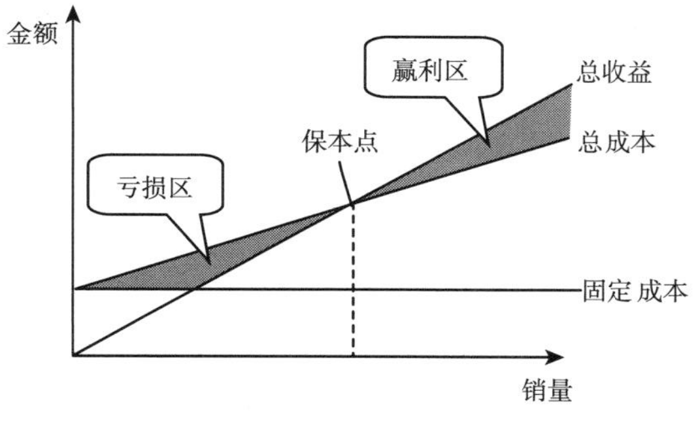

图 3 - 3 盈亏平衡图

其公式表示为：

$$盈亏平衡(保本)销售量=\frac{固定成本}{价格-单位变动成本}$$

反之，

$$保本价格=单位变动成本+\frac{固定成本}{设计销售量}$$

一般来讲，企业在成本不变的情况下，定价在保本价格以上，企业就可以盈利，反之，必定亏损。本章3.7节将举例说明盈亏平衡分析过程。

（3）边际贡献分析。边际贡献，是指销售收入减去变动成本以后的差额。单位边际贡献是指单价减去单位变动成本以后的差额，用公式表示为：

$$边际贡献总额=销售收入总额-变动成本总额=(单价-单位变动成本)\times销量$$

$$单位边际贡献=单价-单位变动成本$$

由上式看出，边际贡献的实质所反映的就是产品为企业盈利所能作出的贡献大小，被通俗称为产品的“毛利”。在定价决策中，必须首先保证边际贡献不为负数；其次应考虑全部产品的边际贡献应足以弥补固定成本，这是保本点；最后考虑应有一定的积余，即利润。所以，边际贡献分析是定价决策中一种广泛使用且非常有效的手段。

边际贡献率是指边际贡献在销售收入中所占的百分比。如果是一种产品，则：

$$边际贡献率=\frac{单位边际贡献}{单价}\times100\%=(1-\frac{单位变动成本}{单价})\times100\%$$

如果是多种产品，则：

$$边际贡献率=\sum每种产品的边际贡献率\times该产品销售收入占全部销售收入的比重$$

通过上式可知，在其他条件不变的情况下，企业产品边际贡献与单价变化方向一致，且企业各产品边际贡献率趋于相同时贡献总额最大。那么，对于边际贡献率较大的产品或市场可以适当增加供货量，降低单价；反之，对于边际贡献率小的产品可提高价格，减少供货量。运用边际贡献率来检验规划求解得出的长期供货量，决策的效益会有很大的提高。本章3.8节将举例讲解边际贡献分析方法。

在静态的环境中，边际贡献率法为企业资源的有效配置指明了方向，但是企业所处的环境往往是动态的，当环境发生变化时，边际贡献率也会改变。前期数据表明产品1边际贡献率大于产品2，随着对产品1加大供应，降低价格，产品1的边际贡献率会随之降低，而产品2可以以较高价格出售，其边际贡献率会随之升高。所以，这就提醒企业的经营决策者，应采用动态发展的思维进行管理决策，忽略因素的变化，决策的效果就会变差。

在企业竞争模拟系统 BIZSIM 2.0 中，如果不考虑产品在运出车间之前发生的成本（如人工工资、制造费用和原材料等），产品变动成本差异主要是因变动运输费用而产生的。“单位产品各市场边际贡献相等”原则可以用“单位各产品在各市场的单价 - 变动运输费相等”原则来代替。也就是说，产品在四个市场的差价等于该产品在各市场的单位变动运输费的差额，企业的边际贡献之和最大，并且向市场运送的产品数量应和相应的单价相匹配。一般来说，产品的变动运输费在国际市场和国内市场之间差别比较大，同时与 BIZSIM 系统编排的企业的序号有关，在国际市场差别不大。所以，企业可以采用差别定价法以充分体现自己在该市场的价格优势，对于变动运输费较低的市场，通过相对较低的价格来获得尽可能多的市场份额。

3. 定价策略

新产品定价是企业价格策略的一个关键环节，它关系到新产品能否顺利进入市场，并为以后占领市场打下基础。包括撇脂定价策略、渗透定价策略、满意定价策略等。

撇脂定价策略，是指在新产品上市之初把价格定得很高，尽可能在短期内、竞争对手研制出类似产品之前，赚取高额利润。然后随着时间的推移，再逐步降低价格使新产品进入弹性大的市场。一般而言，对于全新产品、受专利保护的产品、需求价格弹性小的产品、流行产品、未来市场形势难以测定的产品等，面对那些收入高、价格不敏感或有求新猎奇心理的消费者，可以采用撇脂定价策略。撇脂定价策略要注意，新产品的市场走势不明，在高价得不到消费者支持时必然会影响市场的开拓；同时，高价高利势必诱发竞争者进入和竞争，从而缩短了企业新产品的高额利润时期。因此，在实行撇脂定价策略时，应加强促销活动，辅以公共关系等措施。

渗透定价策略，是指在新产品上市之初，将价格定得较低，甚至低于生产成本，以便于市场渗透，取得较高的市场占有率。较高的销售额能够支撑企业扩大规模，降低成本，从而使企业能够进一步减价。一般而言，渗透定价策略适用于潜在市场大、市场需求弹性大、价格战概率低、存在规模经济效应的产品。不言而喻，渗透定价策略的缺点是，企业本利回收期长，不利于企业资金周转，经营风险较大；另外，低价可能引起消费者对产品质量的怀疑，降低企业形象。

满意定价策略，是指新产品上市之初，采取买卖双方都满意的价格。适用于产销稳定的产品，如日用品等。缺点是比较保守，不适合于复杂多变或竞争激烈的市场环境。对于复杂多变或竞争激烈的市场环境，应结合市场定位，制定更具优势和差异化的产品定价。

除此之外，还有很多定价策略，例如：折扣让价定价策略，包括现金折扣、数量折扣、交易折扣、季节折扣、推广让价、跌价保证；心理定价策略，包括尾数定价、整数定价、声望定价、招徕定价、习惯定价；地区定价策略，包括产地交货定价、统一交货定价、基点定价、分区定价、运费免收定价等。

4. 调价策略

企业根据基本定价方法制定出的价格，还要根据市场状况、消费者心理等要求进行适当的调整，从而制定出最后的市场价格。企业进行调价的主要策略是降价和提价，其中降价是最为明显的价格竞争策略。降价主要是为了应付竞争对手的挑战，另外，还可能因为生产能力过剩、库存积压、市场占有率下降、规模扩大、成本降低等采取降价策略。

3.4.2　渠道

菲利普·科特勒认为：营销渠道是促使产品或服务顺利地被使用或消费的一整套相互依存的组织，它们组成一个产品或服务在产成以后的一条列途径，经过销售达到最终用户手中。一般来说，某种产品的市场营销渠道包括供销过程中所有的企业和个人，如资源供应商、生产商、商人中间商、代理中间商、辅助商（如运输企业、公共货栈、广告代理商、市场研究机构等）以及最后的消费者或用户。

绝大多数生产者并不是将其产品直接出售给最终消费者或用户，各种分销商的存在是社会分工和商品经济发展的必然产物，商品流通量越大，分销商的必要性和作用就越大。如图3－4所示，当三个生产者面对三个顾客时，如果没有分销商，需要交易9次，而通过一个分销商，则只要求6次交易联系。

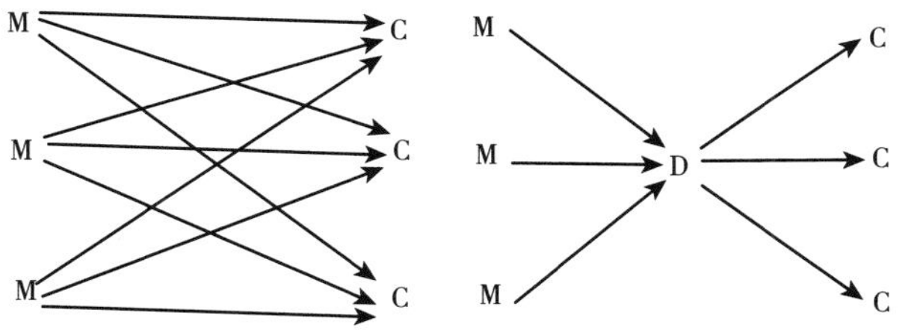

M：生产商　　C：消费者　　D：分销商

图3－4　分销商怎样增加效率示意

所以，利用分销商的目的在于能够减少必要的工作量和成本。并且通过分销商的关系、经验、专业知识以及规模，能够更加有效地推动商品广泛地进入目标市场。

设计一个渠道系统包括四个步骤：分析顾客需要，建立渠道目标，识别主要的渠道选择方案，评价主要渠道。

3.4.3 促销

促销策略是市场营销组合的基本策略之一。促销策略是指企业如何通过人员推销、广告、公共关系和销售促进等各种促销方式，向消费者或用户传递产品信息，引起他们的注意和兴趣，激发他们的购买欲望和购买行为，以达到扩大销售的目的。

企业将合适的产品，在适当地点，以适当的价格出售的信息传递到目标市场，一般通过两种方式：一是人员推销，即推销员和顾客面对面地进行推销；二是非人员推销，即通过大众传播媒介在同一时间向大量消费者传递信息，主要包括广告、公共关系和销售促进等。这两种方式各有利弊，起着相互补充的作用。企业总是在探索用一种促销工具取代另一种促销工具的方法，以获得更高效率。促销费用的分配因消费者市场和企业市场的差异而不同，经营消费品的营销者喜欢花费相对多的预算在销售促进和广告上，经营企业用品的营销者喜欢花费相对多的预算在人员推销上；同一行业中的企业，如何划分促销费用预算也有很大的不同，例如雅芳公司集中做人员推销，而露华浓公司主要做广告。

评价促销策略效果的方法很多，其中销售效果评估法的结果最直接。

效果评估法，是指在广告播出一段时间后调查销售量的变化，广告效果是把广告费用的增加与销售额的增加做比较，计算公式为：

$$广告效果(弹性系数)=\frac{销售额增长率}{广告费用增长率}$$

当广告效果弹性系数大于1时，表示销售额的变动率大于广告费的变动率，说明广告效果好；反之，说明广告效果差，需要调整。

案例与建模

3.5 季节指数分析

分析步骤：

第一步，分析时间序列包含的成分，确定时间序列的类型；

第二步，找出适合此类型的时间序列预测模型；

第三步，确定最优模型参数；

第四步，在最优模型参数的基础上计算预测值。

【例3－3】某公司某品牌产品在某地近3年各季度的销售情况如表3－4所示，试预测明年1季度的销售量。

表3－4　　某公司某品牌产品在某地的销售量统计

	2015年				2016年				2017年			
季度	1	2	3	4	1	2	3	4	1	2	3	4
销量	11510	10250	9200	10800	12300	11200	9900	11550	13250	11800	10266	12400

实验操作如下：

第一步，复制数据到Excel中，并使用“选择性粘贴”中的“转置”，将横向数据粘贴为纵向数据（如图3－5所示）。

	A	B	C
1	年度	季度	销量
2	2015	1	11510
3		2	10250
4		3	9200
5		4	10800
6	2016	1	12300
7		2	11200
8		3	9900
9		4	11550
10	2017	1	13250
11		2	11800
12		3	10266
13		4	12400

图3－5　表3－4在Excel中的数据整理结果

然后“插入”图表，选择“二维折线图”（如图3－6所示）。

并点击图表右上角的“＋”，添加“趋势线”，添加基于“销量”的趋势线，在“设置趋势线格式”界面勾选“线性”和“显示公式”（如图3－7所示）。

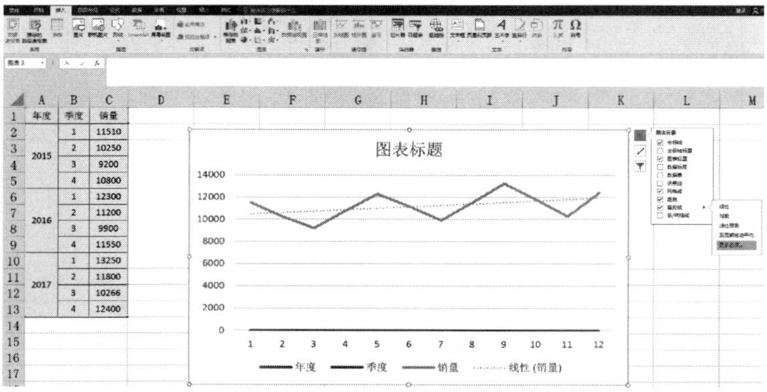

图 3－6　图表参数设置 1

图 3－7　图表参数设置 2

点击“关闭”后，结果如图 3－8 所示。

第二步，从图 3－8 可看出，该时间序列含有季节波动和线性上升趋势，选择使用季节指数趋势预测模型。

对销量移动平均后去除季节成分，在“数据”菜单栏中点击“数据分析”，该工具

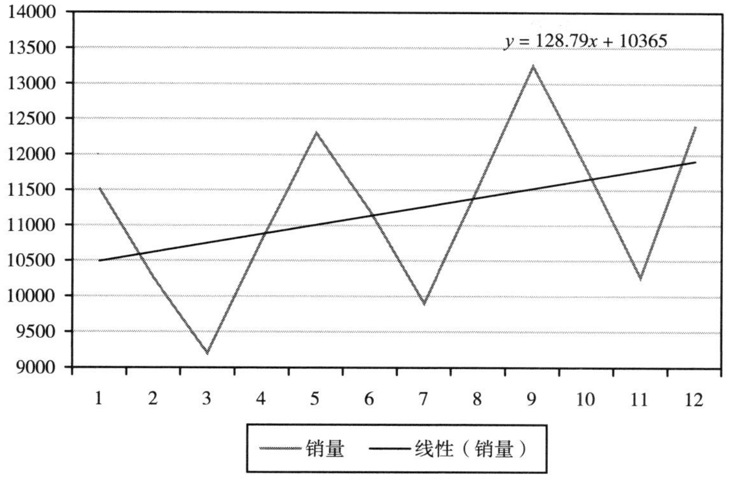

图3－8 销量图形结果

需要在“加载项”中提前加载“分析工具库”方可使用（如图3－9所示）。

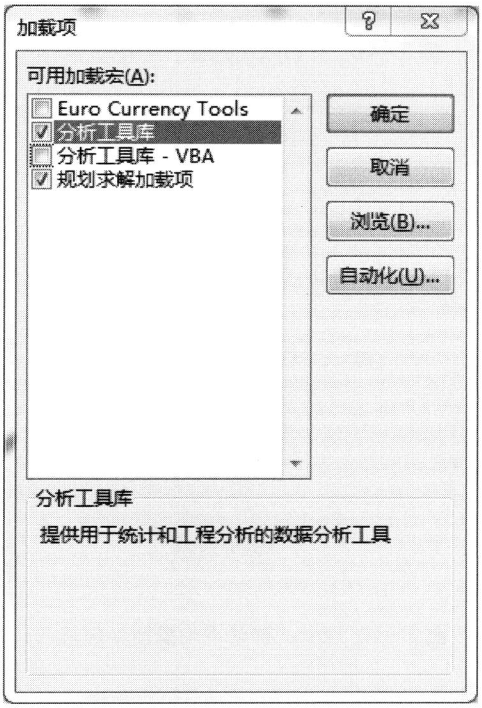

图3－9 Excel“分析工具库”加载界面

在“文件”菜单中点击“选项”，在“加载项”栏目里，“转到”Excel加载项，加载“分析工具库”。

加载后，在 Excel“数据”菜单栏方可看见“数据分析”功能（如图 3－10 所示）。

图 3－10　Excel“数据”菜单

点击进入（如图 3－11 所示）。

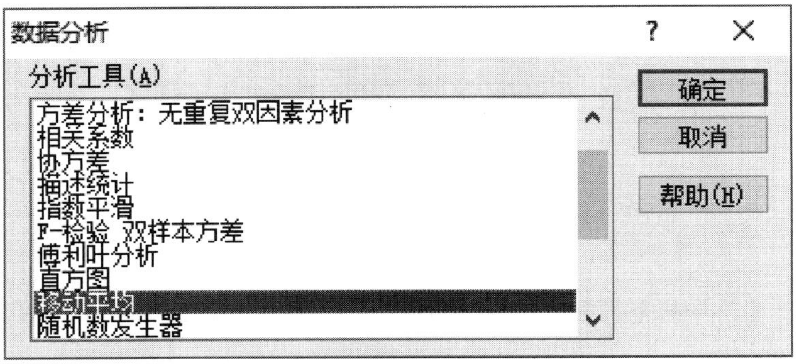

图 3－11　分析模型选择——移动平均

选择“移动平均”后点击“确定”，如图 3－12 所示填写相关参数。

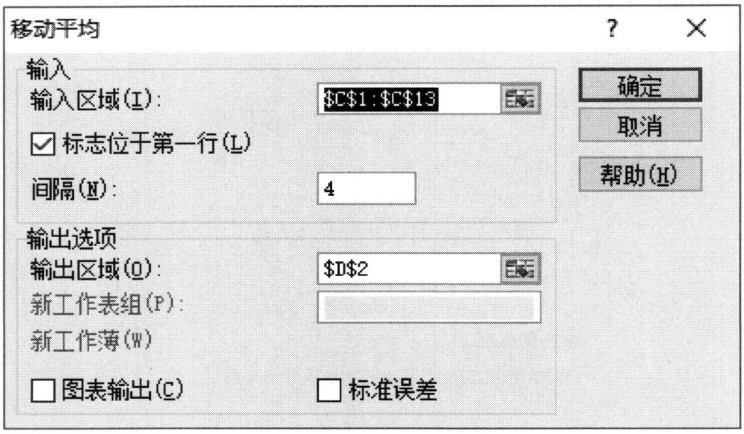

图 3－12　Excel 移动平均模型参数输入

其中，间隔是指周期跨度，本例中计算 4 个季度的移动平均，故间隔为 4。

“确定”输出结果如图 3－13 所示。

点击 D5 单元格，会发现移动平均的函数即为“＝AVERAGE（C2：C5）”。

然后，用插入图表测算除去季节成分后的销量线性函数，如图 3－14 所示。

	A	B	C	D
1	年度	季度	销量	销量移动平均
2	2015	1	11510	#N/A
3		2	10250	#N/A
4		3	9200	#N/A
5		4	10800	10440
6	2016	5	12300	10637.5
7		6	11200	10875
8		7	9900	11050
9		8	11550	11237.5
10	2017	9	13250	11475
11		10	11800	11625
12		11	10266	11716.5
13		12	12400	11929

图 3-13 销量移动平均数据结果

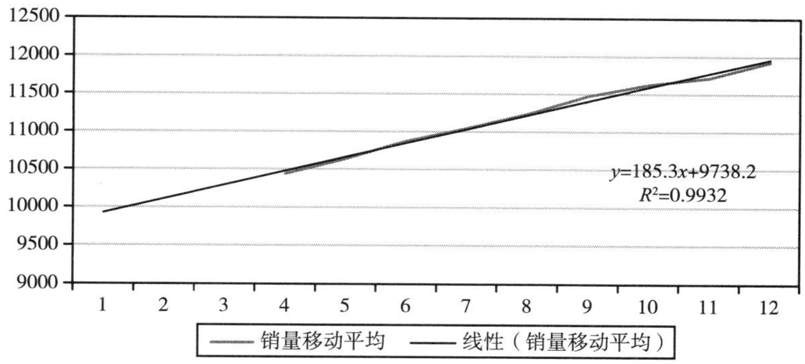

图 3-14 去季节因素销量移动平均分析

$R^2=0.9932$，说明模型的拟合性很好。排出季节因素后该销售量确实呈线性增长趋势，该模型能准确预测未来年度的平均销量。

使用线性回归预测函数（FORECAST 函数）预测 2018 年 4 个季度的销量移动平均值：在 D14 单元格中插入函数 FORECAST，D15∶D17 单元格同理（如图 3-15 所示）。

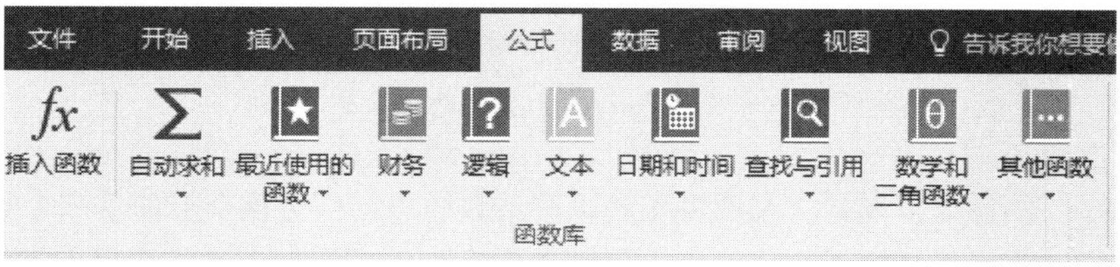

图 3-15 Excel 公式菜单

点击"插入函数"，在函数库中找到 FORECAST 函数（或 FORECAST. LINEAR），如图 3-16 所示。

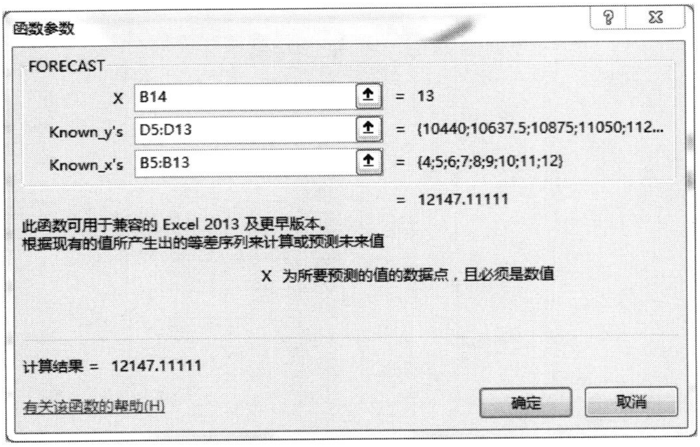

图 3－16　FORECAST 函数参数输入

“确定”后结果如图 3－17 所示。

D14　=FORECAST(B14,D5:D13,B5:B13)

	A	B	C	D
1	年度	季度	销量	销量移动平均
2	2015	1	11510	#N/A
3	2015	2	10250	#N/A
4	2015	3	9200	#N/A
5	2015	4	10800	10440
6	2016	5	12300	10637.5
7	2016	6	11200	10875
8	2016	7	9900	11050
9	2016	8	11550	11237.5
10	2017	9	13250	11475
11	2017	10	11800	11625
12	2017	11	10266	11716.5
13	2017	12	12400	11929
14	2018	13		12147.11111
15	2018	14		12332.41111
16	2018	15		12517.71111
17	2018	16		12703.01111

图 3－17　FORECAST 函数结果

第三步，测算季节系数。求取多年各季节系数的平均值为该季节的季节系数。

$$第\ i\ 季的季节系数=\frac{\sum_{Y=1}^{n}(S_{Yi}\div Q_{Yi})}{n}$$

其中，Y 为年数，S_{Yi}为第 Y 年第 i 季的销量实际值，Q_{Yi}为第 Y 年第 i 季的线性趋势值。

首先计算出销量的去季节线性趋势值，即利用该趋势函数即可求出去除季节成分后的销量值。在 E2 单元格中录入公式“ =185.3 * B2 +9738.2”，并拖曳 E2 单元格右下角的黑色实心十字，将该公式填充至 E3：E13，结果如图 3-18 所示。

	A	B	C	D	E
1	年度	季度	销量	销量移动平均	去季节成分销量
2	2015	1	11510		9923.5
3		2	10250		10108.8
4		3	9200		10294.1
5		4	10800	10440	10479.4
6	2016	5	12300	10637.5	10664.7
7		6	11200	10875	10850
8		7	9900	11050	11035.3
9		8	11550	11237.5	11220.6
10	2017	9	13250	11475	11405.9
11		10	11800	11625	11591.2
12		11	10266	11716.5	11776.5
13		12	12400	11929	11961.8

图 3-18 去季节销量线性趋势值计算结果

接着计算某季节系数，在单元格 F2 中输入“ = C2/E2”，即可求得季节系数，并将公式填充至 F3：F13。

最后求出三年某季节系数的平均值，作为最终四个季度的季节系数，在 F14 单元格中输入“ = AVERAGE（F2，F6，F10）”，并填充至 F15：F17，结果如图 3-19 所示。

	A	B	C	D	E	F
1	年度	季度	销量	销量移动平均	去季节成分销量	季节系数
2	2015	1	11510		9923.5	1.16
3		2	10250		10108.8	1.01
4		3	9200		10294.1	0.89
5		4	10800	10440	10479.4	1.03
6	2016	5	12300	10637.5	10664.7	1.15
7		6	11200	10875	10850	1.03
8		7	9900	11050	11035.3	0.90
9		8	11550	11237.5	11220.6	1.03
10	2017	9	13250	11475	11405.9	1.16
11		10	11800	11625	11591.2	1.02
12		11	10266	11716.5	11776.5	0.87
13		12	12400	11929	11961.8	1.04
14	2018	13				1.16
15		14				1.02
16		15				0.89
17		16				1.03

图 3-19 季节系数计算结果

F14：F17 单元格中的值即为第 1 季度至第 4 季度的季节系数，分别是 1.16、1.02、0.89 和 1.03。

第四步，利用季节系数求回 2018 年四个季度的销量预测值。

在单元格 G14 中录入“= D14 * G14”并填充至 G15：G17，结果如图 3 - 20 所示。

G14　　=D14*F14

	A	B	C	D	E	F	G
1	年度	季度	销量	销量移动平均	去季节成分销量	季节系数	销量预测值
2	2015	1	11510		9923.5	1.16	
3		2	10250		10108.8	1.01	
4		3	9200		10294.1	0.89	
5		4	10800	10440	10479.4	1.03	
6	2016	5	12300	10637.5	10664.7	1.15	
7		6	11200	10875	10850	1.03	
8		7	9900	11050	11035.3	0.90	
9		8	11550	11237.5	11220.6	1.03	
10	2017	9	13250	11475	11405.9	1.16	
11		10	11800	11625	11591.2	1.02	
12		11	10266	11716.5	11776.5	0.87	
13		12	12400	11929	11961.8	1.04	
14	2018	13		12147.11111		1.16	14069.96
15		14		12332.41111		1.02	12596.49
16		15		12517.71111		0.89	11109.77
17		16		12703.01111		1.03	13111.98

图 3 - 20　销售预测值计算结果

3.6 回归分析

【例 3 - 4】某公司在某市场上某品牌产品近 15 期销售情况如表 3 - 5 所示，试分析需求的影响因素以及相关关系。

表 3 - 5　　某公司在某市场上某品牌产品销售情况统计

公司	期数	产品 A 市场 1									
		价格	促销	广告	等级	需求	售量	库存	订货	正品率	市场份额
1	1	3550	10000	10000	1	119	105	0	3	0.95	0.06
1	2	3550	10000	10000	1	121	105	0	5	0.95	0.06
1	3	3650	10000	10000	1	103	105	0	0	0.95	0.06
1	4	3650	10000	20000	1.46	113	107	0	1	0.97	0.06

续表

公司	期数	产品 A 市场 1									
		价格	促销	广告	等级	需求	售量	库存	订货	正品率	市场份额
1	5	3650	20000	20000	1.46	123	108	0	4	0.97	0.06
1	6	3750	30000	30000	1.46	118	108	0	3	0.97	0.06
1	7	3750	30000	20000	1	111	106	0	2	0.96	0.06
1	8	3750	20000	20000	1	106	106	0	0	0.95	0.06
1	9	4510	34000	32927	1.90	60	50	4	1	0.98	0.07
1	10	4428	40000	47023	2.90	74	70	9	1	0.99	0.06
1	11	4307	60000	61719	3.80	100	96	6	2	0.99	0.07
1	12	4241	90000	85455	4.00	135	128	8	1	0.99	0.06
1	13	4066	100000	95179	5.00	155	145	18	1	0.99	0.08
1	14	3850	110000	113775	5.00	170	165	14	3	0.98	0.1
1	15	3614	120000	111850	5.00	200	170	14	6	0.98	0.09

实验操作步骤如下：

第一步，将数据拷贝至 Excel 中并整理，拟订因变量为“需求”，自变量为“期数”“价格”“促销”“广告”和“等级”，如图 3－21 所示。

	A	B	C	D	E	F	G	H	I	J	K	L
1			产品	A	市场	1						
2	公司	期数	价格	促销	广告	等级	需求	售量	库存	订货	正品率	市场份额
3	1	1	3550	10000	10000	1	119	105	0	3	0.95	0.06
4	1	2	3550	10000	10000	1	121	105	0	5	0.95	0.06
5	1	3	3650	10000	10000	1	103	105	0	0	0.95	0.06
6	1	4	3650	10000	20000	1.46	113	107	0	1	0.97	0.06
7	1	5	3650	20000	20000	1.46	123	108	0	4	0.97	0.06
8	1	6	3750	30000	30000	1.46	118	108	0	3	0.97	0.06
9	1	7	3750	30000	20000	1	111	106	0	2	0.96	0.06
10	1	8	3750	20000	20000	1	106	106	0	0	0.95	0.06
11	1	9	4510	34000	32927	1.90	60	50	4	1	0.98	0.07
12	1	10	4428	40000	47023	2.90	74	70	9	1	0.99	0.06
13	1	11	4307	60000	61719	3.80	100	96	6	2	0.99	0.07
14	1	12	4241	90000	85455	4.00	135	128	8	1	0.99	0.06
15	1	13	4066	100000	95179	5.00	155	145	18	1	0.99	0.08
16	1	14	3850	110000	113775	5.00	170	165	14	3	0.98	0.1
17	1	15	3614	120000	111850	5.00	200	170	14	6	0.98	0.09

图 3－21 表 3－5 在 Excel 中的数据整理结果

第二步，点击“数据”菜单栏中的“数据分析”，选择“回归”，如图 3－22 所示。

点击“确定”后，设置回归参数，如图 3－23 所示。

点击“确定”后，显示回归报告，如图 3－24 所示。

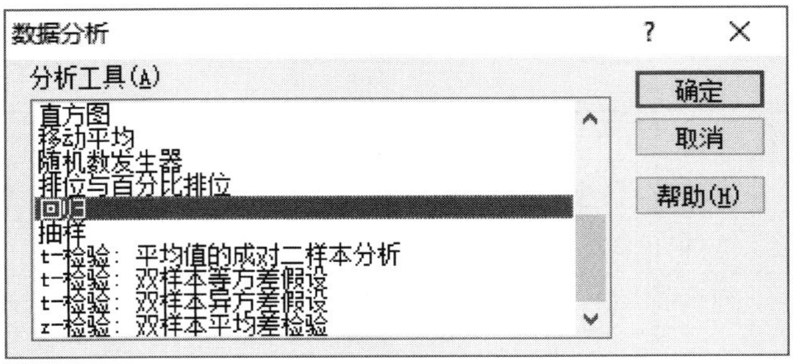

图 3－22　分析模型选择——回归

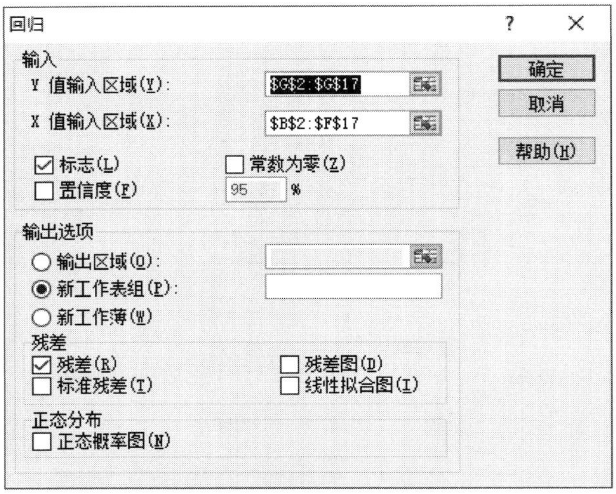

图 3－23　Excel 回归模型参数输入 1

	A	B	C	D	E	F	G	H	I
1	SUMMARY OUTPUT								
2									
3	回归统计								
4	Multiple	0.99492							
5	R Square	0.989866							
6	Adjusted	0.984236							
7	标准误差	4.386988							
8	观测值	15							
9									
10	方差分析								
11		df	SS	MS	F	gnificance F			
12	回归分析	5	16918.52	3383.704	175.8165	1.09E-08			
13	残差	9	173.211	19.24566					
14	总计	14	17091.73						
15									
16		Coefficien	标准误差	t Stat	P-value	Lower 95%	Upper 95%	下限 95.0%	上限 95.0%
17	Intercept	374.4888	19.6957	19.01374	1.42E-08	329.9341	419.0436	329.9341	419.0436
18	期数	-1.15848	1.010377	-1.14659	0.281121	-3.44412	1.127147	-3.44412	1.127147
19	价格	-0.07477	0.00612	-12.2175	6.61E-07	-0.08861	-0.06093	-0.08861	-0.06093
20	促销	0.000851	0.000257	3.306496	0.009135	0.000269	0.001433	0.000269	0.001433
21	广告	-0.00013	0.000374	-0.35602	0.730027	-0.00098	0.000713	-0.00098	0.000713
22	等级	5.170261	4.727482	1.09366	0.30251	-5.52405	15.86457	-5.52405	15.86457

图 3－24　回归分析报告 1

报告显示：

(1) 模型拟合优度评价：*R Square* (R^2) 值为 0.989866，大于 0.9；本案例中有多个自变量，调整后的 R^2 (*Adjusted*) 值为 0.984236；说明该回归模型拟合度很好。

(2) 回归方程的显著性检验：通过判定系数 R^2 的值可以判断回归方程拟合的好坏，但是建立回归方程以后回归效果如何，需要进行统计检验才能加以判断，为此，需要进一步进行回归方程的显著性检验。本例中 F 统计量值为 175.8165，其显著性值为 1.09×10^{-8}，远远小于显著水平 0.05（显著水平 = 1 − 置信度），说明回归方程有效。

(3) 回归系数的显著性检验：F 统计量是对回归方程总体回归效果的解释，当 F 检验通过时，就意味着方程中至少有一个回归系数是显著的，但并不一定是所有的回归系数都是显著的，这就要继续通过 *t* 检验来验证回归系数的显著性。本例中，期数、价格、促销、广告和等级的 *P* 值 (*P-Value*) 分别为 0.281121、6.61E − 07、0.009135、0.730027、0.30251。其中价格和促销的显著性水平小于 0.05，说明这两个自变量对因变量影响显著，而期数、广告和等级对自变量的影响不够显著。

第三步，剔除非显著相关因素，回归并建立方程。

再次点击“数据”中的“数据分析”工具，使用“回归”，x 值输入区域仅留“价格”和“促销”列数据，如图 3 − 25 所示。

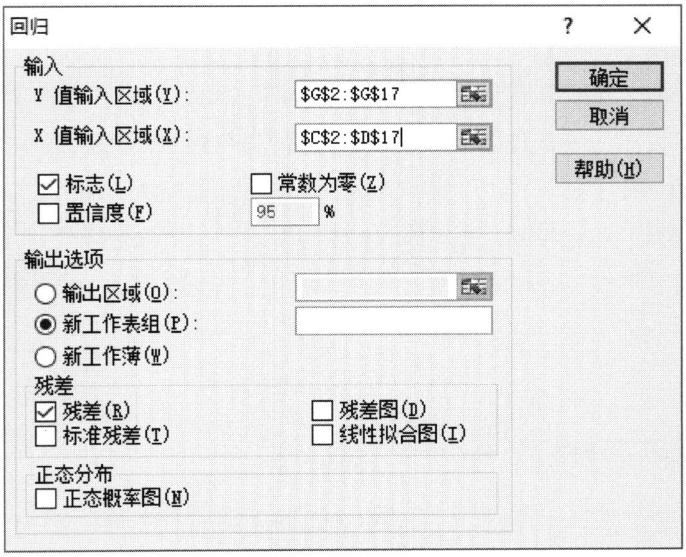

图 3 − 25 Excel 回归模型参数输入 2

“确定”后显示回归报告如图 3 − 26 所示。

	A	B	C	D	E	F	G	H	I
1	SUMMARY OUTPUT								
2									
3	回归统计								
4	Multiple	0.992368							
5	R Square	0.984793							
6	Adjusted	0.982259							
7	标准误差	4.653903							
8	观测值	15							
9									
10	方差分析								
11		df	SS	MS	F	gnificance F			
12	回归分析	2	16831.83	8415.914	388.5677	1.24E-11			
13	残差	12	259.9057	21.65881					
14	总计	14	17091.73						
15									
16		Coefficien	标准误差	t Stat	P-value	Lower 95%	Upper 95%	下限 95.0%	上限 95.0%
17	Intercept	379.6118	14.90184	25.47416	8.14E-12	347.1435	412.0801	347.1435	412.0801
18	价格	-0.07632	0.003916	-19.4912	1.88E-10	-0.08485	-0.06779	-0.08485	-0.06779
19	促销	0.000814	3.29E-05	24.72866	1.16E-11	0.000742	0.000885	0.000742	0.000885

图 3－26 回归分析报告 2

如图 3－26 报告显示，模型拟合度好，Significance F 检验显示回归方程整体显著，P-Value 检验显示价格和促销对需求影响显著。

可以得出回归方程为：

$$需求 = 379.6118 - 0.07632 \times 价格 + 0.000814 \times 促销$$

第四步，预测需求。此时即可以将市场部门制定好的预期定价和促销值代入以上方程，即可求得需求预测值了。

需要指出的是，不管是使用时间序列还是因果关系模型，都存在着一项隐含的假设：过去存在的变量间关系和相互作用机理，今后仍将存在并继续发挥作用。另外，往往因为获得的数据样本有限，建立的模型不一定能够准确反映其相关关系，且因子之间的关系也并非简单的线性相关，如广告、促销等对需求的影响边际效益递减，呈非线性相关。所以，在实际企业管理决策中，难于仅使用简单的模型进行精确预测，管理决策者应具备综合分析能力和应变决策能力。

3.7 盈亏平衡分析

【例 3－5】某企业，单位产品售价（不含税）100 元/台，总固定成本 9 万元，单位成本 50 元/台，并与产销量成正比例关系，求以产量表示的盈亏平衡点，并进行量本利的分析。

实验操作步骤如下：

第一步：准备数据。在 Excel 中整理数据如图 3－27 所示。

	A	B
1	数据	
2	固定成本/元	90000
3	可变成本/元	50
4	销售单价/元	100

图 3－27　例 3－5 在 Excel 中的数据整理结果

第二步：建立模型。如图 3－28 所示，在 B8 单元格中输入“＝B2＋B3＊B7”，在 B9 单元格中输入“＝B4＊B7”，在 B10 单元格中输入“＝B9－B8”。

	A	B
6	模型	
7	销量/个	1000
8	总成本/元	140000
9	总收益/元	100000
10	总利润/元	-40000

图 3－28　例 3－5 的 Excel 数据模型

第三步：求解。这里，我们可以先测算保本销量所处的区间，只需在 B7 单元格中输入 1000 和 3000，回车后，得到 B10 单元格中的利润分别为－40000 元和 60000 元，表明保本销量介于 1000 台与 3000 台之间。接下来，使用“模拟运算表”功能求解。首先，使用 Excel 中的随机发生器设定销量的随机数。点击“数据”菜单，找到“数据分析”，在弹出的数据分析工具中选择“随机数发生器”，如图 3－29 所示。

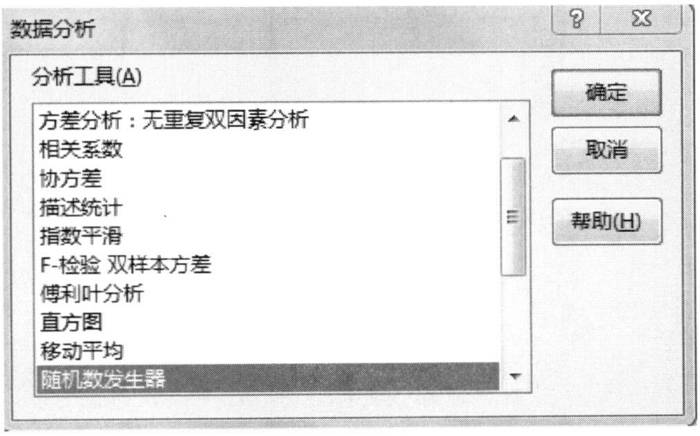

图 3－29　分析模型选择——随机数发生器

按图 3－30 所示，设置“模式”分布随机数。

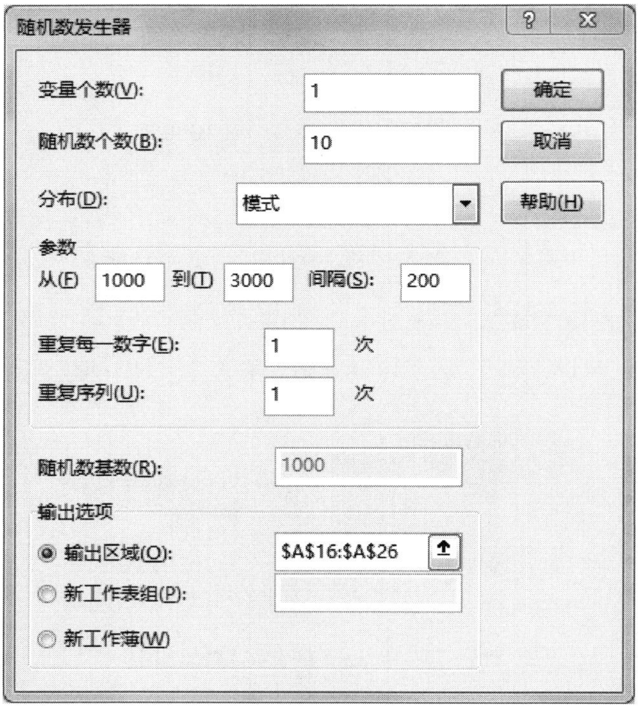

图 3－30　销量的随机数设置

点击“确定”后，A16：A26 单元格中显示的数据如图 3－31 所示。

	A	B
13	模拟运算表	
14	销量/个	利润/元
15		60000
16	1000	
17	1200	
18	1400	
19	1600	
20	1800	
21	2000	
22	2200	
23	2400	
24	2600	
25	2800	
26	3000	

图 3－31　Excel 随机发生器计算结果

在 B15 单元格中输入“ = B10”；接着，将 A15：B26 选中。最后，点击“数据”菜单里的“模拟分析”中的“模拟运算表”（如图 3 – 32 所示）。

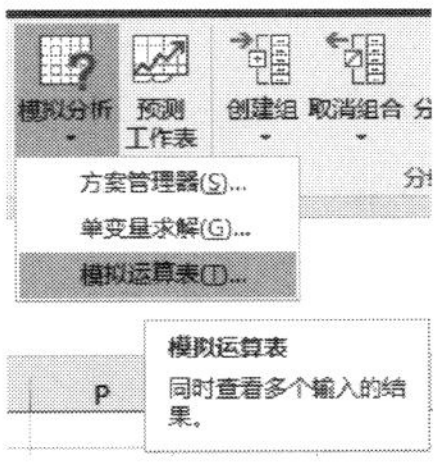

图 3 – 32　Excel“模拟分析”菜单

在弹出的对话框中设置如图 3 – 33 所示。

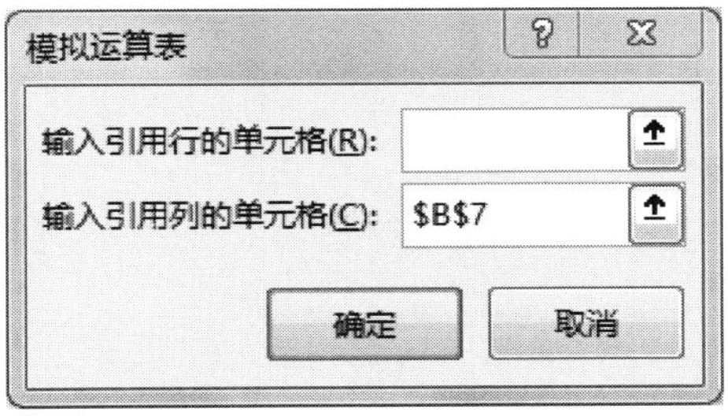

图 3 – 33　Excel 模拟运算表参数输入

点击“确定”后，显示模拟运算结果如图 3 – 34 所示。

	A	B
13	模拟运算表	
14	销量/个	利润/元
15		60000
16	1000	-40000
17	1200	-30000
18	1400	-20000
19	1600	-10000
20	1800	0
21	2000	10000
22	2200	20000
23	2400	30000
24	2600	40000
25	2800	50000
26	3000	60000

图 3 – 34　模拟运算表计算结果

第四步：结论。该企业在此定价下，保本销量为 1800 台。并且可以直观观测到各销量下的利润空间大小。

本例中，如果已知该企业的设计产能为 3000 台（设计销量为 3000 台），那么我们该如何定价呢？通过计算可得，当设计产能为 3000 台时，保本定价为 80 元/台。即，在 B7 单元格中输入 3000，将 B4 单元格修改为“ = B3 + B2/B7”，确定 B4 单元格可显示结果为 80。同理，可以通过模拟运算直观显示在预测销量为 3000 台时，不同定价后的利润值（如图 3 – 35 所示）。

	A	B
13	模拟运算表	
14	单价/元	利润/元
15		0
16	80	0
17	90	30000
18	100	60000
19	110	90000
20	120	120000
21	130	150000
22	140	180000
23	150	210000
24	160	240000
25	170	270000
26	180	300000

图 3 – 35　设计产能约束条件下的定价与利润计算结果

3.8 边际贡献分析

我们结合本章 3.6 节中回归分析的结果可知，价格和需求之间存在相关关系，例如：

$$需求 = 379.6118 - 0.07632 \times 价格 + 0.000814 \times 促销$$

$$边际贡献 = (单价 - 单位变动成本) \times 销量$$

$$利润 = 边际贡献 - 固定成本$$

整理数据如图 3 – 36 所示。

	C	D	E	F	G	H	I	J
20	价格	促销	需求	预计销量	变动成本	固定成本	利润	边际贡献
21	3000	100000	=$B$19+$C$19*C21+$D$19*D21	=INT(E21)	2060	13791	=C21*F21-G21*F21-H21	=(C21-G21)*F21
22	3100	100000	=$B$19+$C$19*C22+$D$19*D22	=INT(E22)	2060	13791	=C22*F22-G22*F22-H22	=(C22-G22)*F22
23	3200	100000	=$B$19+$C$19*C23+$D$19*D23	=INT(E23)	2060	13791	=C23*F23-G23*F23-H23	=(C23-G23)*F23
24	3300	100000	=$B$19+$C$19*C24+$D$19*D24	=INT(E24)	2060	13791	=C24*F24-G24*F24-H24	=(C24-G24)*F24
25	3400	100000	=$B$19+$C$19*C25+$D$19*D25	=INT(E25)	2060	13791	=C25*F25-G25*F25-H25	=(C25-G25)*F25
26	3500	100000	=$B$19+$C$19*C26+$D$19*D26	=INT(E26)	2060	13791	=C26*F26-G26*F26-H26	=(C26-G26)*F26
27	3600	100000	=$B$19+$C$19*C27+$D$19*D27	=INT(E27)	2060	13791	=C27*F27-G27*F27-H27	=(C27-G27)*F27
28	3700	100000	=$B$19+$C$19*C28+$D$19*D28	=INT(E28)	2060	13791	=C28*F28-G28*F28-H28	=(C28-G28)*F28
29	3800	100000	=$B$19+$C$19*C29+$D$19*D29	=INT(E29)	2060	13791	=C29*F29-G29*F29-H29	=(C29-G29)*F29
30	3900	100000	=$B$19+$C$19*C30+$D$19*D30	=INT(E30)	2060	13791	=C30*F30-G30*F30-H30	=(C30-G30)*F30
31	4000	100000	=$B$19+$C$19*C31+$D$19*D31	=INT(E31)	2060	13791	=C31*F31-G31*F31-H31	=(C31-G31)*F31
32	4100	100000	=$B$19+$C$19*C32+$D$19*D32	=INT(E32)	2060	13791	=C32*F32-G32*F32-H32	=(C32-G32)*F32
33	4200	100000	=$B$19+$C$19*C33+$D$19*D33	=INT(E33)	2060	13791	=C33*F33-G33*F33-H33	=(C33-G33)*F33
34	4300	100000	=$B$19+$C$19*C34+$D$19*D34	=INT(E34)	2060	13791	=C34*F34-G34*F34-H34	=(C34-G34)*F34
35	4400	100000	=$B$19+$C$19*C35+$D$19*D35	=INT(E35)	2060	13791	=C35*F35-G35*F35-H35	=(C35-G35)*F35
36	4500	100000	=$B$19+$C$19*C36+$D$19*D36	=INT(E36)	2060	13791	=C36*F36-G36*F36-H36	=(C36-G36)*F36
37	4600	100000	=$B$19+$C$19*C37+$D$19*D37	=INT(E37)	2060	13791	=C37*F37-G37*F37-H37	=(C37-G37)*F37
38	4700	100000	=$B$19+$C$19*C38+$D$19*D38	=INT(E38)	2060	13791	=C38*F38-G38*F38-H38	=(C38-G38)*F38
39	4800	100000	=$B$19+$C$19*C39+$D$19*D39	=INT(E39)	2060	13791	=C39*F39-G39*F39-H39	=(C39-G39)*F39
40	4900	100000	=$B$19+$C$19*C40+$D$19*D40	=INT(E40)	2060	13791	=C40*F40-G40*F40-H40	=(C40-G40)*F40
41	5000	100000	=$B$19+$C$19*C41+$D$19*D41	=INT(E41)	2060	13791	=C41*F41-G41*F41-H41	=(C41-G41)*F41

图 3－36　边际贡献的 Excel 数据模型

显示数据结果如图 3－37 所示。

	C	D	E	F	G	H	I	J
20	价格	促销	需求	预计销量	变动成本	固定成本	利润	边际贡献
21	3000	100000	232.0518	232	2060	13791	204289	218080
22	3100	100000	224.4198	224	2060	13791	219169	232960
23	3200	100000	216.7878	216	2060	13791	232449	246240
24	3300	100000	209.1558	209	2060	13791	245369	259160
25	3400	100000	201.5238	201	2060	13791	255549	269340
26	3500	100000	193.8918	193	2060	13791	264129	277920
27	3600	100000	186.2598	186	2060	13791	272649	286440
28	3700	100000	178.6278	178	2060	13791	278129	291920
29	3800	100000	170.9958	170	2060	13791	282009	295800
30	3900	100000	163.3638	163	2060	13791	286129	299920
31	4000	100000	155.7318	155	2060	13791	286909	300700
32	4100	100000	148.0998	148	2060	13791	288129	301920
33	4200	100000	140.4678	140	2060	13791	285809	299600
34	4300	100000	132.8358	132	2060	13791	281889	295680
35	4400	100000	125.2038	125	2060	13791	278709	292500
36	4500	100000	117.5718	117	2060	13791	271689	285480
37	4600	100000	109.9398	109	2060	13791	263069	276860
38	4700	100000	102.3078	102	2060	13791	255489	269280
39	4800	100000	94.6758	94	2060	13791	243769	257560
40	4900	100000	87.0438	87	2060	13791	233289	247080
41	5000	100000	79.4118	79	2060	13791	218469	232260

图 3－37　边际贡献模型的计算结果

其中，在 C21：C41 单元格中产生 20 个 3000～5000 的数，当促销等其他因素不变的情况下，预计需求可由回归模型计算可得，即 E21＝379.6118－0.07632＊C21＋0.000814＊D21，拖过拖曳填充 E22：E41。假设预计销量等于预计需求量，即 F21＝INT（E21），并将 F22：F41 拖曳填充；接下来计算边际贡献和利润；最后 J 列和 I 列的结果呈现如图 3－37 所示。

价格利润相关关系用如图 3－38 所示。

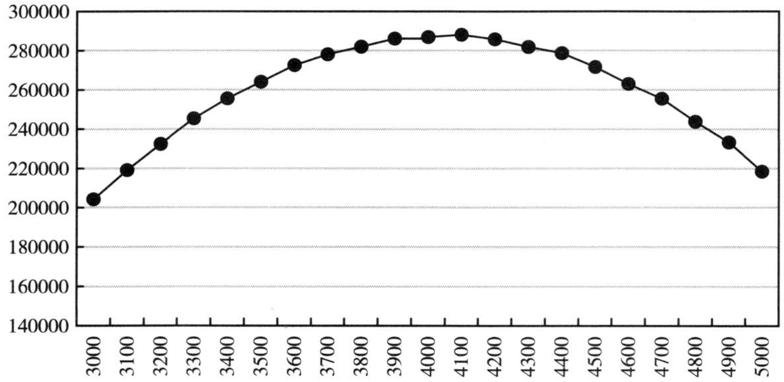

图 3－38 价格利润相关关系

根据图 3－38 可以更加直观地看出，在此情况下，当决策定价为 4100 元时，利润最大。

训练与思考

1. 对共享单车运营模式的思考。

共享经济最早由美国得克萨斯州立大学社会学教授马科斯·费尔逊（Marcus Felson）和伊利诺伊大学社会学教授琼·斯潘思（Joel Spaeth）在 1978 年发表的论文（*Community Structure and Collaborative Consumption：A Routine Activity Approach*）中提出。随着网络信息技术的发展，共享经济现象在三十多年后才流行起来。共享单车、共享汽车、共享充电宝、共享健身房甚至共享服饰等新兴业态随之出现，最大限度地满足着人们在生活中的需求。这些以共享经济为基础的企业改变了人们的生活方式，但自身也在不断遭受市场的考验。

以共享单车为例，ofo 共享单车项目源于北京大学的一个学生创业项目，ofo 创业团队抓住校园单车容易丢失的痛点，于 2015 年 9 月 7 日开始在北大校园推出以 1 换 N 的共享出行计划，10% 来自师生分享，90% 来自团队采购，分享出 1 台车，可以享受 N 台车的使用便利。同年 10 月底北大模式成型，ofo 获得融资，开始进军其他校园。以自营为主的 ofo 不生产自行车，他们只连接自行车，换句话说，ofo 做的是自行车的“刷漆工”。

摩拜（mobike）单车源自创始人因在杭州虎跑路附近看到一排公共自行车闲置、办卡小岗亭关门、停车桩黑屏、借还不方便等问题，产生的能否用“自治”的方式完成单车共享的想法，设想能让一个城市更适合骑行，使更多人在0～5公里的出行范围内选择单车出行。摩拜选择自主研发设计生产共享单车，2015年开始着手生产一款无固定桩随取随还、实心胎不爆胎、没有链条不掉链子、全铝不生锈、GPS定位、二维码智能开锁等功能的自行车。创始团队在江苏设立了自己的自行车生产厂，据悉，每辆新车有超过80%的零部件都是他们自行开模生产的，整车获得了20多项专利。

之后共享单车项目开始风靡，摩拜、ofo一年五轮融资，势头正劲。2017年1月5日，摩拜单车对外公布D轮融资2.15亿美元的消息，犹如单车赛道的发令枪。据统计，截至2017年初，摩拜已经扩张至21个城市，有80万辆以上单车规模；ofo覆盖全国34座城市、全球40个城市，投放超过100万辆单车，用户超过1000万，为用户累计提供出行服务超过2亿次。根据前几轮双方你追我赶的融资竞赛，ofo一边紧急找钱，一边启动“2017年城市战略”，计划在1月11日至22日以“一天开一城”的速度，落地更多城市。大量资本争相进入，不断传来小鸣、小蓝、优拜、哈罗、骑呗等项目获得融资，投资人或看中不少区域市场尚属空白的机会，或指望被收购顺利退出；一些老牌的自行车厂商也蓄势待发，五彩斑斓的单车出现在马路上已成为城市景观。

经过2017年一年多的角逐，现在的共享单车市场局面混乱，或者停止运营，或者直接破产倒闭，原因大多是无法继续融资。此时的共享单车市场人人自危，投资人急于收回成本，而用户更是草木皆兵，一旦市场上稍微有风吹草动，就会出现集体退押金的情况，对原本还算健康的共享单车企业产生挤兑，让情况进一步恶化。数据显示，从2017年1月至今，深圳市已受理超过1万宗关于共享单车的投诉，99%为押金难退的问题。一条谣言就能让用户挤兑押金。目前的共享单车品牌已经多数濒于倒闭，这条传言已经引爆ofo和摩拜的最后一场生死战！

（资料来源：《ofo共享单车和摩拜单车哪个更有优势》，https：//www.zhihu com/question/5004418/answer/140707005。）

共享单车摩拜和ofo两大品牌分别以“半小时5角”和“1元骑车”两种文案定价，结合以上背景资料，试通过用户体验和网络学习谈谈共享单车企业在产品、定价、运营等方面的竞争策略，并对如何分析和把握创业机遇谈谈自己的认识。

2. 边际效应递减规律，是指在一定时间内，在其他商品的消费数量保持不变的条件下，随着消费者对某种商品消费量的增加，消费者从该商品连续增加的每一消费单位中所得到的效用增量即边际效用是递减的。试分析网络游戏平台是如何应对边际效应递减规律的。

3. 试结合智能手机市场谈谈在市场竞争中如何避免价格战。

4. 试分析企业处于市场领导者、挑战者、追随者或补缺者时，该如何采取措施参与竞争。

5. 结合 BIZSIM 企业竞争模拟系统规则，试谈谈你管理的企业如何进行市场分析、定价和促销。

主要参考文献

[1] [美] 菲利普·科特勒、凯文·莱恩·凯勒：《营销管理》（梅清豪、欧阳明译），上海人民出版社 2006 年版。

[2] 李桂陵、邵继红：《市场营销学》，武汉大学出版社 2015 年版。

[3] 王其文：《决策模拟》，北京大学出版社 2012 年版。

[4] 于洪彦、刘金星、张洪利：《Excel 统计分析与决策》，高等教育出版社 2009 年版。

[5] 左小德、梁云：《管理决策理论与实践》，暨南大学出版社 2014 年版。

[6] 朱顺泉：《数据、模型与决策》，北京大学出版社 2014 年版。

[7] 苗敬毅、张玲：《管理预测技术与方法》，清华大学出版社 2014 年版。

第4章

生产运作管理

教学目标

1. 了解生产运作类型、生产计划层次，以及MRP计划逻辑；
2. 掌握产能规划策略；
3. 掌握库存管理的常见模型；
4. 熟练掌握线性规划求解的原理和方法。

课前预习

生产运作管理是对生产运作系统的设计、运行与维护过程的管理。

生产运作系统设计，就是根据企业营销系统对市场需求情况的分析和预测，从战略的层面解决“生产什么”“生产多少”和“如何生产”的方向性问题。

生产运作系统运行，主要是指在现行的生产运作系统中，如何适应市场的变化，按用户的需求生产合格的产品或提供满意的服务，主要内容包括生产运作计划、组织和控制三个方面。其中，计划的任务是确定产品或服务的品种与产量，设置产品交货期或服务提供方式，编制生产计划，做好人员班次安排，统计生产进展情况等。

生产运作系统的维护和改进，包括人员的培训、设备和设施的维护以及生产系统改善。

可以从不同角度对生产运作进行分类。如果从管理的角度，可以将生产运作分成两大类：产品生产和服务运作。

1. 产品生产

产品生产是工业企业通过制造加工，将有形原料转化成有形产品。工业企业的产品生产可以分为以下几种类型：

按工艺过程的特点，可以分为连续性生产和离散性生产两种。连续性生产是指物料连续地按一定工艺顺序，不断地通过一系列的化学或者物理作用改变形态和性能，最终形成产品的生产，又称流程式生产。离散性生产是指物料离散地按一定工艺顺序加工，将工件按照工艺图纸组装，最后形成产品的生产，又称加工装配型生产。

按照企业组织生产的特点，可以分成备货型生产和订货型生产。备货型生产是预测驱动的，指在没有接到用户订单时，经过市场预测按已有的标准或产品系列进行的生产，生产的直接目的是补充成品库存，通过维持一定量的成品库存来即时满足用户的需求。一般通用性强，标准化程度高，有广泛的用户，通常采用备货型生产。订货型生产是以顾客的订单为依据，按用户特定的要求进行生产。生产的产品品种、型号规格和花色完全符合顾客的要求，产品一旦生产出来，就可以直接发给顾客，不必维持成品库存，也不必经过分销渠道销售。备货型生产和订货型生产是两种典型的组织生产方式，它们各有优缺点。一般来说，备货型生产由于产品标准化程度高，因而生产效率高，用户订货提前期短，但库存水平高，且难以满足顾客个性化需求。订货型生产由于标准化程度低，因而生产效率低，用户订货提前期长，但库存水平低，资金占用少，对顾客个性化需求的满足程度高。

2. 服务运作

服务运作的基本特征是提供劳务，而不是制造有形产品。与产品不同，服务有无形性、同步性、异质性和易逝性的特点。所以服务运作管理中生产率难以测定，服务不能通过库存来缓冲以适应需求的变化，服务资源容易浪费，服务的异质性使服务质量难以衡量。因此，需要专门对服务运作管理进行研究。本书以下内容主要是制造业的生产运作管理。

根据产品的专业化程度来划分生产运作类型，可以分为大量生产运作、单件生产运作和成批生产运作三种。大量生产运作：大量生产运作品种单一，产量大，生产运作重复程度高；单件生产运作：单件生产运作品种繁多，每种仅生产一台，生产的重复程度低；成批生产运作：成批生产运作介于大量生产运作与单件生产运作之间，即品种不单一，每种都有一定批量，生产运作有一定重复性。

在实际社会中，单纯的大量生产运作和单件生产运作都比较少见，大多都是成批生产运作。产品的专业化程度越高，产品的品种数越少，生产运作的重复性越高，每一品种的产量就越多，是少品种大批量生产；反之，产品的专业化程度越低，产品的品种数越多，生产运作的重复性越低，每一品种的产量就越少，是多品种小批量生产。大量大批生产运作容易实现高效率、低成本与高质量，单件小批生产运作则难以实现高效率、低成本。

生产运行管理的目标是高效、低耗、灵活、清洁、准时地生产合格产品或提供满意服务。高效是对时间而言，指能够迅速地满足用户的需要，在当前激烈的市场竞争条件下，谁的订货提前期短，谁就更可能争取到用户。低耗是生产同样数量和质量的产品，人力、物力和财力的消耗最少，低耗才能低成本，低成本才有低价格，低价格才能争取到用户。灵活是指能很快地适应市场的变化，生产不同的品种和开发新产品或提供不同的服务和开发新的服务。清洁指对环境没有污染。准时是在用户要求的时间、数量内，提供所需的产品和服务。

4.1 生产计划

企业里的计划有很多种，按照计划制定的层次，可以分为战略层计划、战术层计划和作业层计划。战略层计划（strategic business plan，SBP），是企业长期的规划，时间跨度一般为五到十年甚至更长，确定企业预期要达到的目标，提供产品或服务的领域、发展方向、技术水平、生产规模等宽泛性、方向性计划；战术层计划（tactical plan，TP），又称为中期计划，时间单位一般为年或季度，是确定在现有资源条件下所从事的生产经营活动要达到的目标，包括产量、品种、产值、库存、员工和利润等；作业层计划（job schedule，JS），是短期计划，时间单位一般为月、周、日甚至小时，是确定日常生产经营活动的安排，包括任务分配、负荷平衡、作业排序、生产和订货的批量确定、进度控制等。

生产计划是战术层计划，包括生产计划大纲（production planning，PP）、产品交付计划和主生产计划（master production schedule，MPS）。生产计划大纲不涉及具体产品型号、规格，它以假定产品为计划对象，便于对中期的生产能力进行全面决策，而不涉及细节。产品交付计划和主生产计划以具体产品为计划对象，确定企业最终产品的产出数量计划和交付时间计划，它是独立需求计划，通常以周为时间单位。

对于大型加工装配式企业，作业层执行计划可以继续分解为两个层次：物料需求计划（material requirements planning，MRP）和车间作业计划（production activity control，PAC）。物料需求计划将主生产计划中最终产品需求的交付日期和数量，根据产品结构各层次物品的从属和数量关系，分解为相关原料、零部件的开工计划，通常以天为时间单位，MRP 是相关需求计划。车间生产作业计划的对象是工序，是加工装配某零部件的详细工序计划，通常以小时为时间单位。

具体如图 4 - 1 所示。

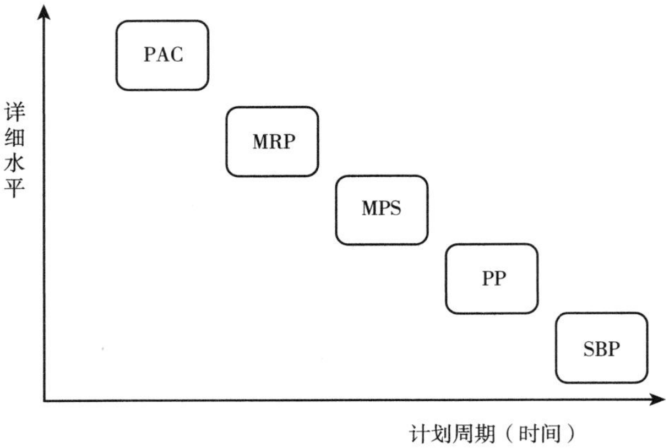

图 4 - 1　生产计划层次

物料需求计划（MRP）是 20 世纪 60 年代发展起来的一种计算物料需求量和需求时间的系统。美国生产与库存控制协会（American Production and Inventory Control Society，APICS）对物料需求计划的定义是：物料需求计划就是依据主生产计划（MPS）、物料清单（bill of materials，BOM）、库存记录和已订未交订单等资料，经由计算而得到各种相关需求（dependent demand）物料的需求状况，同时提出各种新订单补充的建议，以及修正各种已开出订单的一种实用技术。图 4 - 2 描述了 MRP 在生产运作系统中的地位和作用。

物料需求计划是根据物料清单 BOM（也叫产品结构文件）各层次物品的从属和数量关系，以每个物品为计划对象，以完工时间为时间基准倒排计划，按提前期长短区别各个物品下达计划的时间和数量要求。物料清单是 MRP 的核心文件，它在物料分解与产品计划过程中占有重要地位，是物料计划的控制文件，也是制造企业的核心文件。图 4 - 3 为某产品的产品结构文件。

产品设计部门的产品结构图纸最终须转化为计算机系统能够识别的数据表。一般 BOM 的电子表格形式如表 4 - 1 所示。

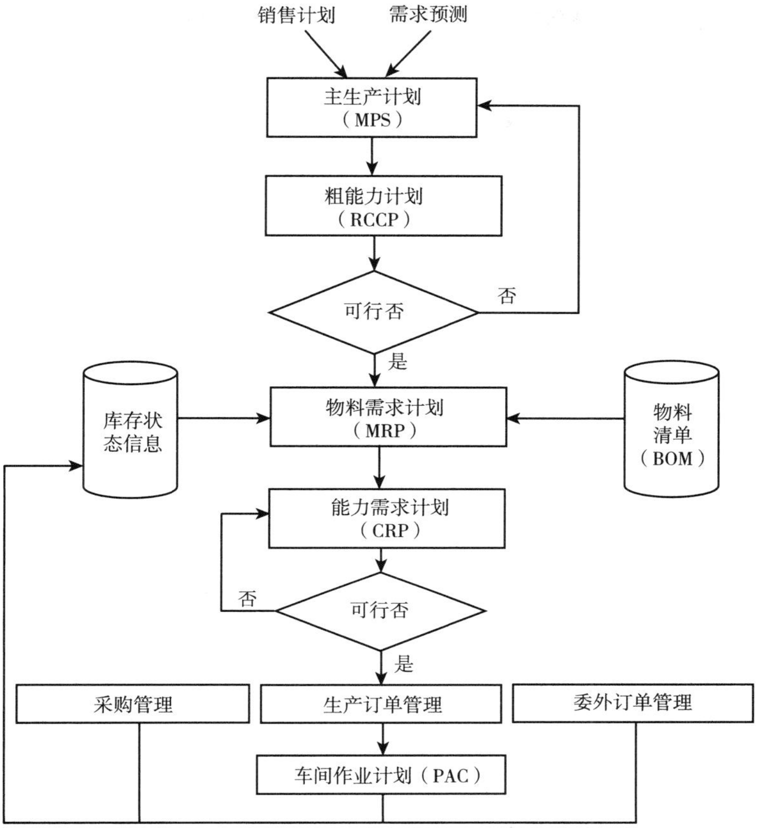

图4－2 生产运作系统流程

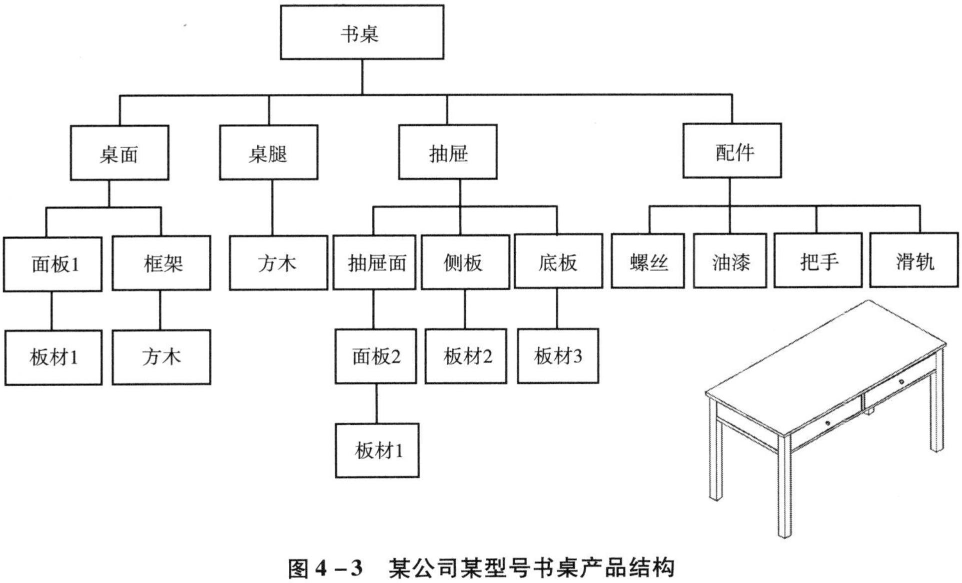

图4－3 某公司某型号书桌产品结构

表 4－1　　某公司某型号书桌物料清单

阶层	父项物料编码	父项物料名称	子项物料编码	子项物料名称	计量单位	单位用量
0			10000	书桌	台	1
1	10000	书桌	11000	桌面	个	1
1	10000	书桌	12000	桌腿	条	4
1	10000	书桌	13000	抽屉	个	2
1	10000	书桌	14000	配件	套	1
2	11000	桌面	11201	面板 1	个	1
2	11000	桌面	11100	框架	组	1
3	12000	桌腿	11110	方木	M	1
2	13000	抽屉	13100	抽屉面	个	1
2	13000	抽屉	13200	侧板	个	3
2	13000	抽屉	13300	底板	个	1
2	14000	配件	14100	螺丝	包	1
2	14000	配件	14200	油漆	千克	0. 3
2	14000	配件	14300	把手	个	2
2	14000	配件	14400	滑轨	对	2
3	11201	面板 1	11211	板材 1	M^2	2
3	11100	框架	11110	方木	M	6
3	13100	抽屉面	11202	面板 2	个	1
3	13200	侧板	11212	板材 2	M^2	0. 2
3	13300	底板	11213	板材 3	M^2	1
4	11202	面板 2	11210	板材 1	M^2	0. 2

MRP 中库存状态文件的数据主要有两部分：一部分是静态的数据，在运行 MRP 之前就确定的数据，如物料的编号、描述、提前期、安全库存等；另一部分是动态的数据，如总需求量、库存量、净需求量、计划发出订货量、预计到货量等。

以此书桌的 BOM 为例，物料的供应提前期、供应批量（供应倍数）和期初库存，以及 MRP 的处理过程（摘选）如表 4－2 所示。

表 4－2　　MRP 计算表节选

周期 物料供应	1	2	3	4	5	6	7
物料代码：10000	物料名称：书桌	提前期	1	供应批量	1	期初库存	10
毛需求量						30	

续表

周期 物料供应	1	2	3	4	5	6	7
预计到货量	5					15	
净需求量						15	
预计发出订货量					15		
物料代码：11000	物料名称：桌面	提前期	1	供应批量	1	期初库存	0
毛需求量					15		
预计到货量					15		
净需求量					15		
预计发出订货量				15			
物料代码：12000	物料名称：桌腿	提前期	1	供应批量	1	期初库存	5
毛需求量					60		
预计到货量					55		
净需求量					55		
预计发出订货量				55			
物料代码：11100	物料名称：框架	提前期	2	供应批量	2	期初库存	0
毛需求量				15			
预计到货量	2			14			
净需求量				13			
预计发出订货量		14					
物料代码：11110	物料名称：方木	提前期	1	供应批量	20	期初库存	10
毛需求量		84		55			
预计到货量	20	60		60			
净需求量		54		49			
预计发出订货量	60		60				

制造资源计划（manufacturing resources planning，MRP Ⅱ）是在物料需求计划上发展出的一种规划方法和辅助软件。它是以 MRP 为核心，把与物料管理有关的产、供、销、财各个环节的活动有机地联系起来，形成一个整体，进行协调，使它们在生产经营管理中发挥最大的作用。从物料需求计划 MRP 发展到制造资源计划 MRP Ⅱ，是对生产经营管理过程的本质认识不断深入的结果，体现了先进的计算机技术与管理思想地不断融合，因此 MRP 发展为 MRP Ⅱ是一个必然的过程。

企业资源计划（enterprise resources planning，ERP）是从制造资源计划 MRP Ⅱ 发展而来的新一代集成化企业资源管理系统。最先是由美国咨询公司加特纳（Gartner Group Inc.）于 20 世纪 90 年代初提出的，它是 MRP Ⅱ 功能扩展。ERP 对 MRP Ⅱ 的扩展朝三个方向延伸：横向扩展——功能范围的增加，从供应链上游的供应商管理到下游的客户关系管理；纵向扩展——从低层的数据处理（手工自动化）到高层管理决策支持（职能化管理）；行业扩展——从传统的以制造业为主到面向所有的行业。

4.2 产能管理

生产能力，简称产能，是生产系统在一定时间内可以实现的最大产出量。了解企业生产能力的大小是生产运作管理决策的一项重要任务。生产大纲的主要内容就是解决企业产能与需求的平衡问题，产能大于需求时，说明产能过剩，市场需求获取不足；产能小于需求时，说明企业产能不足，难以及时满足顾客需求。

对于大批量单一品种的企业可以直接用产品出产数量表示生产能力，对于大批量少品种的企业可用代表产品的产量表示生产能力，而对于小批量多品种的企业，则要以假定产品的产量来表示生产能力。

产能有设计能力、查定能力和现实能力三个指标。设计能力是建厂或扩建后应该达到的最大产量；查定能力是设计能力已不能反映实际情况时重新调查核实的生产能力；现实能力为由劳动力数量、排班情况所决定的实际可达到的产量，现实能力是编制生产计划的依据。

计算企业生产能力包括以下三个步骤：

（1）计算单台设备产能。

由于加工的零件不是单一品种，数量可达成百上千种。所有零件的形状大小、加工的工艺步骤、加工的时间均不同，不能用产出量计算，而只能采用设备能提供的有效加工时间来计算，称为机时。计算公式为：

$$\text{设备年有效工作小时数} = \text{全年工作日数} \times \text{每天工作小时数} \times (1 - \text{设备停修率})$$

（2）确定车间产能。

车间的生产能力一般以产量计量。台时与产量之间的换算公式为下：

$$\text{年产能} = \frac{\text{年有效工作小时数}}{\text{单位产品台时定额}}$$

如果在制造车间里，既有零件加工线，又有部件装配线，这时它的生产能力应该由装配线的能力决定。即使有个别的零件加工能力低于装配线能力，也应该按照这个原则确定。如果是零件加工车间，每种零件有一条专用生产线，而所有零件又都是为本企业的产品配备，那么该车间的生产能力应该取决于生产能力最小的那条生产线的能力。

此时，如果车间出现生产线/装配线负荷不均衡，应该进行生产线/装配线平衡调整，重新划分最小工作组，避免出现“瓶颈”（略）。

（3）确定工厂产能。

由于各车间之间加工对象和加工工艺差别较大，选用的设备性能差别很大，生产能力不一致，因此，基本生产车间的生产能力通常按主导生产环节来确定。而当基本生产车间和辅助生产部门的生产能力不一致时，企业应由基本生产车间的生产能力决定。能力不足的车间，通过调整措施解决。

计算生产能力是做好生产能力规划所必需的步骤，也是企业必须重视的问题。通过计算企业的生产能力，不仅可以认识自己的实际能力，做到心中有数，还可以发现生产过程的“瓶颈”部分和过剩环节，为科学合理地规划生产能力提供基础资料。

企业对生产能力的中长期规划一般有三种战术选择：积极策略、中间策略和消极策略（如图4－4所示）。

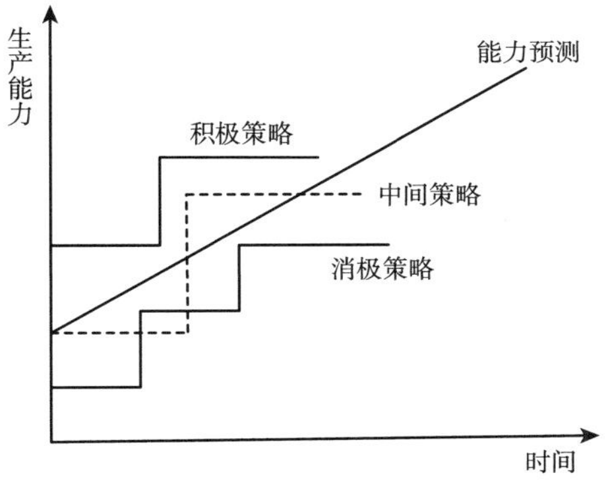

图4－4 生产能力扩大策略

短期内调整产能的办法有：

①利用库存调节。库存就像蓄水库，产能小于需求时放水，产能大于需求时蓄水，以此应对不均匀需求的状况。

②转包或自制改外购。

③在设备资源不变的情况下调整人员排班班次。

④通过设备租赁、场地租赁等分享产能。

4.3 库存控制

4.3.1 库存的概念

传统意义下，库存是指存放在仓库中的物品，就像蓄水水库一样，提供备用水资源。库存在企业中有利有弊，库存一方面占用了大量的资金，减少了企业利润，甚至导致企业亏损；另一方面，库存能够防止供应短缺，有效地缓解供需矛盾，使生产尽可能均衡运行；有时库存还有囤积居奇的投资功能，为企业盈利。

任何库存系统都在回答两个问题，一是什么时候订货，二是订多少。针对这两个问题，对于独立需求库存管理主要采用订货点法，也叫安全库存法。订货点法又分为两种库存管理控制系统：固定量系统和固定间隔期系统。

1. 固定量系统

订货点和订货量都是固定值的库存控制系统。当现有库存量降至订货点（ROP）及以下时，库存控制系统就向供应厂家发出订货请求，每次订货量均为一个固定的量 Q。经过一个订货提前期 LT 后到货，库存量增加 Q。订货提前期一般是包含订货准备时间、发出订单、供方接受订单、供方生产或出库、运输、到达检验及入库等的时间。该系统的缺陷是必须随时知晓各种物资的库存量是否已降至 ROP 点，增加了管理工作量，并且订货零散，提高了采购成本，适用于重要物资的库存控制。

2. 固定间隔期系统

经过一个相同的时间间隔发出一次订货，订货量为将现有库存补充到一个最高水平的库存控制系统。固定间隔期库存控制系统不需要随时检查库存量，只需在固定的时间点进行一次库存盘点，库存控制系统对盘点数量低于安全库存的物资集中一次发出订货。简化管理，节省订货费用。

4.3.2 库存管理的基本模型

1. 经济批量模型

与库存有关的成本主要包括订货成本、存储成本、缺货成本、采购成本等，这些成本大致分为两类，一类是随着库存量的增加而增加的成本，另一类是随着库存量的增加而减少的成本。储存成本、采购成本随着库存量增加而增加，订货费用、缺货损失随着库存量增加而减少。正是因为有这两类费用的相互作用，才出现最佳订货批量。

经济订货批量模型的假设条件包括：外部对库存系统的需求率已知、均匀且为常量；一次订货量无最大最小限制，全部订货一次交付，采用固定量系统，每次订货批量相等；订货提前期已知且为常量；订货费与订货批量无关；存储成本是库存量的线性函数；不考虑数量折扣，采购、运输均无价格折扣；不允许缺货，缺货成本为0；那么，若暂不考虑采购成本，则库存成本即等于订购成本加上存储成本。用公式表达如下：

$$TC = \frac{D}{Q} \times C + \frac{Q}{2} \times H$$

要使 TC 最小，通过求导解得：

$$EOQ = \sqrt{\frac{2DC}{H}}$$

$$ROP = d \times LT$$

上式中，TC 为库存总费用；EOQ 为经济订货批量；ROP 为订货点；D 为年需求量；d 为单期需求量；Q 为每次订购批量；C 为单次订购成本；H 为单位存储费；LT 为提前期。

如图 4－5 所示。

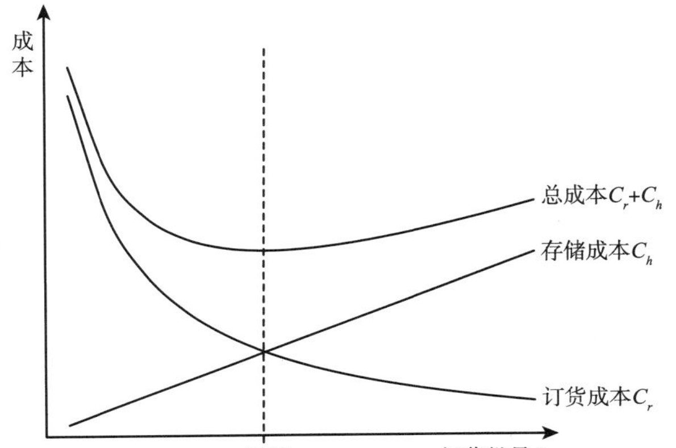

图 4－5　经济订购批量模型

在现实中，实际的订货量受到供货方供货能力的影响，并不一定能够按照计算的经济订货批量供货，当订货量微小偏离经济订货量时，会导致库存成本的增加。图 4－5 中总成本曲线显示，实际订货量大于经济订货量的库存成本增加幅度要比小于经济订货量的库存成本的增加幅度。本章 4.5 节将举例讲解 EOQ 模型的计算过程。

2. 数量折扣模型

为刺激需求，诱发更大的订购量，供应商往往在顾客采购批量大于某一个值时提供优惠折扣价格。

如图 4－6 所示，在有数量折扣的情况下，由于每次订购批量大，订货次数减少，订货成本降低；同时，订购量大造成库存增加，存储成本随之增加。需要通过计算确定最佳采购数量，使库存总成本最小。

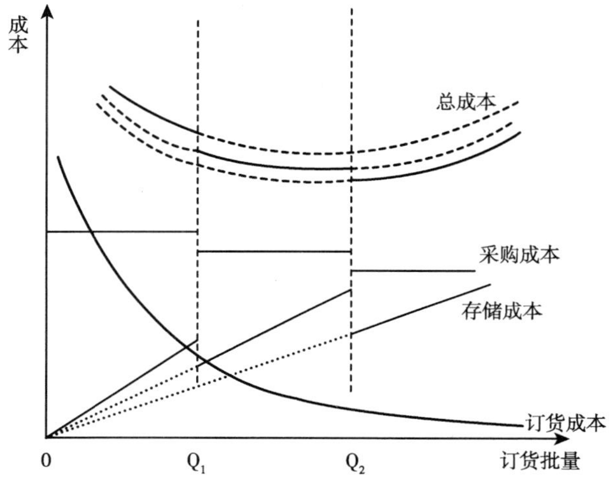

图 4－6　有数量折扣的订购批量模型

本章 4.6 节将举例讲解有数量折扣的库存模型的计算过程。

3. 复杂库存问题

运筹学中一般将库存问题分为需求量确定和需求量不确定（发生概率确定）两种类型，结合是否允许缺货、提前期是否固定等因素又分成很多子类，并分别给出了最佳库存策略。但是对于更加复杂的库存问题，通过计算机模拟才是一个更可取的方法。

本章 4.7 节将详细举例阐述。

4.4 生产决策优化（多目标规划）

生产规划问题主要是解决生产设备和工人之间的匹配问题，也就是能充分地利用生产设备和工人，提高企业的经营效率。解决该问题可参考运筹学的线性规划。

线性规划（linear programming，LP）特指目标函数和约束条件皆为线性的最优化问题，广泛应用于军事作战、经济分析、经营管理和工程技术等方面，为合理地利用有限的人力、物力、财力等资源作出的最优决策，提供科学的依据。

从实际问题中建立数学模型一般有三个步骤：(1) 根据影响所要达到目的的因素找到决策变量；(2) 由决策变量和所在达到目的之间的函数关系确定目标函数；(3) 由决策变量所受的限制条件确定决策变量所要满足的约束条件。

【例4-1】 赤沙农场是由三个农场组成的联合组织。该组织近期对农场农作物的种植规划如下：每一个农场的农业产出受限于两个条件，即可使用的灌溉土地量和用于灌溉的水量，数据如表4-3所示。

表4-3　　赤沙农场资源数据

农场	可用的土地（公顷）	水资源分配（立方米/公顷）
1	400	600
2	600	800
3	300	375

适合本地区种植的农作物包括糖用稻米、芋头和甘蔗。这三种作物的差异在于它们每公顷的期望净收益和水的消耗量不同。另外，农业部门已经制定了赤沙农场作物总公顷数的最大配额，如表4-4所示。

表4-4　　赤沙农场的作物数据

庄稼	最大配额（公顷）	水的消耗（立方米/公顷）	回报（元/公顷）
糖用稻米	600	3	1000
芋头	500	2	750
甘蔗	325	1	250

作物的任何组合可以在任何农场种植，技术部门的任务是找出一个种植方案使赤沙农场的净收益最大化。

决策变量为 $X_i(i=1, 2, \ldots, 9)$，表示每个农场每种作物的种植量（如表 4-5 所示）。

表 4-5 **赤沙农场的决策变量**

庄稼	最佳分配/公顷		
	农场 1	农场 2	农场 3
稻米	X_1	X_2	X_3
芋头	X_4	X_5	X_6
甘蔗	X_7	X_8	X_9

MAX $Z=1000(X_1+X_2+X_3)+750(X_4+X_5+X_6)+250(X_7+X_8+X_9)$约束条件：

（1）每一个农场使用的土地：

$$X_1+X_4+X_7\leqslant 400$$
$$X_2+X_5+X_8\leqslant 600$$
$$X_3+X_6+X_9\leqslant 300$$

（2）每一个农场的水量分布：

$$3X_1+2X_4+X_7\leqslant 600$$
$$3X_2+2X_5+X_8\leqslant 800$$
$$3X_3+2X_6+X_9\leqslant 375$$

（3）每一种作物的总种植量：

$$X_1+X_2+X_3\leqslant 600$$
$$X_4+X_5+X_6\leqslant 500$$
$$X_7+X_8+X_9\leqslant 325$$

非负约束： $X_i\geqslant 0$, $i=1, 2, \ldots, 9$

对以上多元一次方程的计算，使用 Excel 工具将更加高效，本章 4.8 节将举例介绍 Excel 规划求解过程。

案例与建模

4.5 经济采购批量 EOQ 模型

【例 4-2】某公司某零部件的年需求量为 15000 件，每次订货成本为 500 元/次，单位存储成本为 3 元/件，采购单价为 1 元/件，订货提前期为 2 周。请采购部门决策每次的采购批量和订货点。

实验操作步骤如下：

第一步：整理数据，如图 4－7 所示。

	A	B
1		
2	年需求量D	15000
3	一次订货的订货成本C	500
4	单位年存储成本H	3

图 4－7　例 4－2 在 Excel 中的数据整理结果

第二步：建立模型，如图 4－8 所示。

	A	B
7	订货量Q	1500
8	采购单价	=VLOOKUP(B7,A16:B19,2)
9	年订货成本	=B2/B7*B3
10	年储存成本	=B4*B7/2
11	年采购成本	=B2*B8
12	年总成本	=SUM(B9:B11)

图 4－8　采购订货量的 Excel 数据模型

第三步：求解。使用 Excel 中的“数据”菜单栏中的“规划求解”功能，规划求解功能需提前加载。在“文件”菜单中点击“选项”，在“加载项”栏目里“转到”Excel 加载项，加载“规划求解加载项”，如图 4－9 所示。

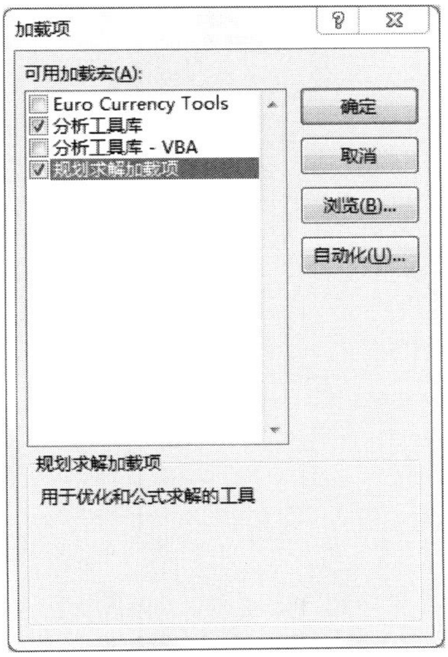

图 4－9　Excel“规划求解”加载界面

加载后，在 Excel“数据”菜单栏方可看见“规划求解”功能，如图 4－10 所示。

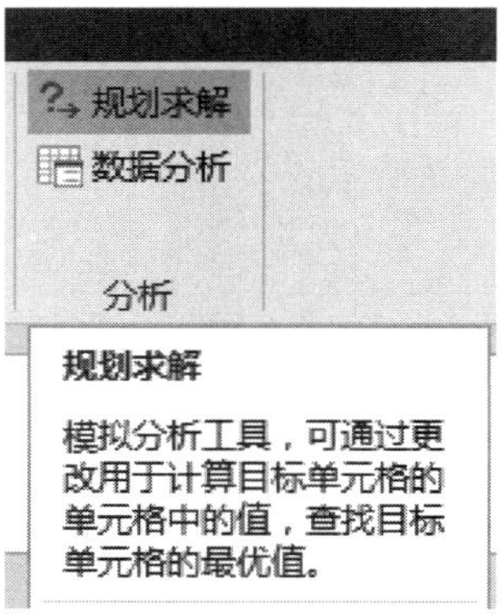

图 4－10　Excel“规划求解”菜单

点击进入规划求解，求出总成本最小时的采购量，参数设置如图 4－11 所示。

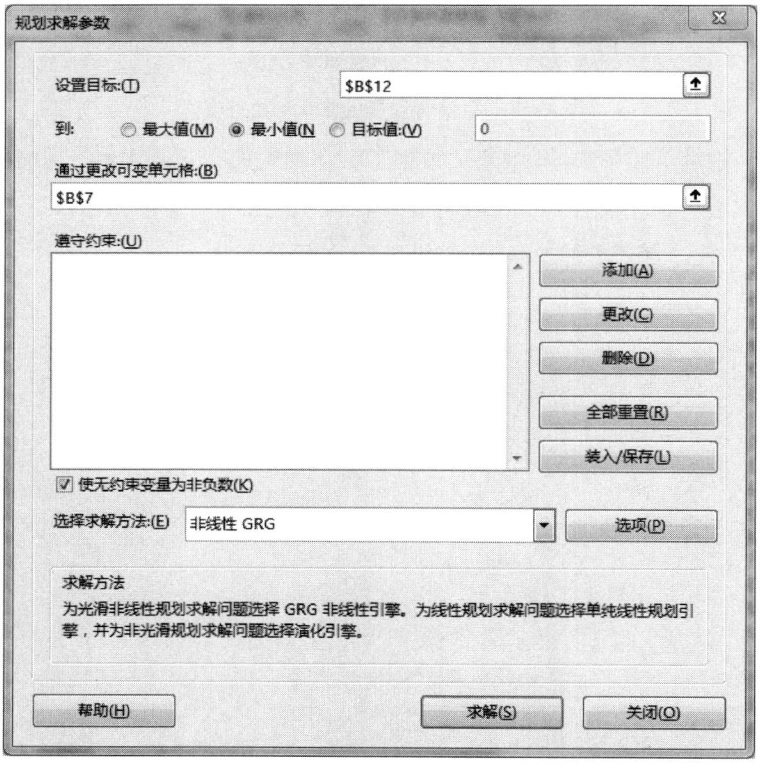

图 4－11　Excel 规划求解参数输入

点击“求解”后，显示如图 4－12 所示。

点击“确定”后，结果如图 4－13 所示。

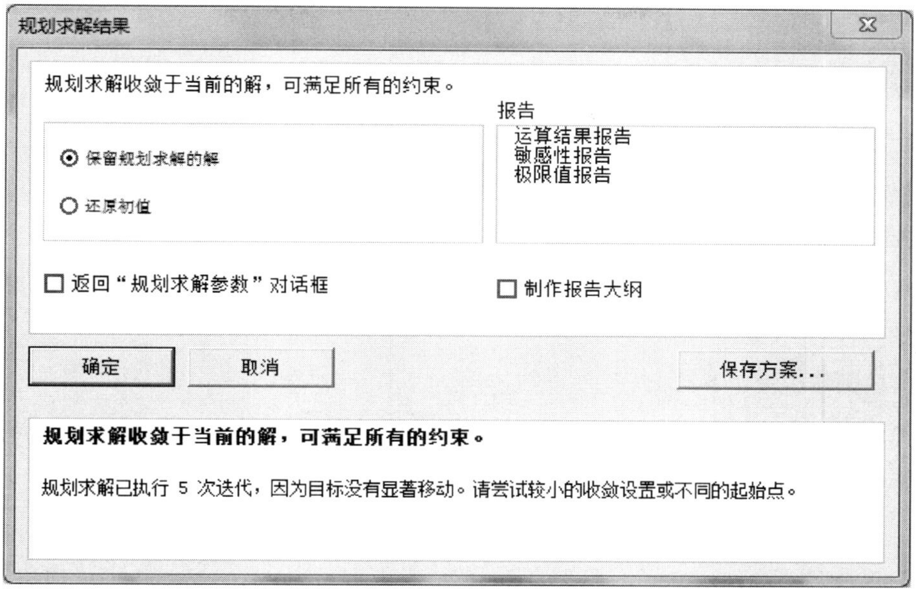

图 4－12　Excel 规划求解结果参数输入

	A	B
1		
2	年需求量D	15000
3	一次订货的订货成本C	500
4	单位年存储成本H	3
5		
6		
7	订货量Q	2236.067947
8	采购单价	1
9	年订货成本	3354.102013
10	年储存成本	3354.10192
11	年采购成本	15000
12	年总成本	21708.20393

图 4－13　规划求解结果

第四步：结论。

计算结果显示，在不考虑数量折扣的情况下，订货批量为 2236 件时总成本最小，为 21708 元。此时：

$ROP = 15000/52 * 2 = 576.923 \approx 577$ （件）

4.6 数量折扣模型

【例 4 – 3】某公司某零部件的年需求量为 15000 件，订货成本为 500 元/次，单位存储成本为 3 元/件，供应商提供数量折扣，订购数量达到 1500 件时享受 1% 的折扣，达到 3000 件时享受 5% 的折扣，达到 4500 件时享受 7% 的折扣。请采购部门决定每次的采购批量。

实验操作步骤如下：

第一步：整理数据。先将数量折扣的数据整理在 A16：B19 数据区域中，并设置 B8 单元格的函数为“ = VLOOKUP（B7，A16：B19，2）”，如图 4 – 14 所示。

	A	B
1		
2	年需求量D	15000
3	一次订货的订货成本C	500
4	单位年存储成本H	3
5		
6		
7	订货量Q	1500
8	采购单价	=VLOOKUP(B7,A16:B19,2)
9	年订货成本	=B2/B7*B3
10	年储存成本	=B4*B7/2
11	年采购成本	=B2*B8
12	年总成本	=SUM(B9:B11)
13	EOQ	=SQRT(2*B2*B3/B4)
14		
15	原材料定购量 >=	单　价
16	0	1
17	1500	=B16*99%
18	3000	=B16*95%
19	4500	=B16*93%

图 4 – 14　数量折扣采购订货量的 Excel 数据模型

B8 单元格中的采购单价通过 VLOOKUP 查找函数从 A16：B19 数据区域中对应查找获得。在 Excel 的“公式”菜单栏中点击“插入函数”，在“查找与引用”函数库中找到 VLOOKUP 函数，如图 4 – 15 所示。

将参数设置如图 4 – 16 所示。

点击“确定”后，根据 B7 单元格中的数据在 A16：B19 数据区域中搜索，并返回该区域所对应第 2 列中的数值。显示结果如图 4－17 所示。

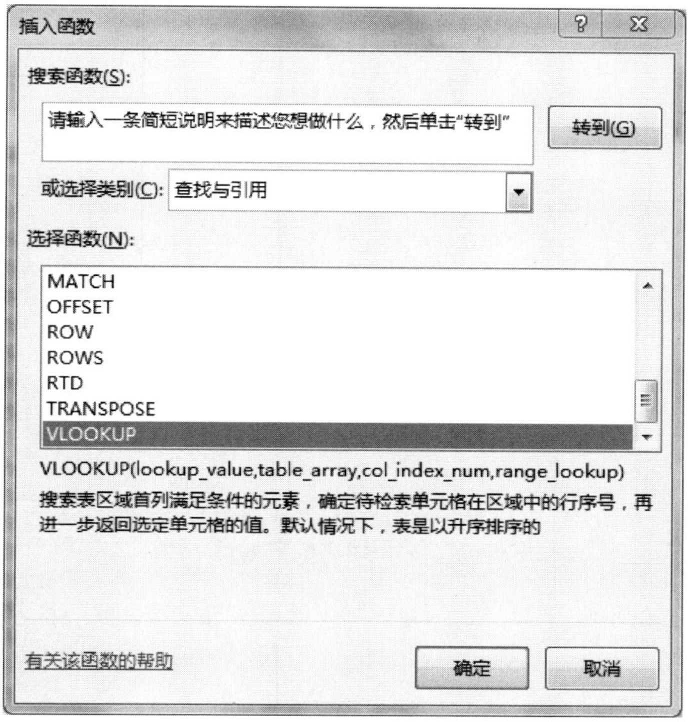

图 4－15　Excel 函数选择——VLOOKUP

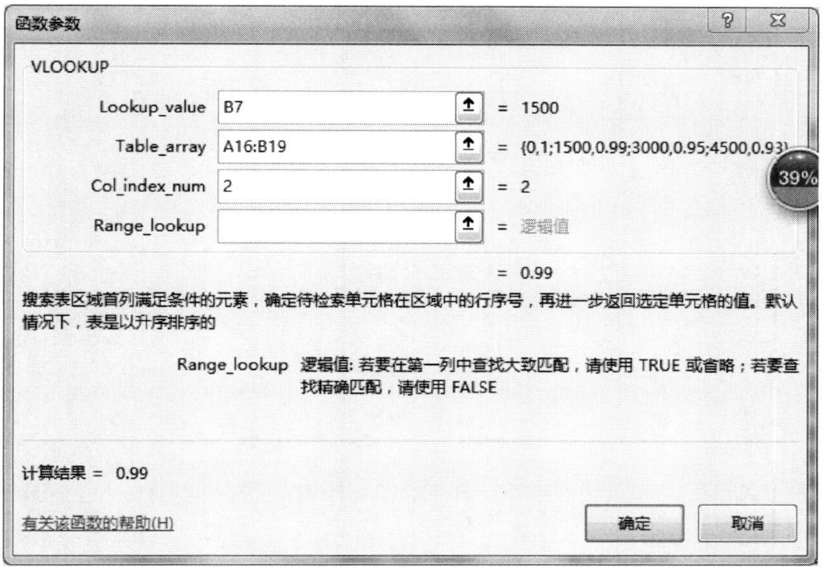

图 4－16　VLOOKUP 函数参数输入

	A	B
1		
2	年需求量D	15000
3	一次订货的订货成本C	500
4	单位年存储成本H	3
5		
6		
7	订货量Q	1500
8	采购单价	0.99
9	年订货成本	5000
10	年储存成本	2250
11	年采购成本	14850
12	年总成本	22100
13	EOQ	2236.067977
14		
15	原材料定购量 >=	单　价
16	0	1
17	1500	0.99
18	3000	0.95
19	4500	0.93

图 4－17　VLOOKUP 函数计算结果

第二步：建立模型。通过“数据分析”中的“随机数发生器”将 D3：D40 区域填充 1300～5000 的订货量，步长为 100；通过“模拟分析”中的“模拟运算器”，运算不同订货量所对应的采购单价，订货成本、存储成本、采购成本以及总成本同上（如图 4－18 所示）。

	D	E	F	G	H	I
1	订货量	单价	订货成本	存储成本	采购成本	总成本
2		=B8				
3	1300	=TABLE(,B7)	=$B$2/D3*$B$3	=$B$4*D3/2	=$B$2*E3	=SUM(F3:H3)
4	1400	=TABLE(,B7)	=$B$2/D4*$B$3	=$B$4*D4/2	=$B$2*E4	=SUM(F4:H4)
5	1500	=TABLE(,B7)	=$B$2/D5*$B$3	=$B$4*D5/2	=$B$2*E5	=SUM(F5:H5)
6	1600	=TABLE(,B7)	=$B$2/D6*$B$3	=$B$4*D6/2	=$B$2*E6	=SUM(F6:H6)
7	1700	=TABLE(,B7)	=$B$2/D7*$B$3	=$B$4*D7/2	=$B$2*E7	=SUM(F7:H7)
8	1800	=TABLE(,B7)	=$B$2/D8*$B$3	=$B$4*D8/2	=$B$2*E8	=SUM(F8:H8)
9	1900	=TABLE(,B7)	=$B$2/D9*$B$3	=$B$4*D9/2	=$B$2*E9	=SUM(F9:H9)
10	2000	=TABLE(,B7)	=$B$2/D10*$B$3	=$B$4*D10/2	=$B$2*E10	=SUM(F10:H10)
11	2100	=TABLE(,B7)	=$B$2/D11*$B$3	=$B$4*D11/2	=$B$2*E11	=SUM(F11:H11)
12	2200	=TABLE(,B7)	=$B$2/D12*$B$3	=$B$4*D12/2	=$B$2*E12	=SUM(F12:H12)
13	2300	=TABLE(,B7)	=$B$2/D13*$B$3	=$B$4*D13/2	=$B$2*E13	=SUM(F13:H13)
19	2900	=TABLE(,B7)	=$B$2/D19*$B$3	=$B$4*D19/2	=$B$2*E19	=SUM(F19:H19)
20	3000	=TABLE(,B7)	=$B$2/D20*$B$3	=$B$4*D20/2	=$B$2*E20	=SUM(F20:H20)
21	3100	=TABLE(,B7)	=$B$2/D21*$B$3	=$B$4*D21/2	=$B$2*E21	=SUM(F21:H21)
22	3200	=TABLE(,B7)	=$B$2/D22*$B$3	=$B$4*D22/2	=$B$2*E22	=SUM(F22:H22)
33	4300	=TABLE(,B7)	=$B$2/D33*$B$3	=$B$4*D33/2	=$B$2*E33	=SUM(F33:H33)
34	4400	=TABLE(,B7)	=$B$2/D34*$B$3	=$B$4*D34/2	=$B$2*E34	=SUM(F34:H34)
35	4500	=TABLE(,B7)	=$B$2/D35*$B$3	=$B$4*D35/2	=$B$2*E35	=SUM(F35:H35)
36	4600	=TABLE(,B7)	=$B$2/D36*$B$3	=$B$4*D36/2	=$B$2*E36	=SUM(F36:H36)
39	4900	=TABLE(,B7)	=$B$2/D39*$B$3	=$B$4*D39/2	=$B$2*E39	=SUM(F39:H39)
40	5000	=TABLE(,B7)	=$B$2/D40*$B$3	=$B$4*D40/2	=$B$2*E40	=SUM(F40:H40)

图 4－18　有数量折扣的订货量与成本数据模型

第三步：求解。Excel 求解后显示结果如图 4－19 所示。

	D	E	F	G	H	I
1	订货量	单价	订货成本	存储成本	采购成本	总成本
2		0.99				
3	1300	1	5769	1950	15000	22719
4	1400	1	5357	2100	15000	22457
5	1500	0.99	5000	2250	14850	22100
6	1600	0.99	4688	2400	14850	21938
7	1700	0.99	4412	2550	14850	21812
8	1800	0.99	4167	2700	14850	21717
9	1900	0.99	3947	2850	14850	21647
10	2000	0.99	3750	3000	14850	21600
11	2100	0.99	3571	3150	14850	21571
12	2200	0.99	3409	3300	14850	21559
13	2300	0.99	3261	3450	14850	21561
19	2900	0.99	2586	4350	14850	21786
20	3000	0.95	2500	4500	14250	21250
21	3100	0.95	2419	4650	14250	21319
22	3200	0.95	2344	4800	14250	21394
33	4300	0.95	1744	6450	14250	22444
34	4400	0.95	1705	6600	14250	22555
35	4500	0.93	1667	6750	13950	22367
36	4600	0.93	1630	6900	13950	22480
39	4900	0.93	1531	7350	13950	22831
40	5000	0.93	1500	7500	13950	22950

图 4－19　有数量折扣的成本求解结果

将数据显示为图形更加直观，这里仅显示订货批量和总成本的趋势图（如图 4－20 所示）。

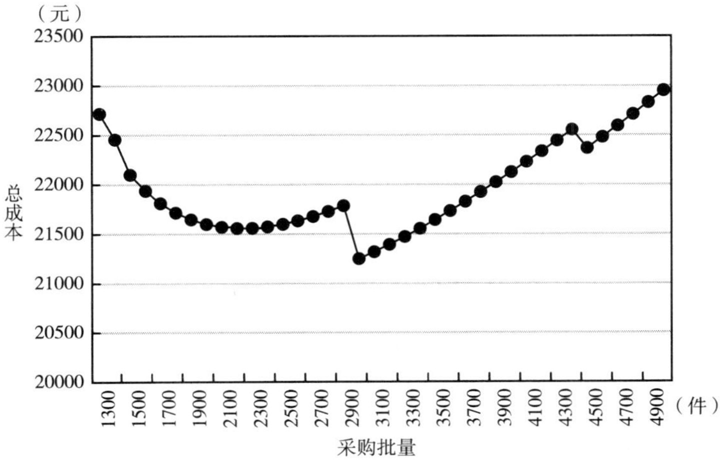

图 4－20　有数量折扣的成本结果

第四步：结论。从图 4－19 中可以看出，当采购批量为 1400 件时，采购价为 1 元/件，总成本为 22457 元；当采购批量为 2200 件时，采购价为 0.99 元/件，总成本为 21559 元；当采购批量为 3000 件时，采购价为 0.95 元/件，总成本为 21250 元；采购批量为 4500 件时，采购价降为 0.93 元/件，但是总成本升为 22367 元。所以，最佳采购批量应为 3000 件。

以上批量的步长设置为 100，显然不够精确，使用 Excel 很方便将步长设置得更小，比如 1，计算结果将更加精确。

4.7 复杂库存管理问题

【例 4－4】某公司某零部件年需求量为 15000 件，每天的需求量服从离散分布，根据历史数据统计，概率如表 4－6 所示。订货成本为 500 元/次，单位产品存储成本为 3 元/天，缺货成本为 20 元/件，期初库存为 100 件，订货提前期为 1 天。请采购部门决策每次的采购批量和订货点。

表 4－6　　某公司某零部件日需求量概率

需求量（件）	20	30	40	50	60	70
概率	0.10	0.15	0.20	0.25	0.20	0.10

实验操作步骤如下：

第一步：数据准备，如图 4－21 所示。

	B	C	D	E
1	年需求量	15000	需求	概率
2	存储费	3	20	0.10
3	订货费	500	30	0.15
4	缺货费	20	40	0.20
5	期初存货	100	50	0.25
6	订货点	41	60	0.20
7	订货量	200	70	0.10

图 4－21　例 4－4 的 Excel 数据整理结果

一年按 360 天计算，订货提前期为 1 天，每天的平均需求量约为 41 件。

第二步：建立模型。在需求一列，使用随机数发生器产生“离散”分布的随机数，如图 4－22 所示。

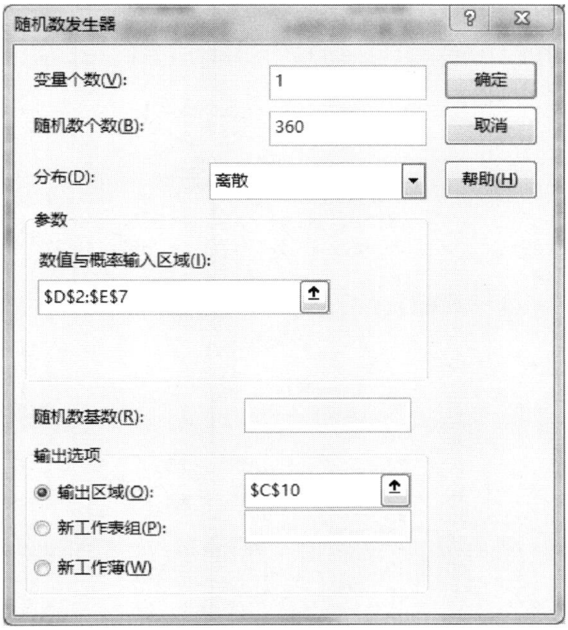

图 4－22　需求的随机数设置

当需求小于库存时，能够按需求销售，当需求大于库存时，只能按库存销售。订货提前期为 1 天，订货需隔日才能到货（如图 4－23 所示）。

	A	B	C	D	E	F
9	日期	日期初库存量	需求	销售	日期末库存量	订货量
10	1	=C5	40	=MIN(B10,C10)	=B10-D10	=IF(E10<=$C$6,$C$7,0)
11	2	=E10	20	=MIN(B11,C11)	=B11-D11	=IF(E11<=$C$6,$C$7,0)
12	3	=E11+F10	40	=MIN(B12,C12)	=B12-D12	=IF(E12<=$C$6,$C$7,0)
13	4	=E12+F11	40	=MIN(B13,C13)	=B13-D13	=IF(E13<=$C$6,$C$7,0)
365	356	=E364+F363	20	=MIN(B365,C365)	=B365-D365	=IF(E365<=$C$6,$C$7,0)
366	357	=E365+F364	40	=MIN(B366,C366)	=B366-D366	=IF(E366<=$C$6,$C$7,0)
367	358	=E366+F365	60	=MIN(B367,C367)	=B367-D367	=IF(E367<=$C$6,$C$7,0)
368	359	=E367+F366	50	=MIN(B368,C368)	=B368-D368	=IF(E368<=$C$6,$C$7,0)
369	360	=E368+F367	50	=MIN(B369,C369)	=B369-D369	=IF(E369<=$C$6,$C$7,0)

图 4－23　复杂采购订货量的 Excel 数据模型

库存费用包括：存储费、订货费和缺货费，如图 4－24 所示。

第三步：求解。预测年库存总费用“＝SUM（J10：J369）”（如图 4－25 所示）。

第四步：分析。使用二维模拟运算表，测算最佳订货批量和订货点。

首先，按图 4－26 所列数据布置订货点和订货批量的二维数据栏，行为订货点模拟值，列为订货批量模拟值。

	G	H	I	J
9	存储费	订货费	缺货费	总费用
10	=$C$2*(B10+E10)/2	=IF(F10>0,$C$3,0)	=$C$4*(C10-D10)	=SUM(G10:I10)
11	=$C$2*(B11+E11)/2	=IF(F11>0,$C$3,0)	=$C$4*(C11-D11)	=SUM(G11:I11)
12	=$C$2*(B12+E12)/2	=IF(F12>0,$C$3,0)	=$C$4*(C12-D12)	=SUM(G12:I12)
13	=$C$2*(B13+E13)/2	=IF(F13>0,$C$3,0)	=$C$4*(C13-D13)	=SUM(G13:I13)
365	=$C$2*(B365+E365)/2	=IF(F365>0,$C$3,0)	=$C$4*(C365-D365)	=SUM(G365:I365)
366	=$C$2*(B366+E366)/2	=IF(F366>0,$C$3,0)	=$C$4*(C366-D366)	=SUM(G366:I366)
367	=$C$2*(B367+E367)/2	=IF(F367>0,$C$3,0)	=$C$4*(C367-D367)	=SUM(G367:I367)
368	=$C$2*(B368+E368)/2	=IF(F368>0,$C$3,0)	=$C$4*(C368-D368)	=SUM(G368:I368)
369	=$C$2*(B369+E369)/2	=IF(F369>0,$C$3,0)	=$C$4*(C369-D369)	=SUM(G369:I369)

图 4－24　库存费用数据准备及模型

	A	B	C	D	E	F	G	H	I	J
9	日期	日期初库存量	需求	销售	日期末库存量	订货量	存储费	订货费	缺货费	总费用
10	1	100	40	40	60	0	240	0	0	240
11	2	60	20	20	40	200	150	500	0	650
12	3	40	40	40	0	200	60	500	0	560
13	4	200	40	40	160	0	540	0	0	540
365	356	250	20	20	230	0	720	0	0	720
366	357	230	40	40	190	0	630	0	0	630
367	358	190	60	60	130	0	480	0	0	480
368	359	130	50	50	80	0	315	0	0	315
369	360	80	50	50	30	200	165	500	0	665

图 4－25　库存费用求解结果

	L	M	N	O	P	Q	R
2	=SUM(J10:J369)	20	30	40	50	60	70
3	50						
4	60						
5	70						
6	80						
7	90						
8	100						
9	110						
10	120						
11	130						
12	140						
13	150						
14	160						
15	170						
16	180						
17	190						
18	200						

图 4－26　二维模拟运算表数据准备

然后，点击“数据”菜单栏里的“模拟分析”下的“模拟运算表”，二维模拟运算参数设置如图 4－27 所示。

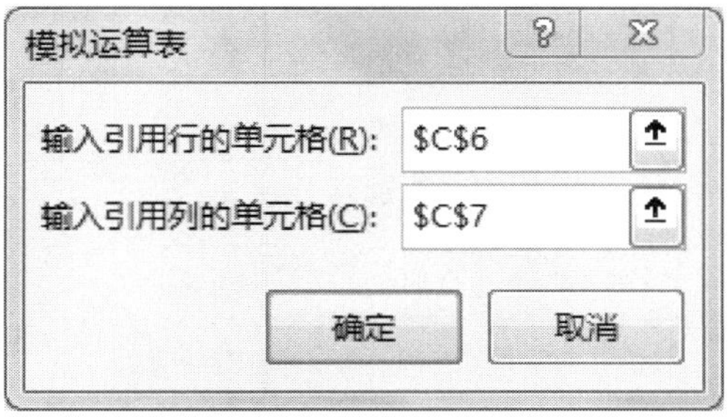

图 4－27　二维模拟运算表参数输入

点击“确定”后，结果如图 4－28 所示。

	L	M	N	O	P	Q	R
2	240155	20	30	40	50	60	70
3	50	231470	225845	224515	226000	231015	238185
4	60	219155	214845	216455	215875	219665	220905
5	70	213095	207205	207560	207360	209080	214155
6	80	207290	200700	201430	199460	202140	207240
7	90	202010	199310	196410	195895	199010	202235
8	100	200570	198500	193480	196120	199870	205090
9	110	201510	197265	195765	195630	199465	207640
10	120	204945	196730	194350	187985	198455	205425
11	130	204075	196580	195135	194865	198550	204560
12	140	211330	206340	199935	199610	201620	206590
13	150	220625	212810	210210	203840	207455	207405
14	160	219560	216805	216115	214725	215030	217530
15	170	225740	221750	220040	216075	219450	227455
16	180	230050	226580	224280	225090	224745	237230
17	190	236575	237410	233400	235340	235280	242575
18	200	243580	245205	240155	241760	247410	249260

图 4－28　二维模拟运算表数据结果

当数据量很大时，从以上数据表很难快速找到数值最小的单元格，这旦便可以通过单元格的“条件格式”来凸显我们想要的单元格。

首先，鼠标选中 L3：R13 数据区域；然后，点击“开始”菜单，在样式库中找到“条件格式”，选择“最前/最后规则”中的最后 10 项，如图 4－29 所示。

我们只需要显示排名最后的第 1 项，如图 4－30 所示。

点击“确定”后，显示结果如图 4－31 所示。

图 4－29　条件格式参数选择 1

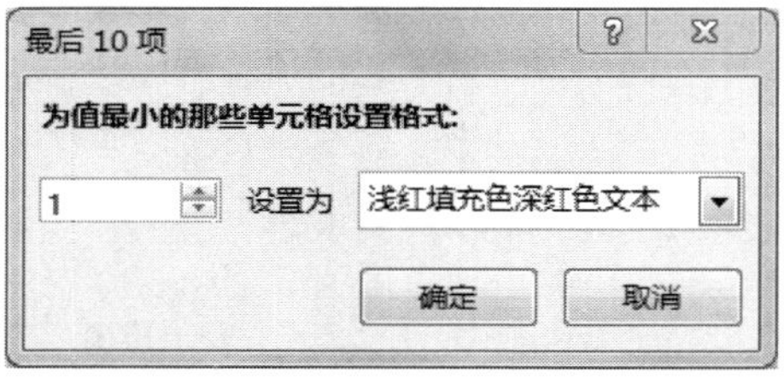

图 4－30　条件格式参数选择 2

	L	M	N	O	P	Q	R
2	240155	20	30	40	50	60	70
3	50	231470	225845	224515	226000	231015	238185
4	60	219155	214845	216455	215875	219665	220905
5	70	213095	207205	207560	207360	209080	214155
6	80	207290	200700	201430	199460	202140	207240
7	90	202010	199310	196410	195895	199010	202235
8	100	200570	198500	193480	196120	199870	205090
9	110	201510	197265	195765	195630	199465	207640
10	120	204945	196730	194350	187985	198455	205425
11	130	204075	196580	195135	194865	198550	204560
12	140	211330	206340	199935	199610	201620	206590
13	150	220625	212810	210210	203840	207455	207405
14	160	219560	216805	216115	214725	215030	217530
15	170	225740	221750	220040	216075	219450	227455
16	180	230050	226580	224280	225090	224745	237230
17	190	236575	237410	233400	235340	235280	242575
18	200	243580	245205	240155	241760	247410	249260

图 4－31　条件格式结果

从 Excel 中可以很直观地看出，阴影部分突出显示的便是总费用最小值 187985，该值所对应的订货点为 50，订货批量为 120，即在此预测环境下，订货点为 50 件，订货批量为 120 件时，库存成本最低。

计算机模拟能帮助高效地解决管理决策问题，但是因为模型的选择和样本数据的限制，使决策的精确度不一定最高，如上例中，订货点为 50 以及订货批量为 120 时并不是库存总成本最低的方案，因为当 360 个随机数变化时，或者订货点、订货批量的步长更小时，结果一定会变化。所以，这是一个不断改进和优化的过程。

4.8 多目标规划求解

【例 4－5】 假设当前工人数为 300 人，机器数 400 台，生产产品所耗费的工人工时数和机器工时数如表 4－7 所示。

表 4－7　产品耗用资源情况

产品	工人工时（小时/个）	机器工时（小时/个）
产品 1	70	100
产品 2	90	150
产品 3	100	200
产品 4	120	280

请问，如何安排四种产品的生产才能使企业效益最大化，也即如何才能让工人和机器满负荷生产？

依据比赛的规则，生产班次分为正班一、正班一加班、正班二、正班二加班，如果利用正班一加班，那参与正班一加班的设备无法进行正班二，从成本和满负荷生产上将都得不偿失，所以不考虑正班一加班。正班二加班可以利用正班二的全部机器，所以也可不用考虑，只在产量不够时，利用正班二进行调节。所以，该问题就转化成如何安排正班一和正班二来生产四种产品，使得工人和机器可以得到充分利用。

依据线性规划原理，设置未知数如表 4－8 所示。

表 4-8 产品排班情况

产品	正一	正二
产品 1	A1	B1
产品 2	A2	B2
产品 3	A3	B3
产品 4	A4	B4

设置的约束条件如下：

（1）利用的工人总工时数之和小于等于拥有的工人总工时：

$70\times A1+90\times A2+100\times A3+120\times A4+70\times B1+90\times B2+100\times B3+120\times B4\leqslant 300\times 520$

（2）正班一的机器总工时数小于等于拥有的机器总工时：

$100\times A1+150\times A2+200\times A3+280\times A4\leqslant 400\times 520$

（3）正班二的机器总工时小于等于拥有的机器总工时：

$100\times B1+150\times B2+200\times B3+280\times B4\leqslant 400\times 520$

（4）A1～A4、B1～B4 为非负整数，要达到资源的最大化利用，也即利用的工人工时数最大，所以目标函数如下：

$Y=70\times A1+90\times A2+100\times A3+120\times A4+70\times B1+90\times B2+100\times B3+120\times B4$

利用 Excel 的线性规划功能，可对上述案例进行最优化求解，具体步骤如下：

第一步：输入基础数据。在 C2 中输入工人数 300，D2 中输入机器数 400，C6～C9 中输入各产品的工人工时数，D6～D9 中输入各产品的机器工时数。

第二步：设置未知变量。C14～C17 为正班一各产品的数量，D14～D17 为正班二各产品的数量，设置为空值，不用填入任何数字。

第三步：计算工时总数和机器工时总数。在 C19 中输入“=SUMPRODUCT（C14：C17，C6：C9）”，C20 中输入“=SUMPRODUCT（C14：C17，D6：D9）”，D19 中输入“=SUMPRODUCT（D14：D17，C6：C9）”，D20 中输入“=SUMPRODUCT（D14：D17，D6：D9）”。

第四步：设置目标函数。在 B23 中输入“=C19+D19”。

第五步：设置条件函数。在 B26 中输入“=C19+D19”，D26 中输入“=C3”，B27 中输入“=C20”，D27 中输入“=D3”，B28 中输入“=D20”，D28 中输入“=D3”。

如图4－32所示。

	A	B	C	D	E
1			工人数	机器数	
2			300	400	
3			156000	208000	
4					
5					
6		产品1	70	100	
7		产品2	90	150	
8		产品3	100	200	
9		产品4	120	280	
10					
11					
12					
13			正一	正二	
14		产品1	2	0	
15		产品2	0	0	
16		产品3	0	0	
17		产品4	742	383	
18					
19		工时总数	89180	45960	
20		机器总工时	207960	107240	
21					
22					
23	目标函数	135140	人工总工时最大		
24					
25	条件函数				
26	1	135140		156000	总工时之和小于等于拥有总工时
27	2	207960		208000	正一机器总工时小于等于机器总工时
28	3	107240		208000	正二机器总工时小于等于机器总工时
29	4				未知变量为整数 。
30					
31	说明：1.未知变量为正一、正二每种产品的生产量				
32	2.目标函数为两班正班人工工时最大				
33					

图4－32 多目标规划求解的Excel数据模型

第六步：配置在规划求解插件。点击B23，然后点击“数据”，选择“规划求解”，选择最大值，选择可变单元格为＄C＄14：＄D＄17，然后点击遵循约束里的添加，按照要求一步步添加约束条件。选择“使无约束变量为非负数”，选择单纯线性规划，点击“求解”（如图4－33所示）。

第七步：获得规划求解结果。C14～C17和D14～D17为最优的生产量（如图4－34所示）。

这种情况是在不限定产品生产量的情况进行的求解，如果想限定某一产品的产量，那么在限定条件里可以再增加限定条件。例如，计划要生产产品2的数量100个，那么需要增加一个限定条件是A2＋B2＝100，最终的结果如图4－35所示。

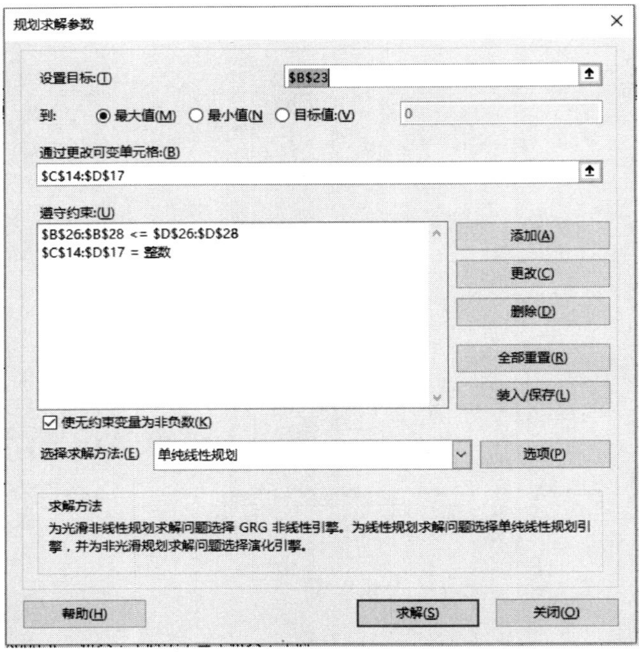

图 4-33 多目标规划求解的参数输入 1

	A	B	C	D	E	F	G	H
1			工人数	机器数				
2			300	400				
3			156000	208000				
4								
5								
6		产品1	70	100				
7		产品2	90	150				
8		产品3	100	200				
9		产品4	120	280				
10								
11								
12								
13			正一	正二				
14		产品1	2	0				
15		产品2	0	0				
16		产品3	0	1				
17		产品4	742	556				
18								
19		工时总数	89180	66820				
20		机器总工时	207960	155880				
21								
22								
23	目标函数	156000	人工总工时最大					
24								
25	条件函数							
26	1	156000		156000	总工时之和小于等于拥有总工时			
27	2	207960		208000	正一机器总工时小于等于机器总工时			
28	3	155880		208000	正二机器总工时小于等于机器总工时			
29	4				未知变量为整数			
30								
31	说明：1. 未知变量为正一、正二每种产品的生产量							
32	2. 目标函数为两班正班人工工时最大							
33								

图 4-34 多目标规划求解的参数输入 2

	A	B	C	D	E	F	G	H
1			工人数	机器数				
2			300	400				
3			156000	208000				
4								
5								
6		产品1	70	100				
7		产品2	90	150				
8		产品3	100	200				
9		产品4	120	280				
10								
11								
12								
13			正一	正二				
14		产品1	0	0				
15		产品2	100	0				
16		产品3	0	0				
17		产品4	483	742				
18								
19		工时总数	66960	89040				
20		机器总工时	150240	207760				
21								
22								
23	目标函数	156000	人工总工时最大					
24								
25	条件函数							
26	1	156000		156000	总工时之和小于等于拥有总工时			
27	2	150240		208000	正一机器总工时小于等于机器总工时			
28	3	207760		208000	正二机器总工时小于等于机器总工时			
29	4				未知变量为整数			
30	5	100		100				
31	说明：1.未知变量为正一、正二每种产品的生产量							
32	2.目标函数为两班正班人工工时最大							
33								

图4－35　多目标规划求解结果

训练与思考

1. 企业ERP信息化之路。

2000年，哈尔滨医药集团（以下简称“哈药集团”）决定上ERP项目，参与软件竞标的两个主要对手是Oracle与利玛。一开始，两家在ERP软件上打得难解难分，一年之后，Oracle击败利玛，哈药集团决定选择Oracle的ERP软件。然而事情发展极具戏剧性的是，尽管软件选型已经确定，但是，为了争夺哈药集团实施ERP项目的“另一半”，2001年10月，利玛联手哈尔滨凯纳击败哈尔滨本地的一家公司华旭，成为哈药集团ERP项目实施服务的“总包头”。始料不及的是，到了2002年3月，哈药集团ERP实施出现了更加戏剧性的变化。利玛在哈药集团ERP项目的实施团队全部离职。城门失火，殃及池鱼，整个哈药集团项目也被迫终止。而哈药集团 ERP 项目要重新上马，真是一波三折。

在哈药集团信息化建设的路上到底发生了什么？

哈药集团是融科、工、贸为一体的大型骨干企业。可以说，哈药集团的生产、经营特点涵盖了医药行业的几乎全部特点。由于集团有 30 个分、子公司，致使管理较为松散，适应市场的快速反应能力差。所以，无论是外在的市场现状还是内部的管理需求，都要求哈药集团全面推进信息化建设。

哈药集团实施信息化建设的原则是：统筹规划、分步实施、立足需求、注重实效，即：由哈药集团公司统一规划集团信息化建设内容，根据现实状况及实际需求，分阶段逐步实施。集团信息化建设的总体目标是：通过实施集团信息化建设，在集团内实现物流、资金流和信息流的畅通。提高集团和企业的管理水平，整合集团的市场资源，树立整体形象，发挥整体功能，为管理者决策提供强大的基础信息支持，从而提高集团和各分、子公司的市场应变能力和市场竞争能力。

于是，哈药集团首先在其下属的 4 家工业企业试点实施使用 Oracle 的 ERP 软件，实施时间大约两年，建立起以财务管理 + 进、产、销、存部分业务管理高度集成的应用系统，初步实现财务和业务数据的一体化。实施成功后，进一步在集团内各分、子公司中全面推开，并进一步完善系统的质量管理功能、客户关系管理功能、电子商务功能及系统的决策支持功能。从而实现集团和各分、子公司在市场资源配置和使用方面的最优化管理。全面实现 ERP 应用，并最终实现电子商务。预计完成总体目标的项目总投资为 7800 万元。

尽管软件选型已经确定，但是，哈尔滨利玛公司获得了哈药集团实施 ERP 项目的合同。哈尔滨利玛是 2001 年 4 月利玛为了在哈药招标项目增加砝码，与哈尔滨本地一家颇具实力的 IT 公司——哈尔滨凯纳科技发展公司合作成立的公司。双方还在合作协议中规定：销售和服务收入哈尔滨利玛公司占 52%，北京利玛软件占 48%。最终，2001 年 10 月，利玛联手哈尔滨凯纳击败华旭成为哈药 ERP 项目实施服务的“总包头”，获得一份总金额达 700 万元的合同，除去 Oracle 的软件之外，项目实施服务费用为 370 万元左右。合同还规定，利玛哈尔滨分公司除参与哈药集团 ERP 实施服务之外，还将负责后续支持服务工作。

据一位曾经参与哈药集团 ERP 项目的原利玛技术人员说，由于利玛此前没有实施 Oracle ERP 系统的经验，利玛实际上是“边学边干”，利玛派出近 20 名被称“技术实力最强”的实施团队首先接受了 Oracle 的培训。利玛还从 Oracle 公司“回购”了近 40 个工作日的咨询服务，换言之，在一些重点环节的实施上，将有 Oracle 的工程师和利玛方面的团队一起工作。签约两个月之后，利玛实施团队结束了对哈药集团的初步调研，并提出了一份长达100多页的“现场管理描述”报告。

这份报告刚一出炉，哈药集团就开始陆续请来一些第三方咨询公司对利玛的调研报告进行评估。“事实上，这份报告出来之后，双方对接下来该做什么都有些茫然。”一位参与评估的第三方咨询公司资深顾问认为，哈药集团项目在BPR（业务流程重组）的实施成果及阶段并没有清楚的定义。利玛做出的“现场管理描述”报告仅是“管理问题与状况的罗列和描述”，并未提出有效的解决方案。哈药集团和利玛签订的服务合同也基本上是一份商业合同，重点约定人员、付款等有关的商务条款，对ERP项目实施的阶段、成效及成效与付款之间的关系都没有清楚的界定。其次，哈药集团对ERP到底是什么还根本不了解，这种状况意味着对于包括后续的业务流程改造和优化、组织结构调整及权利的重新分配等一系列管理变革。在2002年2月之前，哈药与利玛之间的合作仅限于前期的培训和软件测试版的安装，业务流程重组也始终没有实质性的进展。

到了2002年3月，哈药集团ERP实施出现了戏剧性的变化：因为实施方利玛副总经理蒋明伟与60多名同事集体“哗变”，利玛在哈药集团ERP项目的实施团体全部离职，整个哈药集团项目也被迫彻底停顿下来。

事后，哈药集团重新开始选择实施伙伴，包括汉普、汉得、嘉邦和志杰在内的实施Oracle产品实力较强的国内咨询公司开始进行激烈的“第二轮争夺战”。

（资料来源：袁江萍，《ERP得了什么病》，载于《电子商务》2002年第10期。）

试结合以上资料分析，成功实施企业信息化建设的关键因素有哪些。

2. 如果你是企业的生产总监，试谈谈你在生产实际中如何利用库存。

3. 根据4.4节中的例题，分析赤沙农场种植规划的数学模型，应用Excel的规划求解插件求出最优种植量。

4. 结合BIZSIM企业竞争模拟中的数据，假设你所在的企业本期根据销售定价方案，预计四种产品的单位利润分别为1000元、1500元、2000元和3000元，试进行合理的资源分配，使企业利润最大化。

主要参考文献

［1］陈荣秋、马士华：《生产与运作管理》，高等教育出版社2011年版。

［2］左小德、梁云：《管理决策理论与实践》，暨南大学出版社2014年版。

［3］王其文：《决策模拟》，北京大学出版社2012年版。

第5章

财务管理

教学目标

1. 了解资金习性，掌握资金需求量预算的方法；
2. 了解资金成本的构成，资本成本的计算方法，掌握资本结构优化决策方法；
3. 掌握财务杠杆原理以及管理启示；
4. 了解现金流量计算方法，熟练掌握常见投资决策评价分析方法；
5. 熟练掌握财务分析方法。

课前预习

在市场经济环境下，企业自主经营，自负盈亏，自我发展。企业通过为市场提供质量优良、品种丰富、数量充足的产品或服务，自主地开展生产经营活动，从而不断地获取盈利，以保证企业的存活和发展。企业若不提供产品或服务，或者提供的产品、服务因品种、质量或其他问题不为消费者所接受，就得不到社会的承认，势必不能生存下去，最终会在竞争中被淘汰。

企业的基本职能是生产运作、理财和营销，除了这三项基本职能以外，企业的职能还包括采购与供应、人事管理、技术开发等。企业的劳动者通过劳动工具将自己的力量、智慧和意志加之于劳动对象，使之改变形态进而生产出满足社会需要的具有某种使用价值的产品。这些产品通过市场销售，一方面满足消费者的生产需要和生活需要，另一方面使产品价值得以实现并增值。为了企业生产和营销活动顺利组织，必须合理地筹措资金和运用资金。所以，这三项基本职能相互依存：发现市场需求是进行生产运作活动的前提，即使有了资金和生产某种产品或提供某种服务的能力，但是没有市场那也毫无意义；有了资金和市场，但是制造不出产品或提供不了服务那只能看着市场被别人占领；而有了市场和生产能力，但没有资金购买原材料、支付工资，显然也无法长期维持企业存续。所以，企业的三项基本职能相互依赖，相辅相成，缺一不可。

企业经营的目的是为了盈利，而企业财务管理的研究对象就是企业的经营资金，研究企业资金运动的规律性，使其产生最大的效益，实现企业价值最大化。企业的财务人员为实现一定的目标，组织和实施关于资产的购置（投资）、资本的融通（筹资）、经营中现金流通（营运资金）以及利润分配的管理被称为企业财务管理。企业财务管理是企业决策者必须掌握的基础理论与专业知识。

5.1 筹资管理

筹资是企业根据生产经营、对外投资及调整资金结构的需要，通过一定的渠道和方式，筹措和集中所需资金的行为。资金是企业开展生产经营的前提条件，企业通过各种方式依据法定程序，从不同的资金渠道筹措到所需资金。只有筹集到了足够的资金，企业的生产经营活动才能顺利开展，所以资金的筹集活动是企业资金运动的起点。

企业从不同的来源和渠道筹措来的资金主要分为两类：一类是企业的权益资本，一类是债务资产。企业的权益资本是企业通过向投资者吸收直接投资、发行股票、企业内部留存等方式取得的资金，其投资主体包括国家、法人、社会公众等，其出资形式可以是货币资金，也可以是实物资产、无形资产等非货币资产。企业的债务资产是企业通过向银行等金融机构借款、发行债券、延期或分期付款、融资租赁等方式取得的资金。一般而言，自有资金的成本高于借入资金，筹资风险小于借入资金。

按资金使用期限的长短，可以将资金分为短期资金（一年内偿还）和中长期资金（一年后偿还）。短期资金一般通过发行短期债券、短期银行借款、商业信用等方式来筹集；中长期资金通过吸收直接投资、发行股票、发行长期债券、长期银行借款、融资租赁等方式筹集。企业使用长期资金来满足固定资产、无形资产、长期占用的流动资产的需要，用短期资金来满足临时波动的流动资金需要。

5.1.1 资金需求量预测

企业筹资必须确定筹资的规模，同时还需要通过筹资渠道、筹资方式或筹资工具的选择，合理确定筹资结构，以降低筹资成本，改善企业的财务状况，降低财务风险。

筹资规模可以通过定性和定量的方法来预测。定性预测法主要是利用直观的资料，依靠个人的经验和主观分析、判断能力，对未来资金的需求数量做出预测。定性预测法一般是在企业缺乏完备、准确的历史资料的情况下采用。定量预测法中比较有代表性的是销售百分比法和资金习性预测法。

1. 销售百分比法

销售百分比法是根据资产负债表、利润表中各个资金项目与销售收入总额之间的依存关系，按照预测期销售额的增长情况来预测短期资金需求量的一种方法。尽管影响资金需求量的因素很多，但影响程度最大的莫过于预测期的预测销售收入，因此这种方法是建立在两个假设基础上的：一是资产负债表上的大部分项目与销售收入存在直接正比例关系且比率已知并固定不变；二是销售预测已经完成。

运用销售百分比法预测资金需求量一般按照以下步骤：

第一步，分析资产负债表各个项目与销售收入总额之间的关系。

资产类项目：货币资金、应收账款和存货等流动资产项目一般都会因销售收入的增减而相应增减；固定资产项目如在原有的生产经营能力所及范围之内则不需要增加固定资产投资，如因销售增长超出了企业原有的生产能力，则需要追加固定资产投资；其他长期资产项目，如无形资产、对外长期投资等项目，则与销售收入的增减无关。

负债类项目：通常，短期借款、应付账款、应付职工薪酬、应缴税费等流动负债项目都会随销售收入的增长而增加，长期负债项目一般与销售收入的增减无关。

所有者权益类项目：一般实收资本与资本公积项目与销售收入增长无关，盈余公积和未分配利润项目一般随销售收入增减变化发生相应的变动，此外，预测期间按既定方法提取的折旧和留存收益，通常可作为预测期需要追加资金的内部资金来源。

根据资产负债表中资产与负债、权益与销售收入之间是否能同步变动的关系，分为敏感项目和非敏感项目，随销售同步变动的项目是敏感项目，反之为非敏感项目。

第二步，计算基期资产负债表中各项目与销售收入的百分比，重新造表。

第三步，按以下公式计算预测期资金需求。

$$\frac{\text{预测期间预计}}{\text{增加的资金数}}=\frac{\text{预计销售收入的}}{\text{增长数额}}\times\left(\frac{\text{敏感性资产项目与销售}}{\text{收入的百分比之和}}-\frac{\text{敏感性负债项目与销售}}{\text{收入的百分比之和}}\right)-\frac{\text{内部资金}}{\text{来源}}+\frac{\text{预计其他方面所要的}}{\text{资金需求量}} \tag{5.1}$$

【**例 5－1**】2017 年某公司简化的资产负债表如表 5－1 所示。

表 5－1　　2017 年末某公司资产负债表　　单位：万元

资　产		负债及所有者权益	
货币资金	30	短期借款	75
应收账款	270	应付账款	225
存货	600	其他流动负债	150
流动资产小计	900	流动负债小计	450
长期投资	200	长期负债	500
固定资产（净值）	920	实收资本	500
无形资产	80	盈余公积	650
资产合计	2100	权益合计	2100

2017 年该公司实现年销售收入 15000 万元，2018 年预计可达 20000 万元，税后销售利润率预计为 5%，董事会讨论决定的股利分配比例为 50%，另外，原有的生产能力不足以实现增加的销售量，需要追加固定资产投资 400 万元。固定资产按原有方法折旧，预计 2018 年计提折旧 100 万元，长期负债中一年内即将到期的负债为 50 万元。

根据以上资料计算 2018 年需增加的资金需求量。

计算基期资产负债表中各项目与销售收入的百分比，如表 5－2 所示。

表 5－2　　财务项目占销售收入百分比

项目	占销售收入的百分比（%）	项目	占销售收入的百分比（%）
货币资金	0.2	短期借款	0.5
应收账款	1.8	应收账款	1.5
存货	4	其他流动负债	1
长期投资	非敏感项目	长期负债	无关
固定资产（净值）	非敏感项目	实收资本	无关
无形资产	无关	盈余公积	非敏感项目
资产项目合计	6	负债项目合计	2

根据公式（5.1）计算 2018 年该公司资金需求量。

2018 年需追加的资金 = (6% − 2%) × [(20000 − 15000) − (100 + 15000) × 5% × (1 − 50%)] + (400 + 50) = 175（万元）

预计 2018 年该公司需要追加资金 175 万元。继而该公司可根据最佳资金结构来确定筹资方式。

2. 资金习性预测法

资金习性即资金的变动同产销量变动之间的依存关系。根据资金习性，可将资金分为不变资金、变动资金和半变动资金。

不变资金是指在一定的产销量范围内，不受产销量变动的影响而保持固定不变的那部分资金。这部分资金一般包括厂房、机器设备等固定资产占用的资金，以及为维持经营而占用的最低数额的现金、原材料的保险储备、必要的成品储备等。

变动资金是指随产销量的变动而成同比例变动的那部分资金。这部分资金一般包括直接构成成品实体的原材料、外购件等占用的资金，另外，在最低储备以外的现金、存货、应收账款等也具有变动资金的性质。

半变动资金是指虽然受产销量变化的影响，但不成同比例变动的资金，如一些辅助材料占用的资金。半变动资金可采用一定的方法划分为不变资金和变动资金两部分。

完成资金习性分析后，把资金划分为变动资金和不变资金两部分，建立数学模型反映资金占用量与产销量之间的关系，从而预测不同产销量水平下所需的资金量。用线性回归分析法建立模型如下：

$$Y = a + bX$$

式中：Y 表示资金占用量；X 表示产销量；a 表示不变资金；b 表示单位产销量所需变动资金。

本章 5.4 节将举例讲解资金预算方法。

5.1.2 资本成本

在市场经济条件下，企业不能无偿使用资金，必须向资金提供者提供一定数量的费用作为补偿，企业为筹集和使用资金付出的代价即为资本成本。广义来讲，企业筹集和使用的资金包括长期资金和短期资金，不论长期和短期，都要付出代价。狭义的资本成本仅指筹集和使用长期资金的成本，由于长期资金也被称为资本，所以长期资金的成本也称为资本成本（以下均指狭义的资本成本）。显然，这里的“资本”既包括企业投资者投入的资金（权益资本），也包括企业向债权人借入的资金（债务资本）。资本成本是筹资决策需要重点考虑的因素，直接影响到企业资本结构的安排与财务目标的实现。

资本成本可以用绝对数表示，也可以用相对数表示，在财务管理中通常以相对数表示，即支付给投资者的报酬与筹集到的有效资金额的比率，称为资本成本率。

$$K = \frac{D}{P - F} = \frac{D}{P(1 - f)}$$

式中：K 为资本成本率，以百分比表示；D 为资金报酬；P 为筹资额；F 为筹资费用；f 为筹资费率。

1. 个别资本成本的计算

个别资本成本是指使用各种长期资金的成本，分为长期借款成本、债券成本、普通股成本、优先股成本和留存收益成本等。长期借款成本、债券成本为债务资本成本，普通股成本、优先股成本和留存收益成本为权益资本成本。以下仅以债务资本成本计算为例展开讲解。

（1）长期借款成本。长期借款成本包括借款利息和筹资费用。借款利息计入税前成本费用内，可以起到抵税的作用，因此，企业实际负担的借款成本应从利息支出中减少所得税额。因此，一次还本、分期付息的借款成本为：

$$K_L = \frac{I_L(1 - T)}{L(1 - f)} = \frac{i(1 - T)}{1 - f}$$

式中：K_L 为长期借款资本成本；I_L 为长期借款年利息；T 为所得税率；L 为长期借款筹资额（借款本金）；f 为长期借款筹资费用率；i 为长期借款的利率。

当长期借款的筹资费用（主要是借款的手续费）很小时，可以忽略不计。此时，公式可简化为：

$$K_L = i(1 - T)$$

（2）债券成本。债券成本由债券利息和债券发行费用两部分构成。债券成本与银行借款成本的主要区别在于：一是债券筹资费用较高，不能忽略不计；二是债券的发行价格与债券的面值可能不一致。债券成本率的计算公式为：

$$K_b = \frac{I_b(1 - T)}{B_0(1 - f)} = \frac{B \cdot i \cdot (1 - T)}{B_0(1 - f)}$$

当债券发行价格等于债券面值时，以上公式可简化为：

$$K_b = \frac{i \cdot (1 - T)}{1 - f}$$

式中：K_b 为长期借款资本成本；I_b 为债券年利息额；T 为所得税率；B_0 为债券筹资额；f 为债券筹资费用率；B 为债券面值；i 为债券票面利率。

（3）优先股成本。股票是股份公司为筹集自有资金而发行的有价证券，是投资人投资入股以及取得股利的凭证。以股东享受权利和承担义务的大小为标准，可以把股票分为普通股票和优先股票。其中，优先股享有优先分配股利的权利，同时优先股有固定的股利，这与债券相似。优先股成本包括企业支付给优先股股东的股利及发行费用，用计算公式表示为：

$$K_P = \frac{D}{P_0(1 - f)}$$

式中：K_P 表示优先股成本；D 表示优先股每年的股利；P_0 表示优先股筹资总额；f 表示优先股筹资费用率。

（4）普通股成本。普通股股利无到期日，每年支付的股利不固定，按稳定增长股利政策，企业新发行普通股的成本用公式表示为：

$$K_c = \frac{D_1}{P_0(1 - f)} + g$$

式中：K_c 为普通股成本；D_1 为预期的第 1 年年末股利；P_0 为普通股市价；g 为固定的股利年增长率。

（5）留存收益成本。留存收益是指留存于企业的税后利润，包括企业的盈余公积及未分配利润。股东将这一部分收益留存于企业，相当于对企业追加投资，是企业一项重要的筹资手段。对于这部分投资，投资者同样要求有一定的投资报酬率。对于企业而言，如果留存收益用于再投资所获得的收益率低于股东自己进行另一项风险相似的投资的受益率，企业就不应该保留留存收益，而应该将其分派给股东。留存收益成本按预计未来股利固定增长模型法来计算，用公式表示为：

$$K_S = \frac{D_1}{P_0} + g$$

式中：K_S 为留存收益成本；D_1 为预期第 1 年年末股利；P_0 为普通股市价；g 为普通股股利固定年增长率。

2. 加权平均资本成本

对于大部分企业来说，其资金都不可能从单一途径筹集，往往都是要通过多种方式从多种渠道筹集所需资金。加权平均资本成本，就是指企业以不同途径的资本金额占全部资本金额的比重为权数而加权平均所求得的全部资本的平均成本。加权平均资本成本的计算公式为：

$$K_w = \sum_{j=1}^{n} K_j W_j$$

式中：K_w 为加权平均资本成本；K_j 为第 j 种个别资本成本；W_j 为第 j 种个别资本成本占全部资本的比重（权数）。

个别资本占全部资本的权重，可以直接按其账面价值确定，其资料容易取得。但当资本的账面价值与市场价值差别较大时，如股票、债券的市场价格发生较大变动，计算结果会与实际有较大差距，从而贻误筹资决策。此时，个别资本占全部资本比重的确定还可以按市场价值或者目标价值确定，分别称为市场价值权数和目标价值权数。

5.1.3 杠杆原理

自然科学中的杠杆原理是指通过杠杆的作用，使较小的力对受力物体产生较大的作用力。财务管理中的杠杆作用则是指由于固定费用（包括生产经营方面的固定费用和财务方面的固定费用）的存在，业务量或负债资本发生较小的变化时，利润或股东权益会产生较大的影响。

1. 成本习性

解决财务中的杠杆原理，需要首先了解成本习性。所谓成本习性，是指成本与业务量之间的依存关系。按成本习性对企业成本进行分类，可将企业的成本划分为固定成本、变动成本和混合成本三类。成本总额在一定时期和一定业务量范围内不受业务量增减变动影响而固定不变的成本被称为固定成本，如折旧费、管理人员工资等。成本总额随着业务量增减变动成正比例增减变动的成本称为变动成本，如直接材料、计件工资等都属于变动成本。而有些成本虽然也会随业务量的变动而变动，但是不呈同比例变动，这类成本称为混合成本，如辅助工人工资等。企业应采用一定的方法将混合成本分解为固定成本和变动成本。最终，总成本习性模型可用以下公式表示：

$$y = a + bx$$

式中：y 为总成本；a 为固定成本；b 为单位变动成本；x 为销量。

2. 边际贡献

边际贡献，也称为边际收益，是指销售收入减去变动成本以后的差额。其计算公式为：

$$M = S - V = (P - v) \times Q = m \times Q$$

式中：M 为边际贡献总额；S 为销售收入总额；V 为变动成本总额；P 为销售单价；v 为单位变动成本；Q 为产销量；m 为单位边际贡献。

3. 息税前利润

息税前利润是指支付利息和缴纳所得税之前的利润。可按以下公式计算：

$$EBIT = S - V - a = (P - v) \times Q - a = M - a$$

式中：$EBIT$ 为息税前利润；a 为固定成本；S 为销售收入总额；V 为变动成本总额；P 为销售单价；v 为单位变动成本；Q 为产销量；M 为单位边际贡献。

4. 经营杠杆

一定的产销量范围内，产销量的增加一般不会改变固定成本总额，但会降低产品单位固定成本，从而提高产品单位利润，使息税前利润的增长率大于产销量的增长率；反之，产销量的减少会提高产品单位固定成本，降低产品单位利润，息税前利润的下降率大于产销量的下降率。也就是说，由于固定成本的存在，使息税前利润的变动率与产销量变动率不一致。在某一固定成本比重下，产销量变动对息税前利润产生的作用称为经营杠杆。

企业经营杠杆的作用程度用经营杠杆系数来表示，是指息税前利润变动率相当于产销量变动率的倍数。其计算公式为：

$$DOL = \frac{\Delta EBIT/EBIT}{\Delta S/S}$$

式中：DOL 为经营杠杆系数；$\Delta EBIT$ 为息税前利润的变动额；$EBIT$ 为变动前的息税前利润；ΔS 为产销量变动额；S 为变动前的产销量。

为了方便计算，从以上公式推导出用基期数据计算经营杠杆系数的公式：

$$DOL = \frac{\Delta EBIT/EBIT}{R} = \frac{\Delta EBIT}{R \times EBIT} = \frac{(M + MR - a) - (M - a)}{R \times EBIT} = \frac{MR}{R \times EBIT} = \frac{M}{EBIT}$$

进而，

$$DOL = \frac{M}{M - a} > 1$$

式中：R 为产销量变动率（$\Delta S/S$），产销量变动率与边际贡献变动率一致。

由以上公式可以分析得知，只要企业存在固定成本，经营杠杆效应就存在，且经营杠杆系数大于1，即息税前利润变化比产销量变化快。并且，经营杠杆随着固定成本的变动而同方向变动，即在其他因素不变的情况下，固定成本越高，经营杠杆系数越大。同时，经营杠杆系数越大，利润的变动越剧烈，企业的经营风险也就越大。再者，经营杠杆系数随着产销量的变动而反向变动，随着产销量的上升，经营杠杆逐步下降。也就是说，当企业的固定成本确定后，产销量越大，经营杠杆系数越小，从而使企业的经营风险越小，反之亦然。所以，经营杠杆模型给企业的管理决策启示是：企业一般可以通过增加产销量、降低产品单位变动成本、降低固定成本比重等措施使经营杠杆系数下降，降低经营风险。

5. 财务杠杆

不论企业营业利润多少，债务利息和优先股股利通常都是固定不变的。当息税前利润增大时，每1元盈余所负担的固定财务费用和优先股股利就会相对减少，而每股普通股则会获得更多的盈余；反之，当息税前利润减少时，每1元盈余所负担的固定财务费用和优先股股利就会相对增加，而每股普通股盈余就会减少。这种债务利息和优先股股息对息税前利润的影响作用称为财务杠杆。

财务杠杆一般用财务杠杆系数来表示，公式表示为：

$$DFL = \frac{\Delta EPS/EPS}{\Delta EBIT/EBIT} = \frac{EBIT}{EBIT - I - \frac{D_P}{1 - T}}$$

式中：DFL 为财务杠杆系数；ΔEPS 为普通股每股利润变动额或普通股利润变动额；EPS 为基期普通股每股利润或基期普通股利润；$\Delta EBIT$ 为息税前利润变动额；$EBIT$ 为基期息税前利润；I 为债务利息；D_P 为优先股股利；T 为所得税税率。

对于没有发行优先股的企业，其财务杠杆系数的计算公式可以简化为：

$$DFL = \frac{EBIT}{EBIT - I}$$

从上式可以分析得知，只要企业的资本构成中有债务资本和优先股，就会产生财务杠杆效应。不同的企业的资本结构不同，财务杠杆的系数也就不同。企业的债务比例越高，财务杠杆系数就越大。财务杠杆系数越大，在利润增加时，每股利润的增长幅度越大，当然，当利润减少时，对每股利润减少得也越快。因此，财务杠杆是把双刃剑。在企业利润增长势头良好的情况下，可适当地提高负债比例，发挥财务杠杆的作用。当然此时财务风险也更高，如果企业经营不善，不能及时扭亏为盈，就有可能导致企业破产。

6. 复合杠杆

由经营杠杆和财务杠杆原理得知，如果两种杠杆同时起作用，那么产销量稍有变动就会使每股收益产生更大的变动。用公式表示为：

$$DCL = \frac{\Delta EPS/EPS}{\Delta S/S} = DOL \times DFL$$

式中：DCL 为复合杠杆系数；其他符号含义同上。

由此可知，因复合杠杆的作用，当企业经济效益好，息税前利润上升时，产销量的上升使每股利润大幅度上升；当企业经济效益差，息税前利润下降时，业务量下降会使每股利润大幅度下降。企业复合杠杆系数越大，每股利润的波动幅度越大。在其他因素不变的情况下，复合杠杆系数越大，企业的复合风险越大。企业应根据自身生产经营情况与财务状况发挥复合杠杆的作用或调整复合杠杆的影响。

5.1.4 资本结构及优化决策

资本结构是指企业各种资金的构成及其比例关系。资本结构是企业筹资决策的核心问题。企业应综合考虑有关影响因素，运用适当的方法确定最佳资本结构，并在以后追加筹资中继续保持；如果企业现有资本结构不合理，应通过筹资活动进行调整，使其趋于合理。

企业的筹资方式虽然很多，但总的来说可以分为负债资本和权益资本两类，因此，资本结构优化问题是调整各项负债资本的比例问题，及负债在企业全部资本中所占的比重。企业债务筹资的利息率低于股息率，并且债务利息税前支付，可减少缴纳所得税额，因此，合理的利用负债资金，有利于降低企业综合资本成本；负债筹资具有财务杠杆作用，在企业息税前利润增长时，发挥财务杠杆作用，可使每股利润上涨更快；当然，负债也会给企业带来风险。因此，企业必须权衡资本成本和财务风险的关系，确定最佳的资本结构。所谓最佳资本结构是指在一定条件下，使企业的综合资本成本最低、企业价值最大的资本结构。企业进行负债比例决策，考虑是采用负债筹资还是权益筹资时，可以通过分析每股收益无差别点来判断。当某种负债比例下债务成本等于权益成本，此时企业每股收益达到最大。

用公式计算如下：

$$EPS_1 = EPS_2$$

式中，EPS_1 代表负债筹资的每股收益；EPS_2 代表权益筹资的每股收益。

$$EPS = \frac{(S - V - a - I)(1 - T)}{N} = \frac{(EBIT - I)(1 - T)}{N}$$

式中：S 为销售收入总额；V 为变动成本总额；a 为固定成本；$EBIT$ 为息税前利润。

在企业决策筹资时，假设全部发行股票或者全部负债，计算 $EPS_1 = EPS_2$ 时的 $EBIT$（或者销售额），即为每股收益无差别点，如图5－1所示。

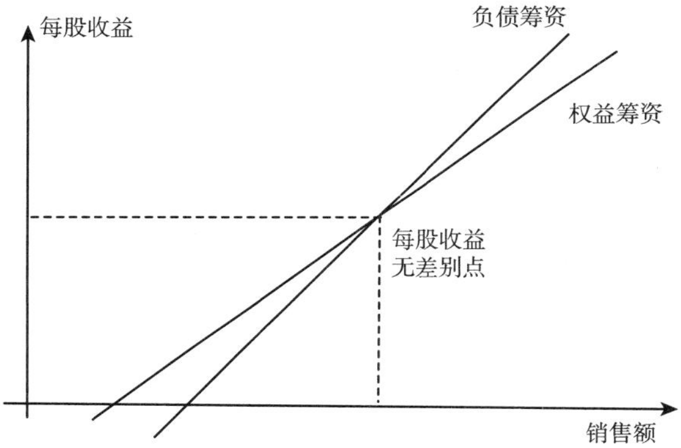

图5－1　每股收益无差别点示意

从图5－1中可以直观地看出，当企业的息税前利润高于每股收益无差别点时。利用长期债务筹资能够获得更高的每股利润；反之，当息税前利润低于每股收益无差别点时，利用权益资金筹资可以获得更高的每股利润。本章5.5节将举例讲解资本结构优化决策过程。

5.2 投资管理

企业取得资金后，必须将资金投入生产经营或实施对外投资，以谋求最大的经济效益。企业投资按照投资对象的不同，可将投资分为实物投资和金融投资。实物投资是指将资金投向具体实物形态资产的一种投资，包括厂房、基期设备、房地产等。金融投资是指将资金投向金融产品的一种投资，包括股票、债券（国库券、金融债券、企业债券）等。企业投资按照资金的流向，可以将投资分为对内投资和对外投资。对内投资又称为内部投资，是将资金投放在企业内部以购置各种生产经营用资产的投资。对外投资是指企业以货币、实物资产、无形资产等方式或者以购买股票、债券等有价证券的方式向其他组织的投资。

企业投资的根本目的是获得效益，为企业创造价值。企业能否实现目标，关键在于企业能否在风云变幻的市场经济条件下，抓住有利时机，做出有效合理的投资决策。为此，首先，企业投资必须认真进行市场调查，及时捕捉投资机会；其次，建立科学的投资决策程序，认真进行投资项目的可行性分析；再其次，考虑投资规模和投资效益的关系，适当控制企业的投资风险；最后，须及时足额的筹集资金，保证投资项目的顺利进行。

5.2.1 现金流量

在项目投资决策中，现金流量是指投资项目在其计算期内各项现金流入量和现金流出量的统称。项目的现金流入量是指该项目所引起的企业现金收入的增加额，通常包括营业现金收入、回收固定资产残值、回收垫支的流动资金。项目的现金流出量是指该项目所引起的现金支出的增加额，通常包括固定资产的投资额、垫支的流动资金、付现的营业成本、税款支出等。净现金流量是指一定期间现金流入量和现金流出量的差额。用公式表示为：

$$\begin{aligned}\text{每年经营净现金流量}(NCF) &= \text{年营业收入} - \text{年付现成本} - \text{所得税}\\ &= \text{税后净利} + \text{折旧}\end{aligned}$$

在估算项目投资的现金流量时，应注意只有在接受或拒绝该项目投资方案后，企业总现金流量因此发生的现金收入或支出的增加额，才是与该项目相关的现金流量。

【例5-2】某公司拟扩大产能，计划购置一台生产设备。该设备投资额40000元，建设期为2年，折旧期为5年，采用直线法计提折旧，每年折旧20%，5年后设备无残值。该项目另需垫支营运资金8000元，投产后每年可生产52个产品，平均单价为3500元，每年可实现销售收入为182000元，产品年生产成本估算为166000元。该公司要求的最低收益率为12%，所得税率为30%。计算该投资项目的现金流量。

某公司投资项目现金流量计算如表5-3所示。

表 5－3　　某公司投资项目现金流量计算表　　单位：元

项目	建设期		投产期				
	0	1	2	3	4	5	6
初始投资	－40000	0					
垫支流动资金		－8000					
销售收入			182000	182000	182000	182000	182000
付现成本			166000	166000	166000	166000	166000
折旧			8000	8000	8000	8000	8000
税前利润			8000	8000	8000	8000	8000
所得税			2400	2400	2400	2400	2400
净利润			5600	5600	5600	5600	5600
设备残值							0
收回垫支流动资金							8000
现金流量合计	－40000	－8000	13600	13600	13600	13600	21600

5.2.2　投资决策评价分析

项目投资评价是通过计算项目投资决策评价指标来评价独立项目或互斥项目的可行性。项目投资决策评价指标即是用于衡量和比较投资项目的可行性，并据此进行方案决策的定量化标准与尺度，是由一系列综合反映投资效益、投入产出关系的量化指标构成。目前，企业投资决策评价过程中常用的指标根据是否考虑货币时间价值可分为静态指标和动态指标。静态指标在计算过程中不考虑资金的时间价值，包括静态投资回收期、投资报酬率，一般用于对众多投资方案的初选；动态指标在计算过程中考虑资金的时间价值，包括净现值（*NPV*）、内部收益率（*IRR*）等，一般用于对投资方案的最终选择。

1. 静态评价指标

（1）静态投资回收期。静态投资回收期，是指以投资项目经营净现金流量抵偿原始总投资所需要的全部时间。一般以年为单位，投资回收期越短越有利。

如【例 5－2】中，每年的经营净现金流量相同，$NCF=13600$，则投资回收期为：

$$\text{静态投资回收期}=\frac{\text{原始投资额}}{\text{每年}\ NCF}=\frac{40000}{13600}\approx 2.94(\text{年})$$

如果每年的净现金流量不相等，则如表 5－4 所示。

表 5－4　　某公司投资项目现金流量计算表　　单位：元

	0	1	2	3	4	5
NCF	－100	30	45	35	20	20
累计净现金流量	－100	－70	－25	10	30	50

此时，

$$静态投资回收期 = (累计净现金流量开始出现正值的年份 - 1) + \frac{上年累计净现金流量绝对值}{当年净现金流量}$$

$$= (3 - 1) + \frac{25}{35}$$

$$\approx 2.71(年)$$

若静态投资回收期短于基准投资回收期，则该项目可行。

（2）投资报酬率。投资报酬率是指投资项目达产期所带来的年平均营业利润额与原始投资总额的比率。

如【例 5－2】中：

$$投资报酬率 = \frac{年平均利润}{原始投资总额} \times 100\% = \frac{8000}{40000} \times 100\% = 20\%$$

该投资方案的投资报酬率大于企业要求的最低投资收益率（12%），方案可行。

静态评价指标的优点是计算简单，便于理解；缺点是没有考虑资金的时间价值因素，不能正确反映投资项目的真实回收期和投资收益。

2. 动态评价指标

资金的时间价值，是指同一数量的资金在不同时间点上的价值量差额。例如，现在的 100 元被存在银行或者拿来经营，一年后其价值量应超过 100 元。假设资本成本为 10%，那么一年后应该收到 110 元。100 元为现在的资金现值，110 元即为一年后的资金终值。因此，直接使用不同时间点上的资金绝对值进行决策并不科学，只有将资金换算成不同时间点上的价值量，才能正确地评价和选择。

（1）净现值。净现值是指投资项目营运期获取的报酬按资本成本或投资者要求的报酬率折现，减去初始投资额现值的差额。也就是，投资项目从投资开始至寿命终结，各年净现金流量按一定折现率计算的现值之和。净现值大于或等于零的方案可行，且净现值越大，方案越优。

净现值的计算过程如下：

第一步，计算投资项目每年的营业净现金流量；

第二步，选择折现率；

第三步，将各年的营业净现金流量折算为现值；

第四步，计算净现值。

本章5.6节将举例讲解净现值的计算过程。

（2）内部收益率。内部收益率是项目投资实际可望达到的报酬率，亦可将其定义为能使投资项目的净现值等于零时的折现率。如果内部收益率大于资本成本，该方案可行，如果多个方案的内部收益率均大于资本成本，且投资额相同，则内部收益率越大方案越优。

本章5.7节将举例讲解内部收益率的计算过程。

净现值评价法和内部收益率评价法的优点是，注重资金的时间价值，能从动态的角度反映投资项目的实际收益水平，并体现投资的风险性。

参见本书附录《复利现值系数表》。

5.3 财务分析

财务分析是指人们利用财务报表等资料，从不同侧面对企业的财务状况和经营成果做出进一步的剖析、比较及评价时所运用的一整套的技术与方法。财务分析是对企业一定时期财务活动结果的全面总结，目的是为企业及其利益关系人进一步的财务预测和决策提供依据。

财务报表是企业向投资者、债权人及其他利益关系人提交的反映企业一定时期的财务状况、经营成果和资金变动情况的书面文件，包括资产负债表、损益表、现金流量表和其他附表及财务状况说明书。

财务分析的方法包括比较分析法、利率分析法与趋势分析法。

比较分析法，是指将两个或两个以上的同一性质或类别的经济指标或数据进行对比分析，以揭示其增减变动情况的一种方法。比较分析法的主要作用在于，揭示客观存在的差距，找出问题，为进一步分析原因、挖掘潜力指明方向。一般地，比较分析法的主要形式有与计划对比、与前期对比、与同行业对比。

比率分析法，是指通过计算、对比经济指标之间的比率，揭示经济指标之间相互关系来确定经济活动变动程度的分析方法。采用比率分析法，可以把某些不同条件下不可比的指标转变为可比指标。这种分析方法在财务报表分析中广泛使用。

趋势分析法，是指通过比较企业连续几期的财务报表中的相同指标或财务比率，分析他们的增减变化方向、数额和变动幅度的一种方法。采用趋势分析法可以揭示企业财务状况和生产经营情况的变化，以便作出总的评价，分析引起变化的原因，预测企业未来的发展前景。

企业的利益相关者因自身需要了解的侧面不同会对财务报表的分析内容有所区别。例如，投资人作为所有者，必然高度关注资本的保值、增值状况，需要分析公司的盈利能力等；债权人最关心的是企业是否有足够的支付能力、偿债能力等。尽管不同利益主体进行财务分析有着各自的侧重点，但就企业总体来看，财务分析可归纳为偿债能力分析、营运能力分析、盈利能力分析、发展能力分析和财务综合能力分析五个方面。它们相辅相成，共同构成了企业财务分析的基本内容。以下就企业常用的财务指标入手，分别从偿债能力、盈利能力、营运能力三个方面介绍常用的财务分析方法，并以杜邦分析法为例介绍财务综合分析方法。

5.3.1 偿债能力分析

偿债能力是指企业偿还到期债务的能力。通过偿债能力分析可以揭示企业的财务风险。由于企业债务有长短之分，给企业带来的偿债压力不同，通常把偿债能力分析分为短期偿债能力分析和长期偿债能力分析。

1. 短期偿债能力分析

短期偿债能力是指企业以流动资产偿付流动负债的能力，根本来讲，流动负债需要用现金来偿付。因此，短期偿债能力分析通常关注企业资产的变现能力，它取决于可以在近期内转换为现金的流动资产的数额。

反映短期偿债能力的财务比率主要有流动比率和速动比率。

（1）流动比率。流动比率是企业流动资产与流动负债之间的比率。衡量企业在某一时点用现有的流动资产去偿还到期流动负债的能力。其计算公式为：

$$\text{流动比率}=\frac{\text{流动资产}}{\text{流动负债}}$$

一般来说，流动比率越高，表明企业资产的流动性越大，变现能力越强，短期偿债能力相应越好。但是，流动比率也不是越高越好，因为流动比率过高，则表明企业流动资产占用较多，会影响企业资金的使用效率和获利能力。一般认为，流动比率为 2∶1 比较适宜。

（2）速动比率。尽管流动比率能较好地反映企业资产的变现能力，但是，由于流动资产包括了一部分变现能力较差的资产，如存货、待摊费用等，因此用速动比率能更有效地反映企业的变现能力。其计算公式为：

$$速动比率=\frac{速动资产}{流动负债}$$

所谓速动资产，是指将变现能力较差的资产扣除后的流动资产。即：

$$\begin{aligned}速动资产&=流动资产-存货-待摊费用-预付账款-其他流动资产\\&=货币资金+交易性金融资产+应收账款+应收票据\end{aligned}$$

速动比率越高，表明企业债务偿还的安全性越高。一般认为，速动比率保持为1∶1比较合适。此时，速动资产和流动负债相当，企业具有较强的短期偿债能力。但这一比率也不是绝对的，不同企业和行业各有差别。并且，如果企业的存货流动性好，即使速动比率较低，只要流动比率高，仍有望偿还到期债务。另外，如果企业应收账款收回困难，即使速动比率较高，也存在无法偿还到期债务的可能。

2. 长期偿债能力分析

长期偿债能力是指企业偿还长期负债的能力。长期来看，企业的所有债务都是要偿还的，因此，反映长期偿债能力的比率是总债务、总资产和股东权益之间的比率关系。分析长期偿债能力的财务比率主要有资产负债率、产权比率、权益乘数等。

（1）资产负债率。资产负债率，也称负债比率，是指企业负债总额与资产总额之间的比率，表明企业负债水平高低和长期偿债能力，反映债权提供贷款的安全程度。其计算公式为：

$$资产负债率=\frac{负债总额}{资产总额}$$

资产负债率反映了企业偿还债务的综合能力，也反映了企业总资产中有多大比例的资产是通过负债取得的。一般来说，资产负债率越低，资产对债权人的保障程度就越高。通常，资产在破产拍卖时的售价不到账面价值的50%，因此，资产负债率高于50%时债权人的利益就缺乏保障。如果资产负债率超过100%，说明企业已经资不抵债，面临破产危险，债权人就将蒙受损失。

（2）产权比率。产权比率是指负债总额和所有者权益之间的比率。该指标反映债权人权益和所有者权益之间的对比关系，是评估资金结构合理性的一项指标。其计算公式为：

$$产权比率 = \frac{负债总额}{所有者权益总额}$$

该比率越低，说明企业基本财务结构越稳定，债权人权益的保障程度越高，债权人承担的财务风险就越低。从股东来看，在通货膨胀加剧时期，企业多借债可以把损失和风险转嫁给债权人；而在经济繁荣时期，多借债可以获得额外的利润；在经济萎缩时期，少借债可以减少利息负担和财务风险。产权比率高，是高风险、高报酬的财务结构；产权比率低，是低风险、低报酬的财务结构。

5.3.2 盈利能力分析

企业是以营利为目的的经济组织，盈利是企业生存和发展的物质基础。企业的投资者、债权人、经营者以及其他利益关系人都十分关注企业的盈利能力。反映企业盈利能力的指标很多，通常使用的有销售净利率、资产报酬率、股东权益报酬率、人均利润率、资本利润率等。

1. 销售净利率

销售净利率是指企业的净利润与其销售收入之比，其计算公式为：

$$销售净利率 = \frac{净利润}{销售收入}$$

销售净利率指标反映 1 元销售收入带来多少净利润，表示销售收入的收益水平。企业在增加销售收入的同时必须相应地获得更多的净利润，才能使销售净利率保持不变或者有所提高。通过分析销售净利率的升降变动，可以促使企业在扩大销售的同时，注意改进经营管理，提高盈利水平。

2. 资产报酬率

资产报酬率，也称为总资产净利率，是衡量企业总资产产生回报的能力，是企业利润与创造利润所运用的资产的比率。其计算公式为：

$$资产报酬率 = \frac{净利润}{平均总资产}$$

$$平均总资产 = \frac{期初总资产 + 期末总资产}{2}$$

资产报酬率反映企业资产的利用效率。该指标越高，表明资产的利用效率越高，企业在增加收入和节约资金使用等方面取得了良好的效果。影响资产报酬率高低的因素主要有产品的售价、产量与销售量、单位成本以及资金占用量等。因此，企业可以用加速资金周转、提高销售利润率等方式提高资产报酬率。

3. 股东权益报酬率

股东权益报酬率，也称为净资产收益率，是一定时期内企业的净利润与股东权益平均总额的比率，其目的是以企业所有者的角度来衡量企业的盈利能力。其计算公式为：

$$股东权益报酬率 = \frac{净利润}{股东权益平均总额}$$

$$股东权益平均总额 = \frac{期初股东权益总额 + 期末股东权益总额}{2}$$

股东权益报酬率是评价企业自有资本获取收益的能力，一般认为，该指标越高，企业自有资本获取收益的能力越强，运营效率越好，对企业投资人、债权人的保障程度越高，更能够吸引新的资金。这些有利因素将促使企业在合适的市场条件下扩大规模，实现增长，而增长又会给企业带来更多的利润，从而提高企业价值，不断增加企业股东财富。

4. 人均利润率

人均利润率是企业在一定时期内利润总额与企业职工平均人数之间的比率。它表示在一定时期内平均每人实现的利润额，是一项侧重从劳动力利用的角度来评价企业经济效益的综合性指标。其计算公式为：

$$人均利润率 = \frac{净利润}{平均职工人数}$$

$$平均职工人数 = \frac{期初职工总人数 + 期末职工总人数}{2}$$

在 Bizsim 企业竞争模拟系统中对平均职工人数有专门的计算方法，具体规则见本书第 2 篇。

该指标越高，表明企业每个职工平均获利水平越高，对企业的贡献越大，劳动力管理效率越高，企业内部获利能力越好。

5. 资本利润率

Bizsim 企业竞争模拟系统中所要求的资本利润率，是指企业净利润与净资产总额加企业债券之和的比率，反映企业利用总资产和债券资本的获利能力。该指标越大，表明企业综合资本运用效率越高，整体获利能力越强。Bizsim 企业竞争模拟系统中资本利润率计算公式见本书第 2 篇。

5.3.3 营运能力分析

营运能力比率是从企业生产经营的各项具体资源运用的角度，衡量企业在资产管理方面效率的财务比率。包括应收账款周转率、存货周转率、流动资产周转率和总资产周转率等。

1. 应收账款周转率

应收账款周转率是指企业销售收入与应收账款平均余额的比率，用以反映企业应收账款收回的速度和管理效率。其计算公式为：

$$应收账款周转率=\frac{销售收入}{应收账款平均余额}$$

与之相对应的有应收账款周转天数，用以直接反映应收账款平均周转天数，其计算公式为：

$$应收账款周转天数=\frac{360}{应收账款周转率}$$

一般来说，应收账款周转率越高，应收账款周转天数越短，说明应收账款的回收速度越快，管理效率越高。但也要注意，企业是否存在过于严苛的信用政策，影响到企业的销售量；或者为了及早收回应收账款而给予客户过高的现金折扣，从而降低了企业的盈利水平。

2. 存货周转率

存货周转率是指企业在某一特定期间的销售成本与存货平均余额的比率，反映企业在该期间内存货周转速度，是评价企业购入存货、投入生产、销售收回等各环节管理效率的综合性指标。其计算公式为下：

$$存货周转率=\frac{销售成本}{平均存货}$$

$$存货周转天数=\frac{360}{存货周转率}$$

一般来说，存货周转率越高，周转天数越短，存货的占用水平就越低，表明企业存货管理效率越高，存货变现能力越强。但也要注意，企业过高的存货周转率可能导致企业存货水平过低，容易造成缺货而影响正常生产经营活动；或者存货采购次数过于频繁而增加了采购成本。

3. 总资产周转率

总资产周转率是指企业收入净额与平均资产总额的比率，反映企业对其所拥有的全部资产的有效利用程度。其计算公式为：

$$总资产周转率=\frac{销售收入净额}{资产平均总额}$$

一般而言，在其他条件不变的情况下，销售收入上升时，总资产周转率也上升，表明企业各项资产的运用效率提高，企业管理水平上升；反之，则相反。但是，较高的总资产周转率可能是通过薄利多销实现的，所以分析总资产周转率的同时，应分析销售利润率、资产报酬率等指标，结合起来综合考察。

5.3.4 财务综合分析

财务综合分析方法很多，主要包括杜邦分析法、沃尔评分法、坐标图分析法和雷达图分析法等。

杜邦分析法，是集中主要的财务指标之间的关系来综合分析企业财务状况的一种方法。杜邦分析体系以股东权益报酬率（净资产收益率）为起点，以总资产报酬率和权益乘数为核心，自上而下将其分解为若干财务指标，通过分析各分解指标的变动对净资产收益率的影响，来提示企业经营效率和财务政策对企业综合获利能力的影响及其变动的原因。分析公式为：

$$股东权益报酬率=总资产报酬率\times权益乘数=销售净利率\times总资产周转率\times权益乘数$$

$$权益乘数=\frac{平均资产总额}{平均股东权益总额}=\frac{1}{1-平均资产负债率}=产权比率+1$$

权益乘数是能反映企业举债经营程度的指标，企业负债程度越高，权益乘数就越大，企业的财务杠杆也越大，财务风险就会越大。

由以上公式得知，决定股东权益报酬率高低的三个指标是销售净利率、总资产周转率和权益乘数。销售净利率反映企业盈利能力，总资产周转率反映企业管理效率，权益乘数反映企业偿债能力，换言之，股东权益报酬率能反映企业以上三个方面的综合指标。所以，股东权益报酬率是一项综合性很强的财务比率，是杜邦财务分析体系的核心。

案例与建模

5.4 资金需求预测

【例 5 -3】某公司近几年产销量和资金占用的历史数据如表 5 -5 所示。

表 5 -5　　2011 ~ 2017 年产销量和资金占用统计

年度	产销量 X（万件）	资金占用量 Y（万元）
2011	5.9	152
2012	6.3	158
2013	6.5	163
2014	7.2	168
2015	6.9	175
2016	7.8	185
2017	8.4	201
合计	49	1202

资金需求量预测情况如表 5 -6 所示。

表 5 -6　　2011 ~ 2017 年资金需求量预算

年度	产销量 X_i（万件）	资金占用 Y_i（万元）	X_iY_i	X_i^2
2011	5.9	152	896.8	34.81
2012	6.3	158	995.4	39.69
2013	6.5	163	1059.5	42.25
2014	7.2	168	1209.6	51.84
2015	6.9	175	1207.5	47.61
2016	7.8	185	1443.0	60.84
2017	8.4	201	1688.4	70.56
合计 $n=7$	$\sum X_i = 49$	$\sum Y_i = 1202$	$\sum XY = 8500.2$	$\sum X_i^2 = 347.6$

$$b = \frac{n\sum X_iY_i - \sum X_i \sum Y_i}{n\sum X_i^{\ 2} - (\sum X_i)^2} = \frac{7 \times 8500.2 - 49 \times 1202}{7 \times 347.6 - 49^2} = 18.739$$

$$a = \frac{\sum Y_i - b\sum X_i}{n} = \frac{1202 - 18.739 \times 49}{7} = 40.54$$

$$R^2 = 0.9438$$

根据以上计算，资金需求量与产销量之间的预测模型为：$Y = 40.54 + 18.739X$。

那么，如果预测 2018 年的产销量为 9 万件，则资金需求量为 40.54 + 18.739 ×9 = 209.191（万元）。

为了提高计算效率，回归分析法可以使用 Excel 工具来完成，上机操作步骤如下：

第一步，准备好数据，如图 5－2 所示。

X	Y
5.9	152
6.3	158
6.5	163
7.2	168
6.9	175
7.8	185
8.4	201

图 5－2　表 5－5 的 Excel 数据整理结果

第二步，插入散点图，选择“添加趋势线”，以观察自变量与因变量之间的关系。

第三步，显示“线性”趋势线，并“显示公式”和“显示 R 平方值”（如图 5－3 所示）。

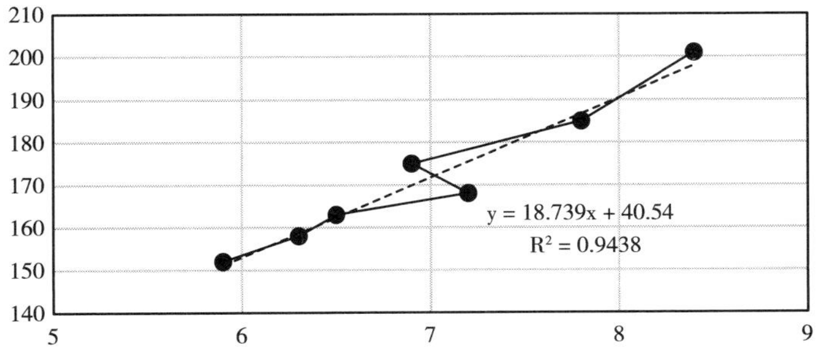

图 5－3　Excel 线性趋势线结果

第四步，出具回归分析报告。在“数据”选项卡里的“分析”组中选择“数据分析”，在分析工具库中选择“回归”，确定后出现属性设置框，如图 5 - 4 所示。

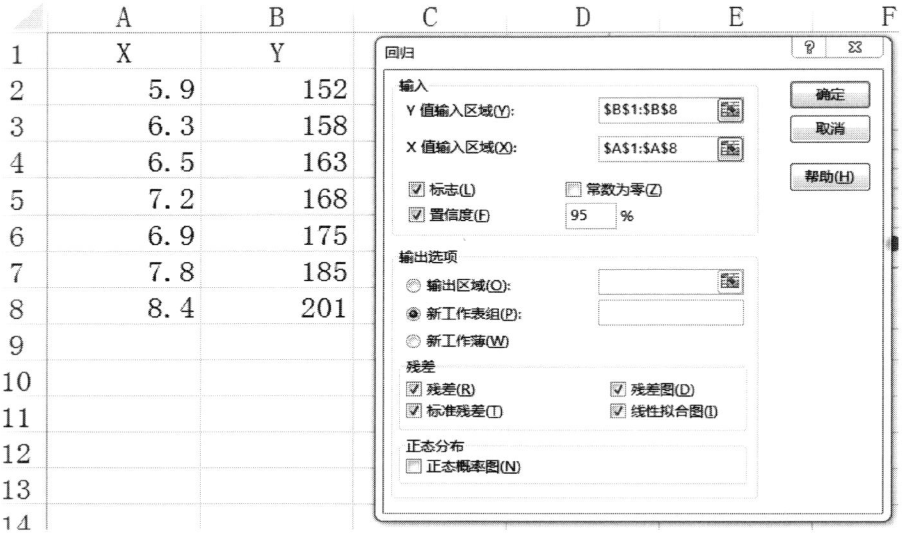

图 5 - 4　资金需求的回归参数设置

按图 5 - 4 所示，将参数设置好后点击“确定”，Excel 将自动生成一份回归分析报告，如图 5 - 5 所示。

	A	B	C	D	E	F	G	H	I
1	SUMMARY OUTPUT								
2									
3	回归统计								
4	Multiple	0.971514							
5	R Square	0.943839							
6	Adjusted	0.932607							
7	标准误差	4.384416							
8	观测值	7							
9									
10	方差分析								
11		df	SS	MS	F	gnificance F			
12	回归分析	1	1615.313	1615.313	84.02976	0.000259			
13	残差	5	96.11553	19.22311					
14	总计	6	1711.429						
15									
16		Coefficient	标准误差	t Stat	P-value	Lower 95%	Upper 95%	下限 95.0%	上限 95.0%
17	Intercept	40.54037	14.40535	2.814259	0.03736	3.510249	77.5705	3.510249	77.5705
18	X	18.73913	2.044245	9.166775	0.000259	13.48423	23.99403	13.48423	23.99403

图 5 - 5　资金需求的回归分析报告

回归分析报告显示：*R Square*（R^2）值为 0.943839，大于 0.9，说明得到的回归直线拟合度较好；F 统计量值为 84.02976，其显著性值为 0.000259，小于显著水平 0.05，说明回归方程有效；本例为一元线性回归分析，t 检验的显著性 *P - Value* 和 F 检验的结论一致，均为0.000259（所以，对于一元线性回归分析只需考察F统计量即可）。得出结论：可通过一元线性回归模型进行预测。

第五步，建立预测表，根据产销量预测值测算资金需求量，使用Excel中的线性回归预测函数FORECAST，求得预测结果为209.1925。

反之，当已知资金量，可以通过以上数学模型来推算产销量，也可以使用Excel进行单变量求解来计算。例如，已知未来资金量为210万元，产销量可以达到多少？

在Excel的“数据”选项卡中点击“模拟分析”，选择“单变量求解”工具，对参数进行设置，如图5-6所示。

图5-6　单变量求解数据准备及参数输入

点击“确定”后，等待迭代计算。迭代完成显示如图5-7所示。

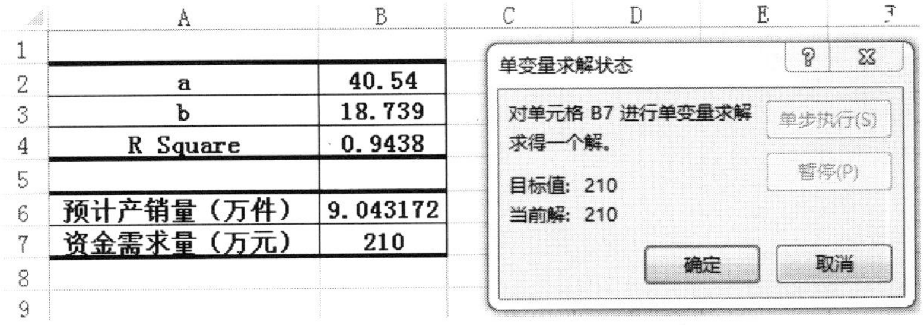

图5-7　单变量求解结果

故，当企业准备了210万元的资金时，产销量可以达到9.043万件。

5.5 资本结构优化

【例5-4】某公司某年末资产负债表（部分）如表5-7所示。

表 5－7　　某年末某公司资产负债表　　单位：万元

资产项目	金额	负债及股东权益项目	金额
流动资产	580	流动负债	150
固定资产	1070	紧急贷款	0
		债券	400
		股东资本	600
		利润留存	220
		净利润	280
资产总计	1650	负债及股东权益合计	1650

该公司股本600万元（发行普通股600万股，每股1元）；发行债券400万元，债券年利息12%；本年实现盈利378万元，每股分配股利0.15元；公司适用的所得税税率为30%，假设暂不考虑筹资费用。现公司需扩大经营，预计需增加筹资1000万元，可供选择的筹资方案有：A方案，增发普通股1000万股，每股1元；B方案，增发年利息12%的公司债券1000万元。试分析，企业应采用哪种筹资方式。

实验操作步骤如下：

第一步，计算加权平均资本成本，如图5－8所示。

	A	B	C	D	E	F
1						
2	资本种类	账面价值	所占比重	利息率	个别资本成本	综合资本成本
3	债券（万元）	400	=B3/$B$6	0.12	=D3*(1-B11)	=E3*C3
4	股本（万元）	600	=B4/$B$6		=B10/1	=E4*C4
5	留存收益（万元）	=B17+220	=B5/$B$6		=B10/1	=E5*C5
6	合计	=SUM(B3:B5)	=SUM(C3:C5)			=SUM(F3:F5)
7						
8	其他有关资料准备					
9	普通股发行数量（万股）	=B4/1				
10	每股股利（元）	0.15				
11	所得税率	0.3				

图5－8　资本成本的Excel数据模型

计算结果如图5－9所示。

	A	B	C	D	E	F
1						
2	资本种类	账面价值	所占比重	利息率	个别资本成本	综合资本成本
3	债券（万元）	400	26.67%	12.00%	8.40%	2.24%
4	股本（万元）	600	40.00%		15.00%	6.00%
5	留存收益（万元）	500	33.33%		15.00%	5.00%
6	合计	1500	100.00%			13.24%
7						
8	其他有关资料准备					
9	普通股发行数量（万股）	600				
10	每股股利（元）	0.15				
11	所得税率	30%				

图5－9　加权平均资本成本计算结果

第二步，计算当前 EBIT，如图 5 – 10 所示。

	A	B
12		
13	息税前净利润EBIT（万元）	=B17/(1-B11)+B3*D3
14	利息	=B3*D3
15	税前利润	=B13-B14
16	所得税	=B17*B11
17	净利润（万元）	280
18	每股收益EPS（元）	=B17/B9

图 5 – 10　息税前净利润 EBIT 计算模型

计算结果如图 5 – 11 所示。

13	息税前净利润EBIT（万元）	448
14	利息	48
15	税前利润	400
16	所得税	84
17	净利润（万元）	280
18	每股收益EPS（元）	0.47

图 5 – 11　息税前净利润 EBIT 计算结果

第三步，每股收益无差别点 EBIT，如图 5 – 12 所示。

	A	B
19		
20	每股收益无差别点EBIT(万元)	
21	方案A债务筹资（万元）	1000
22	方案B权益筹资（万元）	1000
23	每股收益EPS_A(元)	=(B20-B3*D3-B21*D3)*(1-B11)/B9
24	每股收益EPS_B(元)	=(B20-B3*D3)*(1-B11)/(B9+B22/1)

图 5 – 12　每股收益无差别点 EBIT 计算模型

B20 单元格使用 Excel 中的规划求解工具计算。

首先在“数据”栏目里单击“规划求解”，如果没有需要在“选项”中加载，在弹出的界面填写规划求解参数，如图 5 – 13 所示。使用“单纯线性规划”，点击“求解”后，弹出规划求解结果对话框，如图 5 – 14 所示。

图 5－13 EBIT 规划求解参数设置 1

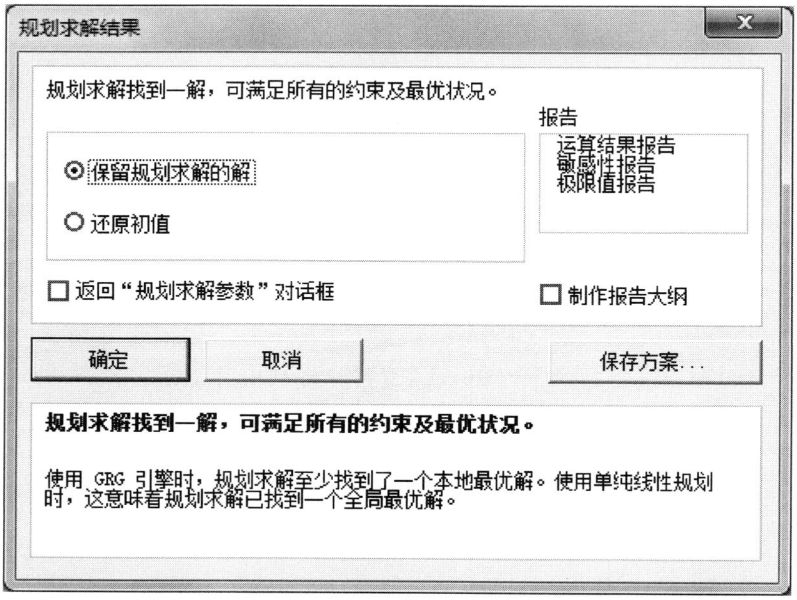

图 5－14 EBIT 规划求解参数设置 2

点击“确定”，即可得到一元一次方程求解结果并可显示“报告”，如图 5－15 所示。

	A	B
19		
20	每股收益无差别点EBIT(万元)	240
21	方案A债务筹资（万元）	1000
22	方案B权益筹资（万元）	1000
23	每股收益EPS_A(元)	0.084
24	每股收益EPS_B(元)	0.084

图 5－15 EBIT 规划求解结果

每股收益无差别点 *EBIT* 为 240 万元，也就是说，当 *EBIT* 高于 240 万元时，运用负债筹资可获得更高的每股收益。

以上分析未考虑风险因素。实际上，随着每股收益的增长，企业风险也会加大。如果每股收益的增长不足以补偿风险增加所需的报酬，尽管每股收益增加，股价也会下降。所以，从企业价值最大化的角度衡量最佳资本结构，还需要考虑风险报酬。

5.6 净现值

如【例 5－2】中，假设资本成本为 12%，计算该方案的净现值。利用 Excel 计算过程如下：

第一步，整理数据，编制表格，如图 5－16 所示。

	A	B	C	D	E	F	G	H
1	项目	时间						
2		0	1	2	3	4	5	6
3	初始投资	-40000	0					
4	垫支流动资金		-8000					
5	销售收入			182000	182000	182000	182000	182000
6	付现成本			166000	166000	166000	166000	166000
7	折旧			8000	8000	8000	8000	8000
8	税前利润			8000	8000	8000	8000	8000
9	所得税			2400	2400	2400	2400	2400
10	净利润			5600	5600	5600	5600	5600
11	设备残值							0
12	收回垫支流动资金							8000
13	现金流量合计	-40000	-8000	13600	13600	13600	13600	21600

图 5－16 各会计项目现值的 Excel 数据整理结果

第二步，查阅复利现值系数表（PVIF 表），将各年净现金流量换算成当前年的现值。

$i=12\%$ 时，$n=0\sim6$ 的复利现值系数分别是 1、0.893、0.797、0.712、0.636、0.567、0.507，将以上系数依次填入 B14 ~ H14 单元格中。

第三步，计算现值，如图 5－17 所示。

	A	B	C	D	E	F	G	H
13	现金流量合计	-40000	-8000	13600	13600	13600	13600	21600
14	复利现值系数	1	0.893	0.797	0.712	0.636	0.567	0.507
15	现值	=B13*B14	=C13*C14	=D13*D14	=E13*E14	=F13*F14	=G13*G14	=H13*H14

图 5－17　现值计算模型

计算结果如图 5－18 所示。

	A	B	C	D	E	F	G	H
13	现金流量合计	-40000	-8000	13600	13600	13600	13600	21600
14	复利现值系数	1	0.893	0.797	0.712	0.636	0.567	0.507
15	现值	-40000	-7144	10839.2	9683.2	8649.6	7711.2	10951.2

图 5－18　现值计算结果

第四步，计算净现值。在空白单元格内输入“=SUM（B15：H15）”，求和结果为 690.40，净现值大于零，该方案可行。

其实，在 Excel 中可以直接使用财务函数 NPV 计算净现值。首先，点击“公式”菜单栏，在函数里面找到财务函数“NPV”，弹出如图 5－19 所示的对话框，进行参数设置。点击“确定”后，显示结果如图 5－20 所示。

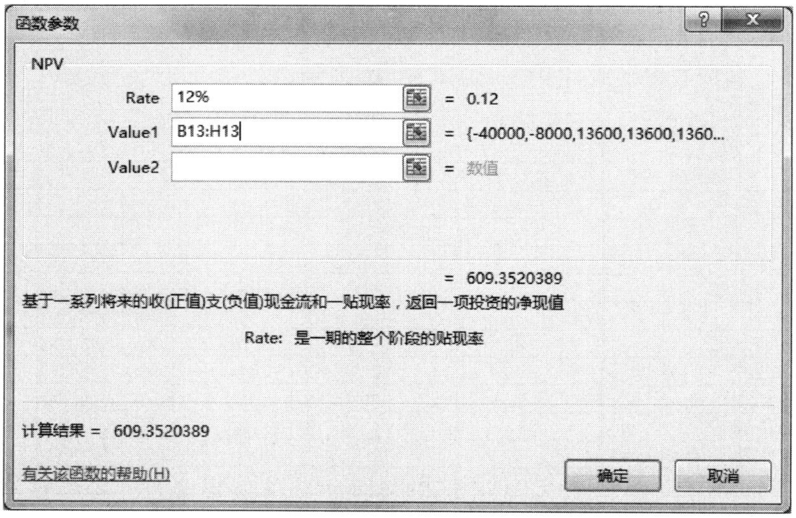

图 5－19　净现值函数 NPV 参数输入

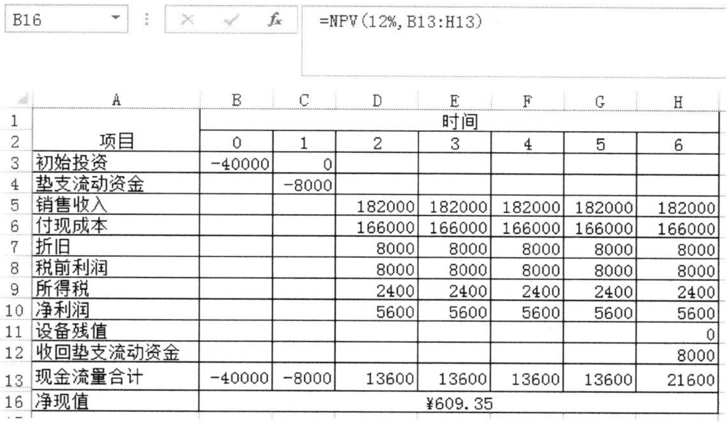
B16 =NPV(12%,B13:H13)

	A	B	C	D	E	F	G	H
1	项目	时间						
2		0	1	2	3	4	5	6
3	初始投资	-40000	0					
4	垫支流动资金		-8000					
5	销售收入			182000	182000	182000	182000	182000
6	付现成本			166000	166000	166000	166000	166000
7	折旧			8000	8000	8000	8000	8000
8	税前利润			8000	8000	8000	8000	8000
9	所得税			2400	2400	2400	2400	2400
10	净利润			5600	5600	5600	5600	5600
11	设备残值							0
12	收回垫支流动资金							8000
13	现金流量合计	-40000	-8000	13600	13600	13600	13600	21600
16	净现值	¥609.35						

图 5－20　净现值计算结果

5.7 内部收益率

使用 Excel 公式中的财务函数 IRR 可以快速计算方案的内部收益率，操作如图 5－21 所示。点击"确定"后，结果为 IRR = 12.42%。内部收益率大于资本成本，该方案可行。

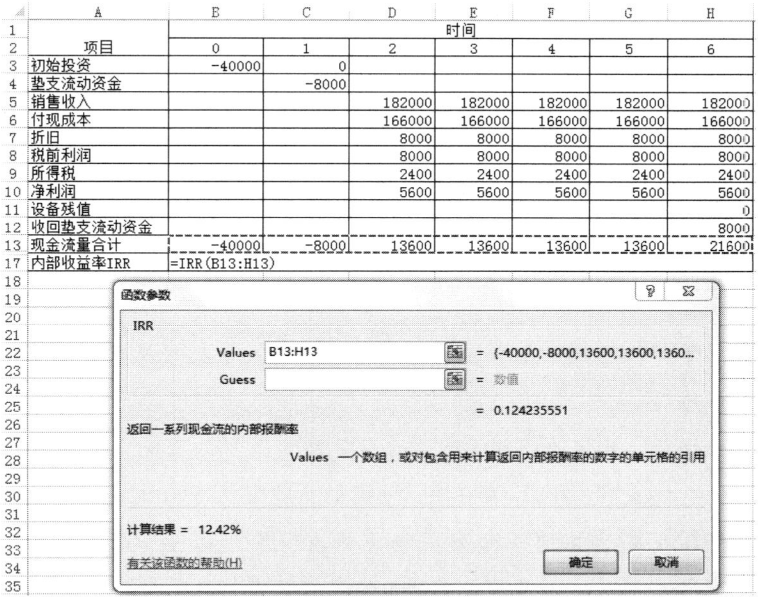
	A	B	C	D	E	F	G	H
1	项目	时间						
2		0	1	2	3	4	5	6
3	初始投资	-40000	0					
4	垫支流动资金		-8000					
5	销售收入			182000	182000	182000	182000	182000
6	付现成本			166000	166000	166000	166000	166000
7	折旧			8000	8000	8000	8000	8000
8	税前利润			8000	8000	8000	8000	8000
9	所得税			2400	2400	2400	2400	2400
10	净利润			5600	5600	5600	5600	5600
11	设备残值							0
12	收回垫支流动资金							8000
13	现金流量合计	-40000	-8000	13600	13600	13600	13600	21600
17	内部收益率IRR	=IRR(B13:H13)						

图 5－21　内部收益率函数 IRR 参数输入

训练与思考

1. 凡客诚品的兴衰荣辱。

凡客诚品（VANCL），创办于2007年，是一家主打物美价廉基本款的服装产品互联网快时尚品牌企业，创立之初赶上了中国服装行业的爆发。据2009年国家统计局数据显示，服装行业的销售毛利率达到14.49%，2009～2010年，全国纺织服装企业增加了1177家，包括李宁、安踏、ZARA、Mango等服装品牌的店面都急剧扩张。并且，当时的B2C电商才刚刚开始起步，淘宝上的产品和服务都还没有形成品牌化和系统化，凡客的创始人陈年凭借着曾在卓越网的成功创业经验，早早地在电商平台配备了全场包邮、24小时客服、30天退换货等服务。2010年大量投入广告，韩寒、李宇春等流量明星的大幅海报遍布大江南北，一度使“凡客体”大火，带动凡客销售额突破了20亿元，同比增长300%，位列京东、卓越亚马逊、当当网之后成为电商行业的第四位。它不仅受到消费者的热捧，还是投资圈的宠儿。截至2011年7月，凡客先后完成了七轮融资，累计筹集资金超过4.2亿美元，最高估值曾达到30亿至32亿美元，还一度洽谈要赴美上市。彼时的凡客定下了要在2011年完成100亿元的销售额，实现5倍的增长，并放言欲收购LV、匡威。

那个时候，同样定位于物美价廉的优衣库还没有进军中国市场，男士们选购服装还得“一年逛两次海澜之家”，凡客百元左右的衬衫、T恤的确成了一股清流，俘获了一批忠实粉丝。凡客风头正劲，为了实现销售额，开始了急速扩张。除了大量增加产品品类、供应商和库房，还引入第三方产品，做起了V+电商平台。当时凡客的库存量单位（stock keeping unit，SKU）曾一度增加至20万个，频道扩充为500多个。而为了完成KPI，保证凡客长期以来的服务品质，公司也开始大幅扩招员工。在巅峰期的时候，凡客共拥有超过13000名员工，仅高管就多达几十位。“当时，我们的营销工作从怎么做好一件事，变成了如何完成一件事。变化快到你都来不及想哪件事重不重要了。”凡客的营销负责人季薇说。

伴随着快速增长，凡客最终并没有跳出当年PPG一样的困境。就在凡客疯狂扩张的同时，市场环境急转直下，2011年一年，中国的纺织服装企业就减少了7545家，只剩下了10451家。各个服装品牌开始大规模地关店、清理库存，李宁在2012年就关掉1821家门店。凡客广告效应之后带来的除了销售额激增的假象以外，还有内部管理的混乱、流程的失控和巨大的库存积压，2012年底，凡客的库存曾高达20亿元，负债十几亿元，公司每个月仅净亏损就有几千万元。到2013年的某一天，陈年邀请雷军参观自己的产品，清空了整整一层办公楼来摆放凡客样品，但他却羞愧地发现，在堆积如山的凡客产品中没有一件衬衣是拿得出手的。此时，凡客进入了最艰难的时期，凡客将公司从位于北京磁器口的豪华办公楼搬到了南五环外的亦庄，员工减至不到200人，供应商从200家砍到100家，库房从30个减少到6个，产品从19大品类缩小到只做T恤、衬衫、裤装、帆布鞋、超轻薄羽绒服、POLO衫七个品类。后来凡客宣布，要从做好一件衬衫重新开始。

只是这时才痛定思痛寻求改变的凡客，早已错过了最好的时期。这时的服装和电商市场已经被更加物美价廉的淘宝天猫所占领，而同样主打基本款的优衣库，也已用更强劲的战斗力吸引了原有消费者。在这个弱肉强食的时代，错过一小步，最后失掉的很可能是一大片江山。

（资料来源：《凡客的荣辱兴衰，是一场雷军也救不回来的“中年危机”》，http：//dy.163.com/v2/artide/detail/CVHBE9M20511808G.html。）

试结合以上资料，分析凡客诚品衰落的主要原因，谈谈如果你是企业创始人，你将如何成功创业。

2. 结合BIZSIM企业竞争模拟系统，谈谈如何进行资金预算。

3. 如果你是企业财务总监，试谈谈企业内部投资决策方法。

4. 试用Excel制作你所在企业的现金流量表、利润表和资产负债表。

5. 结合企业竞争模拟中你所在企业的财务指标分析结果，谈谈财务管理对企业管理决策的意义。

主要参考文献

[1] 肖仰烈：《财务管理》，中山大学出版社2003年版。

[2] 陈玉珍：《财务管理学实验》，科学出版社2002年版。

[3] 许义生、张阳：《财务管理基础理论与实务》，暨南大学出版社2010年版。

[4] 于清敏、曾小平、闫冰：《Excel在会计和财务中的应用》，清华大学出版社2014年版。

第 2 篇

管理决策模拟综合实验

“百闻不如一见，百见不如一练，百练不如一战”，本篇将借助企业竞争模拟系统，模拟一个多企业竞争的计算机虚拟环境，学生们组成企业管理团队，展开角色扮演和企业经营对抗，综合运用管理决策所学理论，实践企业在复杂多变的经营环境中处理动态的管理决策问题。

本书采用的教学系统是 BIZSIM（Business Simulation）企业竞争模拟系统 2.0 中文版，该系统也是中国管理现代化研究会决策模拟专业委员会主办的全国 MBA 培养院校暨高等院校企业竞争模拟大赛的竞赛平台，融合了二十多年的教学经验和大赛考验，已日趋完善和稳定。

第6章

模拟系统

实验目标

1. 了解模拟系统运行环境；
2. 了解模拟系统界面结构，学生掌握登录和操作方法；
3. 通过人机对战熟练掌握模拟系统决策和分析流程。

实验内容

6.1 软件安装与注册登录

BIZSIM 系统是 B/S 架构的计算机网络信息化系统，基于互联网，采用最新的技术进行开发，使用和维护方便而高效。

登录官网 IP 地址 http：//www. ibizsim. cn，如果已经购买并将系统安装在本地服务器的学校，可以直接登录学校的安装地址。登录后的首页如图 6－1 所示。

在首页栏目部分有五个栏目：主页、网络对抗、人机对抗、赛区和新手训练营，在后面的章节将逐一讲解。

图 6－1 BIZSIM 软件首页

新用户须完成网上自助用户注册。点击图 6－1 右上角的“注册”，并填写用户的邮箱、昵称、密码等信息，如图 6－2 所示。

图 6－2 BIZSIM 软件用户注册界面

点击“提交”即可完成新用户注册，如图 6－3 所示。

为了便于学习和观摩，团队中的每位成员都应该注册。另外，用户可点击“我的资料”修改昵称和密码。如果是现场教学模式下教师分发的账号，因初始密码相同，请务必及时修改密码。

普通用户经过 BIZSIM 软件公司的系统管理员审核批准后，可授权赋予教师身份。

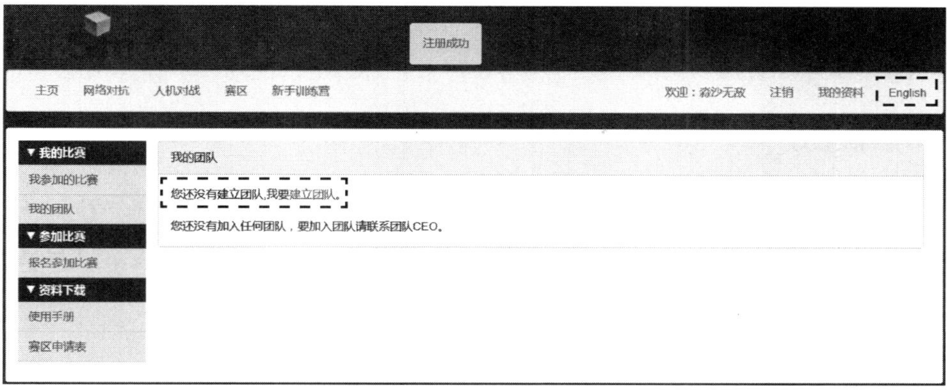

图 6-3 注册成功界面

6.2 学生用户

1. 新手训练营

如图 6-4 所示，新手训练营是专门为系统初学者设计，无须用户注册均可进入学习，是认识系统、了解规则、回顾管理决策理论知识的好去处。在新手训练营里，学生可以通过动画和人机交互进行多个单项内容的训练与学习，项目包括市场决策、运输决策、生产决策、人力与采购和财务决策等。训练项目从上至下，内容逐渐拓展，难度逐渐加大，新手适合于从上至下逐项进行。

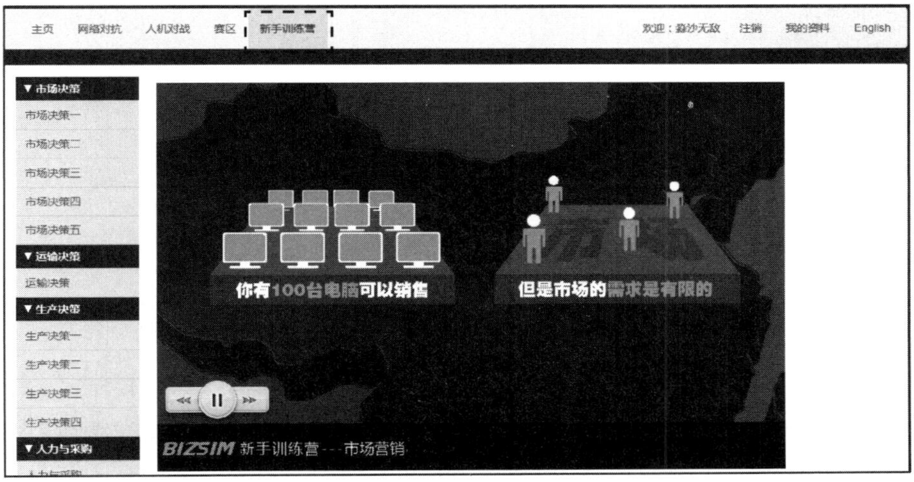

图 6-4 新手训练营界面

新手学习完成后，可以通过“题目训练”检验学习效果。在题目训练里通关，通过者即可正式进入综合模拟。

2. 团队管理

该系统的综合模拟功能仅面向团队开放，学生用户必须先组建团队，以团队 CEO 的名义才能进行网络对抗、人机对抗和参加赛区比赛的操作，未组建团队仅可以观摩比赛和进入新手训练营学习。

如果你是团队的领袖，须先建立团队，如图 6－5 所示。

图 6－5　团队创建界面

输入团队名称，例如“粤商淼沙军团”，点击“创建”后显示如图 6－6 所示。

图 6－6　团队创建成功界面

此时，可以邀请你的团员加入团队，直接点击相应职位所对应的“变更”，如图 6－7所示。将团员注册过的账号输入被邀请人栏中，点击“邀请”，即轻松完成拉人入伙的操作。系统的职位包括首席执行官 CEO、首席财务官 CFO、首席运营官 COO、首席市场官 CMO、首席人事官 CHO。一般教学中，按 3～5 人为一组，允许一人多岗，身兼多职。

图 6－7　邀请团队成员界面

受邀人登录系统后会看见所加入的团队，如图 6－8 所示。

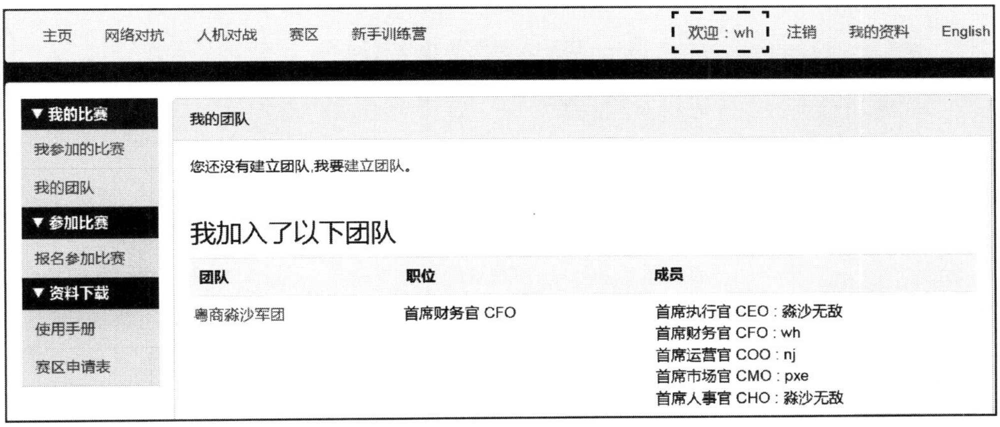

图 6－8　团队成员界面

3. 人机对战

如图 6－9 所示，注册用户创建团队后，可先进入“人机对战”栏目，跟计算机系统来一场两家公司之间的竞争模拟演练，以学习在动态市场环境下，制定综合企业决策方案的流程。

点击“建立新的人机对战”，如图 6－10 所示。

选择适合的难度场景，初学者可以选择 5 级 A 场景的难度，即两种产品三个市场。

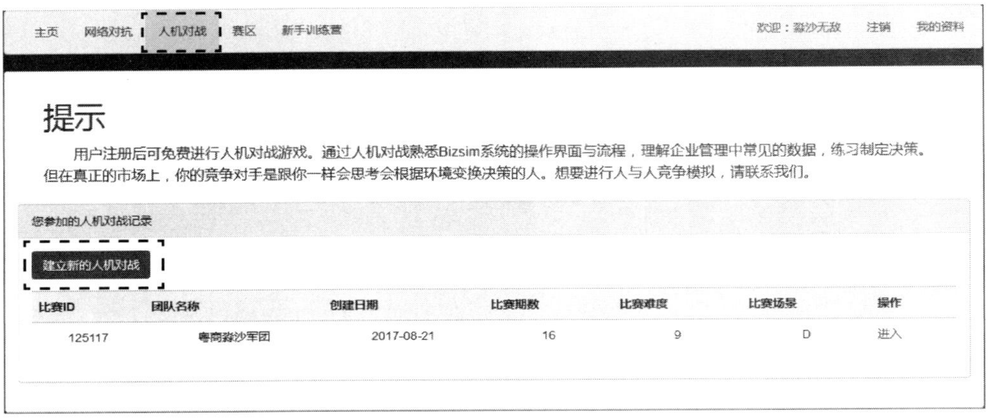

图 6－9　建立人机对战界面

图 6－10　人机对战场景选择

点击“创建”后直接进入人机对战决策界面，如图 6－11 所示。

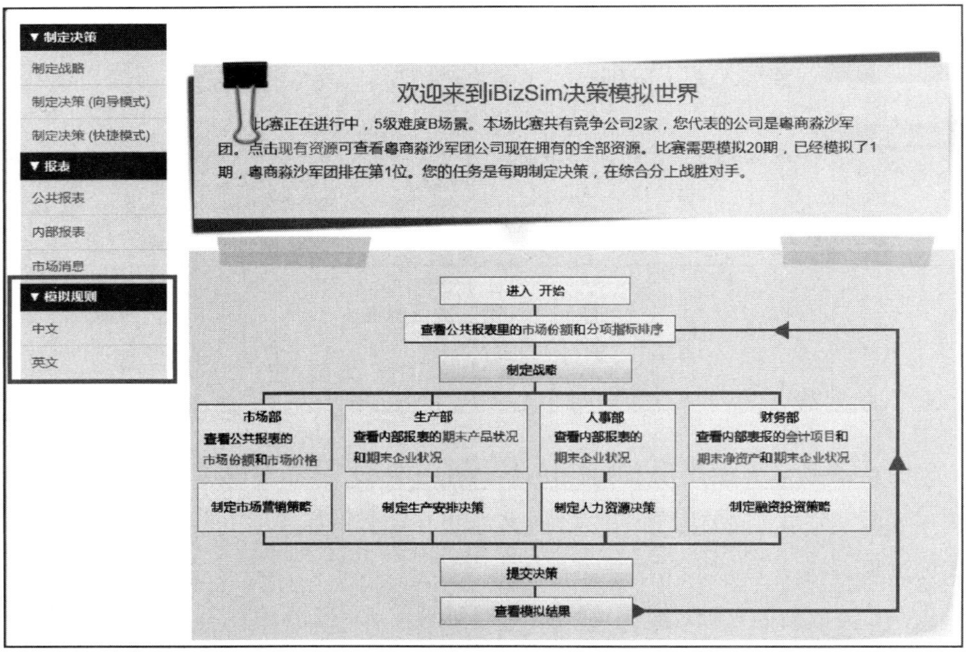

图 6－11　人机对战首页

界面分为左侧的菜单栏和右侧的流程导航栏两部分。

在阅读模拟规则后，点击“制定决策（向导模式）”，弹出给人机对战初学者的提示界面，如图6－12所示。

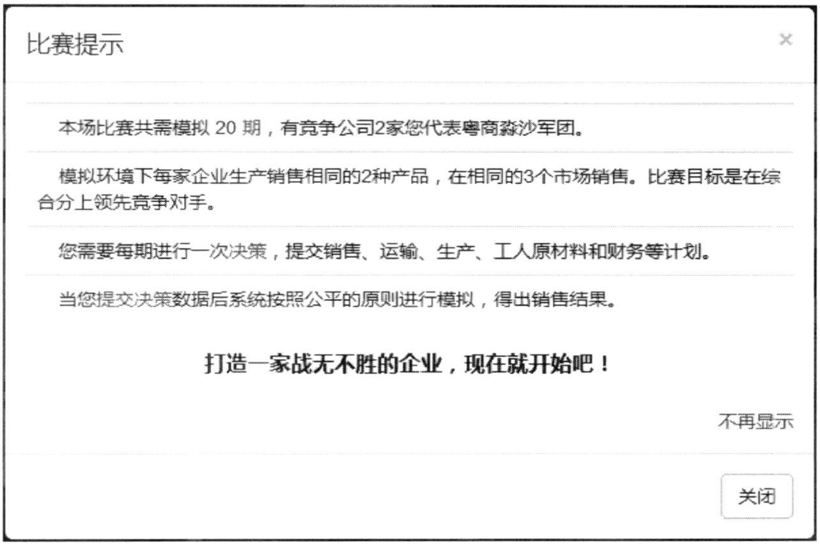

图6－12　向导模式提示信息

关闭提示后，进入制定决策向导模式界面，如图6－13所示。

图6－13　向导模式界面

向导模式界面左侧是目前企业的现有资源，包括现金、国债、债券、二人数、机器数、原材料库存等信息。

向导模式界面的右侧上方，显示企业历史决策单和报表数据，以及消息看板内容。

向导模式界面的右侧下方，是分岗位决策入口，分别是“销售计划”“运输计划”“生产计划”“人力 & 原材料”“财务”，适合分岗位分工协作填写决策数据，最后统一提交“完成决策”即可。人机对战制定决策的过程和方法同比赛，见以下小节详解。

4. 参加比赛

建立团队后，有两种方式可以参加比赛：一是由比赛管理员或教师直接在比赛管理里手动将其账号拉进比赛；二是自己报名参加比赛。

报名参加比赛，可点击左侧的“报名参加比赛”，如图 6 – 14 所示。

图 6 – 14　报名参加比赛界面

因系统中的赛事很多不便于定位，可以通过赛区 ID、赛区名称等关键字搜索想要进入的赛区以及赛区里的比赛。例如，广东财经大学的赛区 ID 为 9，点击上方的“赛区”菜单，利用赛区 ID 或者赛区名称“搜索”即可定位到相应的赛区，点击“报名加入”即可，如图 6 – 15、图 6 – 16 所示。

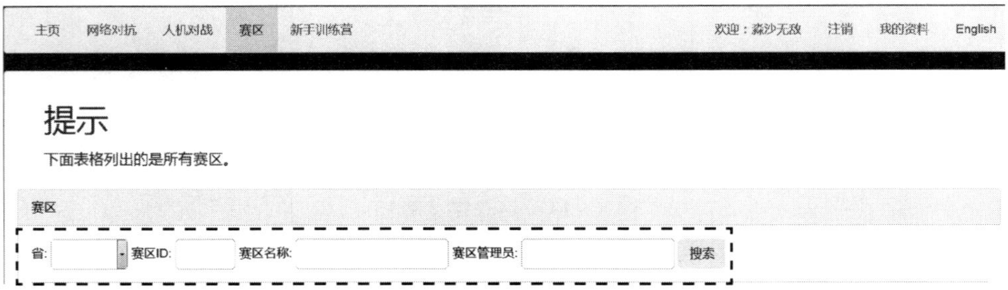

图 6 – 15　比赛选择

图 6－16　报名操作

报名后须等待比赛管理员或教师在比赛管理中审核同意，方才确认已参赛。图 6－17 显示了已审核和等待审核两种状态。

图 6－17　报名请求提交后界面

5. 进入比赛

确认已加入比赛后，CEO 可以进行“进入比赛”的操作，如图 6－18 所示。

图 6－18　进入比赛

进入比赛后，界面如图 6－19 所示。

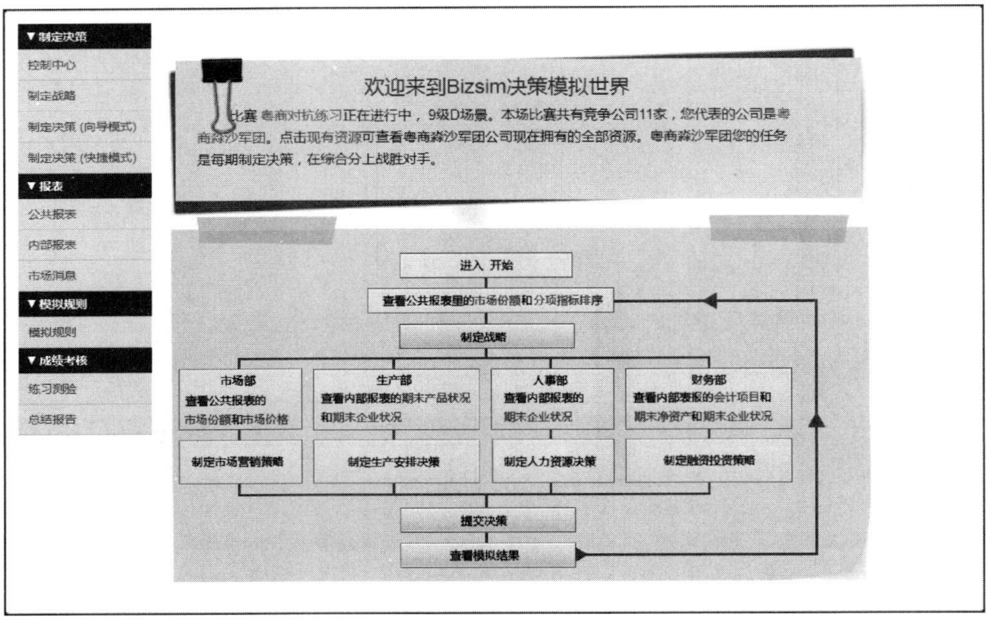

图 6－19 模拟流程

从界面右侧的流程图可以认识企业制定管理决策的全部流程。

（1）进入比赛，了解比赛规则。

（2）认识企业背景。查看公共报表里的市场份额和分项指标排序等背景信息，了解企业现状，分析市场机会，制定竞争战略。

（3）制定决策。制定决策可分部门、分岗位进行，由市场部查看公共报表里的市场份额和市场价格，制定市场营销策略；由生产部查看内部报表中的期末产品状况和期末企业状况，制定生产安排决策；由人事部查看内部报表中企业期末状况，制定人力资源决策；由财务部查看内部报表的会计项目、期末净资产和期末企业状况，制定融资投资策略。

（4）提交决策。将各部门决策信息经协调统一后填入决策单。各部门的决策结果最终表现为：市场部的市场选择、产品定价、广告促销投放；生产部的机器购置、生产排班、原材料采购、产品研发；人事部的工人招聘、解聘、工资系数调整；财务部的银行借款、发行债券、购买国债、分红；等等。

（5）模拟后查看模拟结果，并可准备新一期的管理决策开始，重复（2）~（5）的内容。

6. 学习模拟规则

点击模拟规则下的“模拟规则”，查看模拟规则，如图 6－20 所示。

图 6 – 20　模拟规则菜单

如图 6 – 21 所示，模拟规则包括一般规则、市场机制、产品分销、库存与预订、生产作业、研究开发、人员招聘、退休与解聘、资金筹措、纳税与分红、现金收支次序、评判标准等。具体内容将在模拟规则章节中展开讲解。

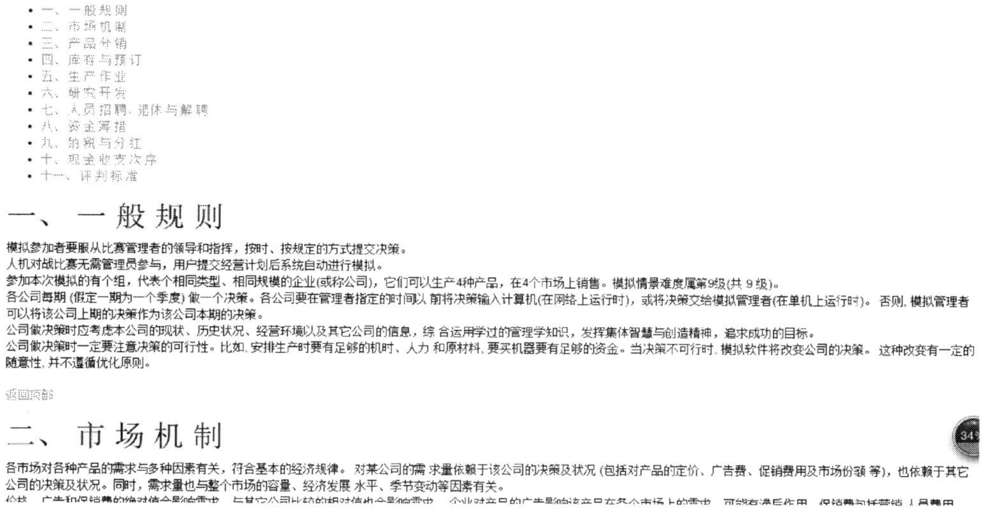

- 一、一般规则
- 二、市场机制
- 三、产品分销
- 四、库存与预订
- 五、生产作业
- 六、研究开发
- 七、人员招聘、退休与解聘
- 八、资金筹措
- 九、纳税与分红
- 十、现金收支次序
- 十一、评判标准

一、一般规则

模拟参加者要服从比赛管理者的领导和指挥，按时、按规定的方式提交决策。
人机对战比赛无需管理员参与，用户提交经营计划后系统自动进行模拟。
参加本次模拟的有个组，代表个相同类型、相同规模的企业(或称公司)，它们可以生产4种产品，在4个市场上销售。模拟情景难度属第9级(共 9 级)。
各公司每期 (假定一期为一个季度) 做一个决策。各公司要在管理者指定的时间以 前将决策输入计算机(在网络上运行时)，或将决策交给模拟管理者(在单机上运行时)。 否则, 模拟管理者可以将该公司上期的决策作为该公司本期的决策。
公司做决策时应考虑本公司的现状、历史状况、经营环境以及其它公司的信息，综 合运用学过的管理学知识，发挥集体智慧与创造精神，追求成功的目标。
公司做决策时一定要注意决策的可行性。比如, 安排生产时要有足够的机时、人力 和原材料, 要买机器要有足够的资金。当决策不可行时, 模拟软件将改变公司的决策。 这种改变有一定的随意性, 并不遵循优化原则。

返回顶部

二、市场机制

各市场对各种产品的需求与多种因素有关，符合基本的经济规律。 对某公司的需 求量依赖于该公司的决策及状况 (包括对产品的定价、广告费、促销费用及市场份额 等)，也依赖于其它公司的决策及状况。同时，需求量也与整个市场的容量、经济发展 水平、季节变动等因素有关。

图 6 – 21　模拟规则内容

7. 查看报表

比赛管理员或教师在进行初始化模拟以后，学生才能看见报表信息。之后每一期模拟结束，均可从报表数据中获悉企业竞争模拟结果。系统自动计算得出的报表主要包括三类：公共报表、内部报表和市场消息（如图 6 – 22 所示）。

图 6 – 22　报表菜单

（1）公共报表。公共报表展示的是所有参赛团队都能够看见的公共数据，包括价格、市场份额，以及主要财务指标数据和发展趋势、分项评分指标排名与综合评分。示例如图 6－23 所示。

第 | 7 | 8 | 9 | 10 | 11 | 12 | 13 | 14 | 15 | 16 | 17 | 期末

价格 | 分项指标排序 | 更多 ▾

市场份额
主要指标
收入发展趋势
成本发展趋势
利润发展趋势
纳税发展趋势
分红发展趋势
净资产发展趋势
综合评分发展趋势

公司	综合评			机器数	债券	工资系数	累计研发	累计分红	净资产	人均利润率	资本利润率
江水绿如蓝	0.4			8	11	2	5	2	4	2	1
风行者	0.3			2	1	2	9	13	1	4	5
路路集团有限公司	0.3			10	12	2	5	6	6	3	7
飞鹰之队	0.3			10	8	2	13	4	10	7	11
狻猊	0.2			4	2	2	4	9	3	1	4
新手请指教	0.268	6	16	15	15	2	16	3	11	8	9
myplays	0.225	7	3	13	6	1	1	8	8	9	3
欧尼酱~	0.175	8	10	12	7	2	1	5	9	5	6
酱油瓶子	0.174	9	4	3	3	2	11	14	2	6	8
不黑不开	0.151	10	6	13	14	2	5	1	15	10	2
Unbeaten	0.148	11	7	7	4	2	5	11	7	14	13

图 6－23 公共报表

市场份额（份额及份额排名）示例如图 6－24、图 6－25 所示。

公司	产品A				产品B				产品C				产品D			
	市场1	市场2	市场3	市场4	市场1	市场2	市场3	市场4	市场1	市场2	市场3	市场4	市场1	市场2	市场3	市场4
不黑不开	7.35%	7.35%	7.17%	7.03%	7.34%	7.20%	8.29%	8.24%	4.59%	4.60%	4.57%	4.49%	6.68%	6.69%	6.37%	6.64%
Unbeaten	6.94%	6.94%	6.49%	6.41%	7.51%	7.36%	6.40%	6.39%	6.72%	6.73%	5.85%	5.89%	6.17%	6.18%	6.56%	6.82%
欧尼酱~	5.71%	5.65%	7.43%	7.34%	7.09%	7.20%	7.44%	7.34%	5.26%	5.05%	6.17%	5.96%	4.88%	4.89%	7.02%	6.92%
江水绿如蓝	7.07%	7.07%	7.43%	7.34%	7.09%	7.03%	6.79%	6.64%	7.28%	7.18%	4.25%	4.42%	8.74%	8.75%	6.37%	6.55%
狻猊	5.65%	5.65%	6.38%	6.36%	3.92%	3.89%	3.72%	3.38%	10.64%	10.77%	10.50%	10.46%	6.43%	6.43%	5.45%	6.64%
myplays	7.14%	7.14%	7.48%	7.39%	8.76%	8.68%	9.33%	10.34%	6.05%	6.06%	6.89%	6.51%	3.73%	3.73%	4.43%	4.37%
飞鹰之队	6.60%	6.60%	6.49%	6.51%	4.50%	4.47%	5.55%	5.56%	5.60%	5.61%	5.05%	5.27%	8.74%	8.75%	8.59%	9.19%
路路集团有限公司	5.85%	5.78%	5.44%	5.43%	5.75%	5.71%	6.07%	5.75%	6.94%	6.96%	6.41%	6.12%	6.94%	6.95%	7.48%	7.55%
天天向上	3.81%	3.81%	7.17%	5.37%	7.84%	7.61%	8.62%	9.07%	5.26%	5.27%	11.06%	11.31%	4.24%	4.12%	5.26%	5.10%
山商资源教研室	5.78%	5.78%	5.60%	5.58%	4.84%	4.80%	4.83%	4.73%	7.61%	7.52%	5.93%	6.20%	6.68%	6.69%	6.09%	6.64%
风行者	9.93%	9.73%	7.48%	7.91%	5.59%	5.54%	6.53%	5.49%	8.40%	8.19%	7.21%	6.66%	7.58%	7.46%	6.09%	6.92%
team	8.50%	8.98%	6.90%	6.82%	7.09%	7.03%	6.59%	6.64%	4.03%	4.15%	3.29%	3.41%	6.43%	7.59%	6.09%	6.01%
威水鱼	1.56%	1.43%	2.72%	2.79%	2.09%	1.99%	2.22%	2.30%	1.57%	1.57%	2.16%	2.17%	1.93%	1.93%	2.86%	0.00%
酱油瓶子	5.78%	5.78%	6.43%	7.34%	6.76%	7.77%	6.79%	7.85%	6.61%	6.73%	6.89%	6.43%	6.30%	6.43%	7.39%	7.37%
广珠	0.00%	0.00%	0.00%	0.00%	0.00%	0.00%	0.00%	0.00%	0.00%	0.11%	0.00%	0.00%	0.00%	0.00%	0.00%	0.00%
新手请指教	6.53%	6.53%	4.97%	5.01%	8.34%	8.27%	6.53%	6.39%	5.71%	5.72%	7.61%	7.44%	8.48%	6.82%	7.57%	7.28%
疯子的预言	5.78%	5.78%	4.45%	5.37%	5.50%	5.46%	4.31%	3.90%	7.73%	7.74%	6.17%	7.28%	6.04%	6.56%	6.37%	6.01%

图 6－24 市场份额百分比

公司	产品A/市场1	产品A/市场2	产品A/市场3	产品A/市场4	产品B/市场1	产品B/市场2	产品B/市场3	产品B/市场4	产品C/市场1	产品C/市场2	产品C/市场3	产品C/市场4	产品D/市场1	产品D/市场2	产品D/市场3	产品D/市场4
不黑不开	3	3	5	6	5	6	3	3	14	14	13	13	6	7	7	8
Unbeaten	6	6	8	9	4	5	10	8	7	7	11	11	11	12	6	7
欧尼酱~	13	13	3	3	6	6	4	5	12	13	8	10	13	13	5	5
江水绿如蓝	5	5	3	3	6	8	5	6	5	5	14	14	1	1	7	11
狻猊	14	13	11	10	15	15	15	15	1	1	2	2	8	10	13	8
myplays	4	4	1	2	1	1	1	1	9	9	5	6	15	15	15	15
飞鹰之队	7	7	8	8	14	14	12	11	11	11	12	12	1	1	1	1
路路集团有限公司	9	9	13	12	10	10	11	10	6	6	7	9	5	5	3	2
天天向上	15	15	5	13	3	4	2	2	12	12	1	1	14	14	14	14
山商资源教研室	10	9	12	11	13	13	13	13	4	4	10	8	6	7	10	8
风行者	1	1	1	1	11	11	8	12	2	2	4	5	4	4	10	5
team	2	2	7	7	6	8	7	6	15	15	15	15	8	3	10	12
威水鱼	16	16	16	16	16	16	16	16	16	16	16	16	16	16	16	16
酱油瓶子	10	9	10	3	9	3	5	4	8	7	5	7	10	10	4	3
广珠	17	17	17	17	17	17	17	17	17	17	17	17	17	17	17	16
新手请指教	8	8	14	15	2	2	8	8	10	10	3	3	3	6	2	4
疯子的预言	10	9	15	13	12	12	14	14	3	3	8	4	12	9	7	12

图6－25 市场份额排名

主要财务指标（本期收入、本期成本、本期利润、累计纳税、累计分红、期末现金、净资产、综合分）示例如图6－26所示。

公司	本期收入(元)	本期成本(元)	本期利润(元)	累计纳税(元)	累计分红(元)	期末现金(元)	净资产(元)	综合分
不黑不开	11,453,168.40	8,708,351.13	2,744,817.27	2,337,951.03	5,357,936.60	7,442,951.58	15,369,149.83	0.151
Unbeaten	10,789,470.00	8,240,931.70	2,548,538.30	2,356,131.66	3,927,774.70	8,961,978.89	16,804,974.99	0.148
欧尼酱~	11,256,247.00	8,471,793.59	2,784,453.41	2,352,364.29	4,594,065.69	8,519,607.76	16,151,578.40	0.175
江水绿如蓝	11,874,180.00	8,839,034.58	3,035,145.42	2,834,265.74	5,087,725.29	9,051,039.87	17,056,931.41	0.456
狻猊	11,834,985.00	8,765,489.38	3,069,495.62	2,662,573.58	4,272,779.04	8,714,880.88	17,358,177.42	0.282
myplays	11,717,120.00	8,778,503.09	2,938,616.91	2,450,784.81	4,498,999.20	8,884,387.36	16,536,739.92	0.225
飞鹰之队	11,197,961.29	8,514,485.08	2,683,476.21	2,470,298.94	4,983,607.28	8,540,189.90	16,116,640.27	0.302
路路集团有限公司	11,400,040.00	8,551,057.59	2,848,982.41	2,618,176.55	4,584,235.95	8,551,472.85	16,920,168.20	0.317
天天向上	11,512,600.00	8,746,354.87	2,766,245.13	2,419,961.97	3,901,000.00	8,593,303.79	17,024,561.49	0.082
山商资源教研室	10,335,490.59	7,864,189.63	2,471,300.96	2,280,998.33	4,577,625.89	7,426,768.53	15,965,599.65	0.103
风行者	12,464,444.10	9,280,084.03	3,184,360.07	2,867,117.55	3,740,963.93	9,706,399.29	18,479,977.13	0.347
team	9,954,300.00	7,918,357.53	2,035,942.47	1,753,105.01	3,440,702.84	8,126,065.68	15,538,625.36	-0.130
威水鱼	3,316,982.00	6,136,060.61	-2,819,078.61	930,765.79	0.00	3,191,626.40	13,675,470.80	-1.372
酱油瓶子	11,897,080.00	8,904,085.45	2,992,994.55	2,563,439.05	3,642,391.71	8,961,108.51	17,690,014.12	0.174
广珠	11,100.00	4,783,282.44	-4,772,182.44	0.00	0.00	-3,664,976.12	-5,120,396.00	-2.930
新手请指教	11,486,187.10	8,873,755.21	2,612,431.89	2,459,016.09	5,007,894.62	8,780,468.05	16,053,149.69	0.268
疯子的预言	10,599,520.00	8,242,107.53	2,357,412.47	2,201,763.35	4,253,530.61	7,851,897.50	16,044,368.90	0.028

图6－26 主要财务指标数据

收入发展趋势（收入值及发展趋势曲线）示例如图6－27、图6－28所示。

期数	不黑不开	Unbeaten	欧尼酱~	江水绿如蓝	狻猊	myplays	飞鹰之队	路路集团有限公司
第1期	2,839,600.00	2,839,600.00	2,839,600.00	2,839,600.00	2,839,600.00	2,839,600.00	2,839,600.00	2,839,600.00
第2期	2,839,600.00	2,839,600.00	2,839,600.00	2,839,600.00	2,839,600.00	2,839,600.00	2,839,600.00	2,839,600.00
第3期	2,889,400.00	2,889,400.00	2,889,400.00	2,889,400.00	2,889,400.00	2,889,400.00	2,889,400.00	2,889,400.00
第4期	2,902,800.00	2,902,800.00	2,902,800.00	2,902,800.00	2,902,800.00	2,902,800.00	2,902,800.00	2,902,800.00
第5期	2,902,800.00	2,902,800.00	2,902,800.00	2,902,800.00	2,902,800.00	2,902,800.00	2,902,800.00	2,902,800.00
第6期	2,994,400.00	2,994,400.00	2,994,400.00	2,994,400.00	2,994,400.00	2,994,400.00	2,994,400.00	2,994,400.00
第7期	3,021,300.00	3,021,300.00	3,021,300.00	3,021,300.00	3,021,300.00	3,021,300.00	3,021,300.00	3,021,300.00
第8期	2,865,800.00	2,865,800.00	2,865,800.00	2,865,800.00	2,865,800.00	2,865,800.00	2,865,800.00	2,865,800.00
第9期	3,297,737.60	3,748,930.00	3,396,940.00	3,829,250.00	4,113,750.00	3,093,850.00	4,078,800.00	3,780,300.00
第10期	6,815,850.00	6,835,600.00	6,750,870.00	6,978,950.00	6,073,063.00	6,948,150.00	5,659,197.31	6,826,910.00
第11期	7,253,626.00	7,305,800.00	7,397,342.00	7,940,410.00	7,913,595.00	7,971,920.00	7,763,880.75	8,339,850.00
第12期	8,865,762.40	9,281,850.00	9,259,029.00	9,508,550.00	9,315,139.00	9,360,180.00	9,060,252.85	9,577,590.00
第13期	10,049,868.40	9,728,420.00	9,966,147.00	11,060,290.00	10,036,279.00	10,387,520.00	9,927,080.00	10,322,350.00
第14期	11,001,354.00	10,260,770.00	10,943,661.00	10,593,480.00	10,549,781.00	10,787,960.00	10,644,111.45	10,324,336.00
第15期	11,453,168.40	10,789,470.00	11,256,247.00	11,874,180.00	11,834,985.00	11,717,120.00	11,197,961.29	11,400,040.00

图 6－27 收入发展数据

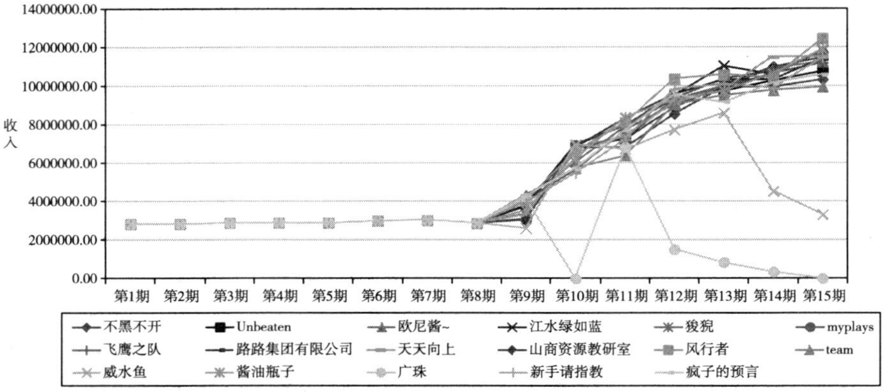

图 6－28 收入发展趋势

利润发展趋势（利润额及发展趋势曲线）示例如图 6－29、图 6－30 所示。

期数	不黑不开	Unbeaten	欧尼酱~	江水绿如蓝	狻猊	myplays	飞鹰之队	路路集团有限公司	天天向
第1期	-234,975.60	-234,975.60	-234,975.60	-234,975.60	-234,975.60	-234,975.60	-234,975.60	-234,975.60	-234,9
第2期	-234,446.80	-234,446.80	-234,446.80	-234,446.80	-234,446.80	-234,446.80	-234,446.80	-234,446.88	-234,4
第3期	-35,478.00	-35,478.00	-35,478.00	-35,478.00	-35,478.00	-35,478.00	-35,478.00	-35,478.08	-35,4
第4期	-1,549.20	-1,549.20	-1,549.20	-1,549.20	-1,549.20	-1,549.20	-1,549.20	-1,549.28	-1,5
第5期	-1,020.40	-1,020.40	-1,020.40	-1,020.40	-1,020.40	-1,020.40	-1,020.40	-1,020.48	-1,0
第6期	-303,551.60	-303,551.60	-303,551.60	-303,551.60	-303,551.60	-303,551.60	-303,551.60	-303,551.68	-303,5
第7期	-300,202.80	-300,202.80	-300,202.80	-300,202.80	-300,202.80	-300,202.80	-300,202.80	-300,202.88	-300,2
第8期	-151,831.50	-151,831.50	-151,831.50	-151,831.50	-151,831.50	-151,831.50	-151,831.50	-151,831.58	-151,8
第9期	-111,736.49	9,986.86	-116,140.37	27,216.86	129,867.12	-114,980.37	62,098.09	67,841.48	-268,0
第10期	445,968.66	478,537.31	359,911.03	640,629.97	488,213.29	322,860.31	335,101.49	379,269.46	533,9
第11期	1,139,314.41	1,092,762.69	1,208,527.92	1,424,881.85	1,325,806.87	1,369,014.03	1,188,801.76	1,511,087.29	1,176,5
第12期	1,611,382.65	1,836,919.83	1,722,154.41	1,982,689.04	1,904,930.58	1,627,829.47	1,885,782.91	1,918,883.54	1,695,2
第13期	2,087,692.40	2,083,914.96	1,971,015.19	2,619,327.10	2,237,996.28	2,225,950.49	2,294,526.42	2,368,643.43	2,069,8
第14期	2,510,146.62	2,433,991.12	2,554,423.35	2,610,425.38	2,522,764.20	2,498,532.12	2,481,927.23	2,403,107.74	2,776,4
第15期	2,744,817.27	2,548,538.30	2,784,453.41	3,035,145.42	3,069,495.62	2,938,616.91	2,683,476.21	2,848,982.4	2,766,2

图 6－29　利润发展趋势数据

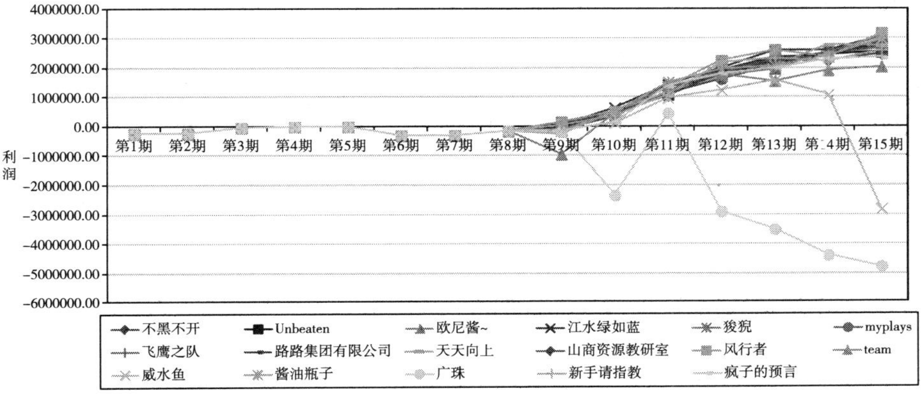

图 6－30　利润发展趋势

（2）内部报表。内部报表展示的数据仅是本团队可以查看到的企业内部数据，只有学生团队账号才能看见，包括财务报表、期末产品状况、期末企业状况以及时间序列数据。示例如图 6－31 所示。

第 1 2 3 4 5 6 7 8 9 期末

会计项目 现金流量表 更多

损益表
资产负债表
期末净资产
期末产品状况
期末企业状况
时间序列数据

第1期会计项目		本期收入(元)	本期成本(元)	现金累计(元)
上期转来				3,000,000.00
银行贷款	+0.00			3,000,000.00
发行债券	+0.00			3,000,000.00
还债券本金	-50,000.00			2,950,000.00
还债券利息	-30,000.00		30,000.00	2,920,000.00
新工人培训费	-2,500.00		32,500.00	2,917,500.00
解雇工人安置费	-5,000.00		37,500.00	2,912,500.00
工人基本工资	-212,550.00		250,050.00	2,699,950.00
机器维修费	-22,000.00		272,050.00	2,677,950.00
紧急贷款	+0.00			2,677,950.00
研发费	-300,000.00			2,377,950.00
研发费分摊	(150,000.00)		422,050.00	
购原材料	-500,000.00			1,877,950.00
购原材料折扣	+0.00	0.00		1,877,950.00
购材料运费	-15,000.00		437,050.00	1,862,950.00
管理费	-10,000.00		447,050.00	1,852,950.00
特殊班工资	-157,500.00		604,550.00	1,695,450.00
使用材料费	(495,600.00)		1,100,150.00	
成品运输费	-185,075.00		1,285,225.00	1,510,375.00
广告费	-20,000.00		1,305,225.00	1,490,375.00
促销费	-30,000.00		1,335,225.00	1,460,375.00
销售收入	+2,039,900.00	2,039,900.00		3,500,275.00

图 6－31 内部报表

期末产品状况（盘点企业库存，了解上期本企业分产品分市场的需求、销售和下期预订等的数据）示例如图 6－32 所示。

会计项目 现金流量表 更多

产 品	市 场	上期预订(件)	本期需求(件)	本期销售(件)	市场份额(%)	下期订货(件)	期末库存(件)	废 品(件)
1	1	13	44	19	2.27%	11	0	1
1	2	9	43	48	5.95%	1	0	2
1	3	7	55	48	5.10%	2	0	2
1	4	29	71	18	15.25%	15	0	1
2	1	8	29	26	3.63%	3	0	1
2	2	4	26	29	6.00%	0	0	1
2	3	11	32	29	5.07%	3	0	1
2	4	22	35	29	27.10%	7	0	1
3	1	0	30	19	31.14%	4	0	1
3	2	0	24	19	24.05%	2	0	1
3	3	0	21	10	25.63%	3	0	0
3	4	0	32	16	29.62%	4	0	1
4	1	0	29	29	57.99%	0	0	1
4	2	0	26	26	42.62%	0	3	1
4	3	0	12	12	28.56%	0	7	1
4	4	0	13	10	26.31%	0	0	0

产 品	工厂库存(件)	本期研发(元)	累积研发(元)	产品等级(级)	成品比率(%)
产品A	15	100,000.00	300,000.00	3.000	0.950
产品B	20	150,000.00	550,000.00	3.000	0.950
产品C	23	300,000.00	300,000.00	1.000	0.950
产品D	30	500,000.00	500,000.00	1.000	0.950

图6－32 期末产品状况数据

期末企业状况（包括企业工人数、机器数、原材料库存、库存现金、银行信用额度、国债、债券、交税信用、净资产等数据）示例如图6－33所示。

会计项目 现金流量表 更多

指 标	数 值	排 名
工人数	159	2
机器数	110	1
原材料	347,200.00	2
现 金	3,974,306.50	8
累计折旧	1,650,000.00	1
银行信用额度	8,000,000.00	1
国 债	0.00	1
债 券	6,350,000.00	1
累计研发费	1,700,000.00	2
本期利润	-345,391.08	9
本期交税	0.00	1
累计交税	27,544.84	1
交税信用	-121,627.82	9
累计分红	0.00	1
净资产	13,367,888.81	9
人均利润率	-2,172.27	9
总资本利润率	-0.0175	9
综合评分	0.039	9

图 6-33 期末企业状况数据

时间序列数据（描述多期历史数据，包括本企业产品价格、广告、促销、产品等级，以及需求、销售、库存、订货、正品率和市场份额等）示例如图 6-34 所示。

（3）市场消息。市场消息是一个随机事件盒子，事件是系统对市场上未来可能发生的有关企业所处外部环境的重大变化以及可能带来的影响的预测，如自然灾害、政治稳定状况、有关政策的最新发布、通货膨胀、附近有大型工厂修建、居民偏好的变化等，事件如果发生会影响市场的销量和容量，但是事件的发生具有不确定性，只有该期模拟结束后才能知道确定结果。打开盒子，看到的便是历史事件发生与否以及是否产生影响的结果，要么“已经发生并已产生影响”，要么“并未真正发生或未造成影响”。而最新预测消息是通过“制定决策”栏目里的“消息看板”进行发布。在企业竞争模拟中引入市场随机事件因素，便是要求学生增强风险意识，注意风险控制。

第 1 2 3 4 5 6 7 8 9 10 11 期末

会计项目 现金流量表 更多

点击导出全部时间序列数据

产品销售时间序列数据 产品A 市场1

期 数(期)	价 格(元)	促 销(元)	广 告(元)	等 级(级)	需 求(件)	销售量(件)	库 存(件)	订 货(件)	正品率	市场份额
1	3,000.00	10,000.00	10,000.00	1.00	91	91	18	0	C.95	0.08
2	3,300.00	10,000.00	20,000.00	2.00	113	113	0	0	C.95	0.10
3	3,300.00	10,000.00	20,000.00	3.00	95	95	0	0	C.95	0.11

产品销售时间序列数据 产品A 市场2

期 数(期)	价 格(元)	促 销(元)	广 告(元)	等 级(级)	需 求(件)	销售量(件)	库 存(件)	订 货(件)	正品率	市场份额
1	3,000.00	10,000.00	10,000.00	1.00	71	71	0	0	C.95	0.07
2	3,300.00	10,000.00	20,000.00	2.00	22	19	0	0	C.95	0.02
3	3,300.00	10,000.00	20,000.00	3.00	30	19	0	3	C.95	0.02

产品销售时间序列数据 产品A 市场3

期 数(期)	价 格(元)	促 销(元)	广 告(元)	等 级(级)	需 求(件)	销售量(件)	库 存(件)	订 货(件)	正品率	市场份额
1	3,200.00	10,000.00	10,000.00	1.00	65	33	0	6	C.95	0.03
2	3,500.00	10,000.00	20,000.00	2.00	32	0	0	6	C.95	0.00
3	3,500.00	10,000.00	20,000.00	3.00	32	0	0	6	C.95	0.00

产品销售时间序列数据 产品A 市场4

期 数(期)	价 格(元)	促 销(元)	广 告(元)	等 级(级)	需 求(件)	销售量(件)	库 存(件)	订 货(件)	正品率	市场份额
1	3,200.00	0.00	10,000.00	1.00	55	0	0	12	C.95	0.00
2	3,500.00	0.00	20,000.00	2.00	26	0	0	5	C.95	0.00
3	3,500.00	0.00	20,000.00	3.00	45	0	0	9	C.95	0.00

产品销售时间序列数据 产品B 市场1

期 数(期)	价 格(元)	促 销(元)	广 告(元)	等 级(级)	需 求(件)	销售量(件)	库 存(件)	订 货(件)	正品率	市场份额
1	5,100.00	10,000.00	10,000.00	1.00	58	58	66	0	C.95	0.09
2	5,400.00	10,000.00	20,000.00	2.00	115	115	75	0	C.95	0.16
3	5,400.00	10,000.00	20,000.00	3.00	198	198	1	0	C.95	0.28

产品销售时间序列数据 产品B 市场2

期 数(期)	价 格(元)	促 销(元)	广 告(元)	等 级(级)	需 求(件)	销售量(件)	库 存(件)	订 货(件)	正品率	市场份额

图 6－34 时间序列数据

历史市场消息示例如图 6－35 所示。

制定决策（快捷模式）里的消息看板显示的是对未来事件的预测，示例如图 6－36 所示。

期数	消息描述	消息影响
1	据《经济日报》报道，在市场 市场1附近新建了一个合资企业，生产产品 产品A，对原有企业的产品形成一定的压力。	事件已经发生并已产生影响
2	由于通货膨胀得到控制，市场2附近的居民有持币待购的现象。	事件已经发生并已产生影响
3	市场 市场4所在国正筹办一个大型国际比赛，赛事进行期间，对产品 产品B的需求估计将有大幅度增长。	事件已经发生并已产生影响
4	据《经济日报》报道，在市场 市场1附近新建了一个合资企业，生产产品 产品B，对原有企业的产品形成一定的压力。	事件已经发生并已产生影响
5	据《经济日报》报道，在市场 市场2附近新建了一个合资企业，生产产品 产品C，对原有企业的产品形成一定的压力。	事件已经发生并已产生影响
6	据外电报道，市场 市场4所在的国家发生政变，与我国的经济贸易定将受到很大影响。	事件已经发生并已产生影响
7	据可靠消息得知，市场 市场4所在国家政局已经完全稳定，经济与贸易已经进入快速发展阶段。	事件已经发生并已产生影响
8	国家对大城市的空气污染问题十分重视，对汽车尾气排放标准要求更加严格，因此，市场 市场2所在地区对产品 产品C的需求可能有一些影响。	事件已经发生并已产生影响
9	无	
10	由于新铁路通到了市场 市场1所在的地区，地区经济发展加快，消费水平在逐步提高。	事件已经发生并已产生影响
11	据说，第 市场1 市场2市场附近的农村丰收在望，对产品 产品C需求可能会有一些增加。	事件并未真正发生或未造成影响
12	无	
13	在第 市场1 市场2市场附近发生水灾，铁路运输出现问题，产品的销售会受到一定影响。	事件已经发生并已产生影响
14	由于我国人民生活的提高，小轿车进入家庭的趋势日益明显，从而会在某种程度上带动市场 市场1 市场2对产品 产品A的需求。	事件已经发生并已产生影响
15	国家更加重视环境保护工作，在市场 市场1所在地区附近即将开展大规模的绿化工程，因此，对产品 产品A的需求可能有大幅度的增长。	事件已经发生并已产生影响
16	据《经济日报》报道，在市场 市场2附近新建了一个合资企业，生产产品 产品C，对原有企业的产品形成一定的压力。	事件已经发生并已产生影响

图 6－35 历史市场信息

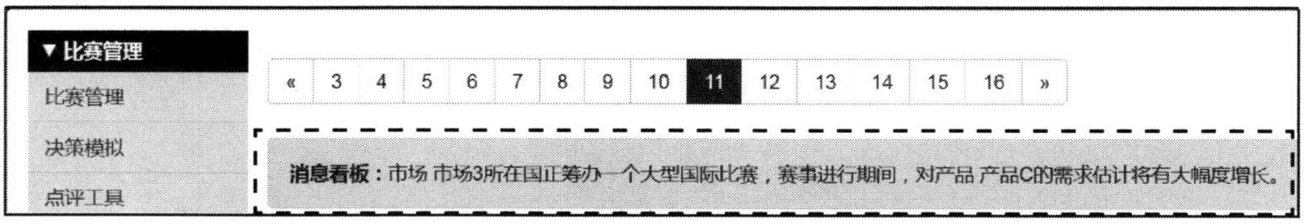

图 6－36 消息看板

8. 制定决策

只有学生账号才能操作制定决策，制定决策有两种模式，初学者适用于向导模式，熟练后适用于快捷模式。

制定决策是企业一系列管理决策行为的汇集和结果呈现，企业团队成员先查看公共报表进行环境分析，制定企业战略，进而各职能部门在总体战略的布局下完成市场营销策略制定、生产决策、人力资源决策、融资投资策略制定等，并经过严谨科学的整合与调整，最终呈现的是有关销售、运输、生产、工人和原材料、财务等的决策结果（如图 6－37 所示）。

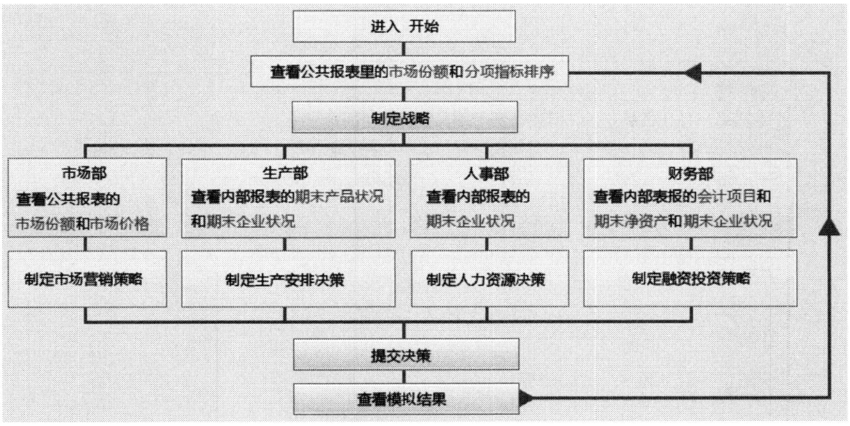

图 6－37　制定决策流程

（1）制定战略。制定战略界面如图 6－38 所示。战略内容仅本企业可见，且不直接影响系统的决策模拟结果。

市场份额

	市场1	市场2	市场3	市场4
产品A	◎低 ◎中 ◎高	◎低 ◎中 ◎高	◎低 ◎中 ◎高	◎低 ◎中 ◎高
产品B	◎低 ◎中 ◎高	◎低 ◎中 ◎高	◎低 ◎中 ◎高	◎低 ◎中 ◎高
产品C	◎低 ◎中 ◎高	◎低 ◎中 ◎高	◎低 ◎中 ◎高	◎低 ◎中 ◎高
产品D	◎低 ◎中 ◎高	◎低 ◎中 ◎高	◎低 ◎中 ◎高	◎低 ◎中 ◎高

价格

	市场1	市场2	市场3	市场4
产品A	◎低 ◎中 ◎高	◎低 ◎中 ◎高	◎低 ◎中 ◎高	◎低 ◎中 ◎高
产品B	◎低 ◎中 ◎高	◎低 ◎中 ◎高	◎低 ◎中 ◎高	◎低 ◎中 ◎高
产品C	◎低 ◎中 ◎高	◎低 ◎中 ◎高	◎低 ◎中 ◎高	◎低 ◎中 ◎高
产品D	◎低 ◎中 ◎高	◎低 ◎中 ◎高	◎低 ◎中 ◎高	◎低 ◎中 ◎高

广告费用

产品A	产品B	产品C	产品D
◎低 ◎中 ◎高	◎低 ◎中 ◎高	◎低 ◎中 ◎高	◎低 ◎中 ◎高

促销费用

市场1	市场2	市场3	市场4
◎低 ◎中 ◎高	◎低 ◎中 ◎高	◎低 ◎中 ◎高	◎低 ◎中 ◎高

提交

图 6－38　制定战略

（2）销售。销售决策的内容包括产品、定价、广告和促销。填写示例如图 6－39 所示。

销售

价格是一把双刃剑，提高价格可以增加单件产品利润，但会减少销售量，降低价格可以减少单件产品利润，但会增加销售量。
广告提高产品知名度，可以增加特定产品在所有市场的销售量。
促销活动提升产品在市场上的受欢迎程度，可以增加特定市场上所有产品的销售量。

价格(元)	市场1	市场2	市场3	市场4	广告(元)
产品A	2700	2700	2900	2900	10000
产品B	4800	4800	5000	5000	10000
产品C	7200	7200	7500	7500	0
产品D	8800	8800	9000	9000	0
促销费(元)	10000	10000	10000	0	

图 6－39　销售决策内容

（3）运输。运输决策与销售决策、生产决策互相牵制，相互制约。若定价过高，需求降低，可能造成市场库存积压，物流成本浪费；若定价过低，需求增大而运输不及时，将供不应求，造成机会成本浪费；若生产能力不足，运无可运，也会造成运输能力浪费。填写示例如图 6－40 所示。

运输

请留意订货和市场库存。产品运费分为固定运费和浮动运费。市场分国内市场和国外市场。

向市场供货量(件)	市场1	市场2	市场3	市场4
产品A	115	115	146	0
产品B	70	70	85	0
产品C	0	0	0	0
产品D	0	0	0	0

图 6－40　运输决策内容

（4）生产。生产决策内容包括排班、产量和产品研发。填写示例如图6－41所示。

生产

生产每件产品需要一定的机器小时、人工小时和原材料。每个正班如果开工，需要支付一定的管理费，与产量无关。
机器随着时间折旧，与产量无关。
工人参加各班生产工资不一样；每个工人只能参加一班生产，正班工人可以参加对应加班的生产；不参加生产的工人发基本工资。
您总共需要发放基本工资218400元。

生产安排	第一班		第二班		产品研发费用(元)
产品数量(件)	正班	加班	正班	加班	
产品A	251	125	0	0	100000
产品B	150	75	0	0	200000
产品C	0	0	0	0	0
产品D	0	0	0	0	0

图6－41　生产决策内容

（5）工人和原材料。工人和原材料内容包括直接工人的招聘和解聘、机器设备投资和原材料采购。填写示例如图6－42所示。

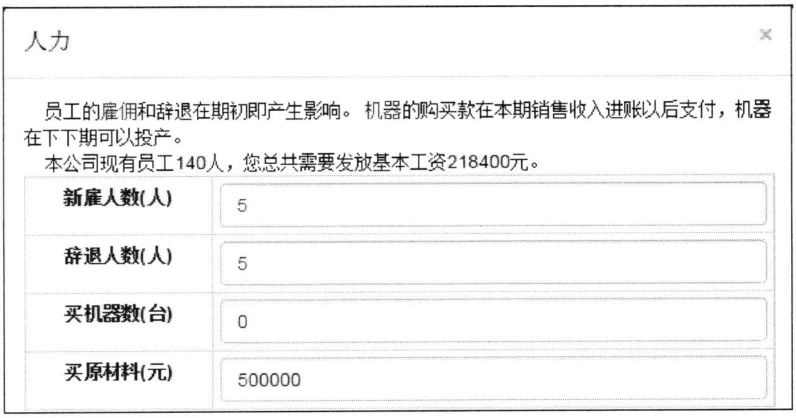
人力

员工的雇佣和辞退在期初即产生影响。机器的购买款在本期销售收入进账以后支付，机器在下下期可以投产。
本公司现有员工140人，您总共需要发放基本工资218400元。

新雇人数(人)	5
辞退人数(人)	5
买机器数(台)	0
买原材料(元)	500000

图6－42　人力资源决策内容

（6）财务。财务决策的内容包括贷款、发债券、买国债和分红，还包括工资系数的提升。填写示例如图6－43所示。

用快捷方式决策显示如图6－44所示。

图 6-43 财务决策内容

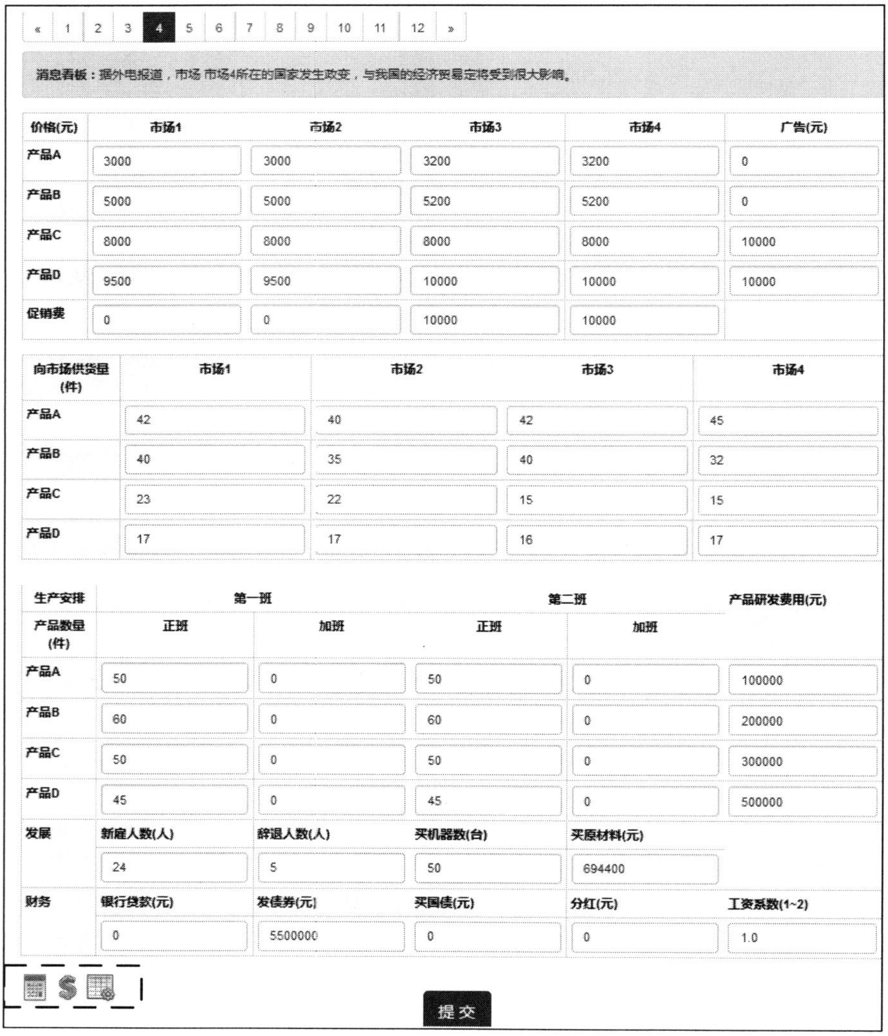

图 6-44 快捷模式界面

只需将企业团队在线下决策的结果直接输入这69个单元格中，点击最下方的“提交”即完成本期决策，系统提示“提交决策成功”，如图6－45所示。

图6－45 提交决策结果

在制定决策（快捷模式）里，提供了可行性决策计算器，包括“生产及运输安排”计算器、“现金流”计算器，打开后可帮助计算决策单中的生产及运输可行性和预见现金流，如图6－46、图6－47所示。

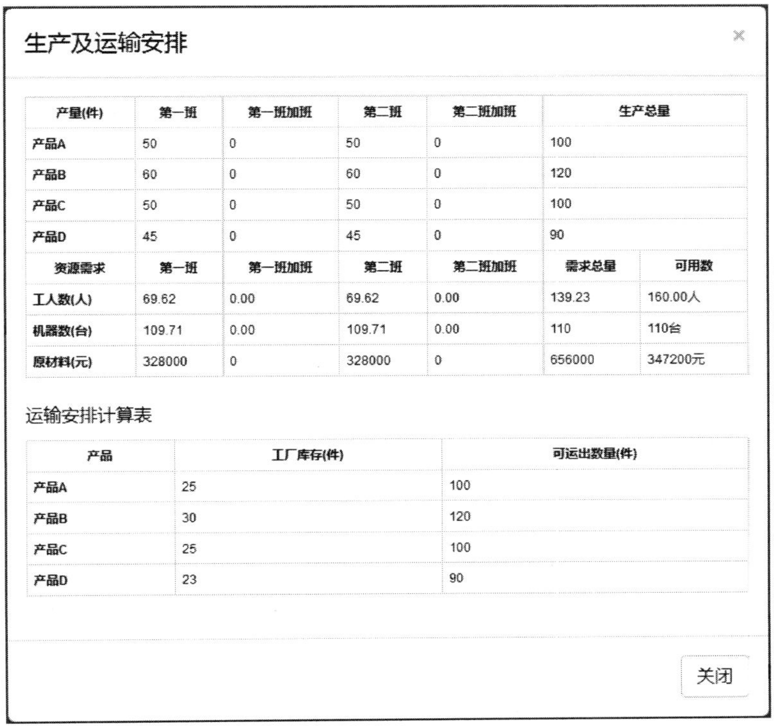

产量(件)	第一班	第一班加班	第二班	第二班加班	生产总量	
产品A	50	0	50	0	100	
产品B	60	0	60	0	120	
产品C	50	0	50	0	100	
产品D	45	0	45	0	90	
资源需求	第一班	第一班加班	第二班	第二班加班	需求总量	可用数
工人数(人)	69.62	0.00	69.62	0.00	139.23	160.00人
机器数(台)	109.71	0.00	109.71	0.00	110	110台
原材料(元)	328000	0	328000	0	656000	347200元

产品	工厂库存(件)	可运出数量(件)
产品A	25	100
产品B	30	120
产品C	25	100
产品D	23	90

图6－46 “生产及运输安排”计算器

现金流

会计项目		收 支(元)	现金累计(元)
上期转来			3,974,306.50
银行贷款	+	0.00	3,974,306.50
发债券	+	5,500,000.00	9,474,306.50
还债券本金	-	325,000.00	9,149,306.50
还债券利息	-	190,500.00	8,958,806.50
新工人培训费	-	12,000.00	8,946,806.50
解雇工人安置费	-	5,000.00	8,941,806.50
工人基本工资	-	249,600.00	8,692,206.50
机器维修费	-	22,000.00	8,670,206.50
紧急贷款	+		
研发费	-		
研发费分摊			
购原材料	-		
购原材料折扣	+		
购材料运费	-		
管理费	-		
特殊班工资	-		
使用材料费			
成品运输费	-		
广告费	-		
促销费	-		

关闭

图 6－47 “现金流”计算器

若决策单数据存在明显不可行，系统会以红色字样标示，决策者应“返回决策单”，修改决策数据，并重新提交。否则，系统将在模拟时帮助修改决策单数据至可行。示例如图 6－48 所示。

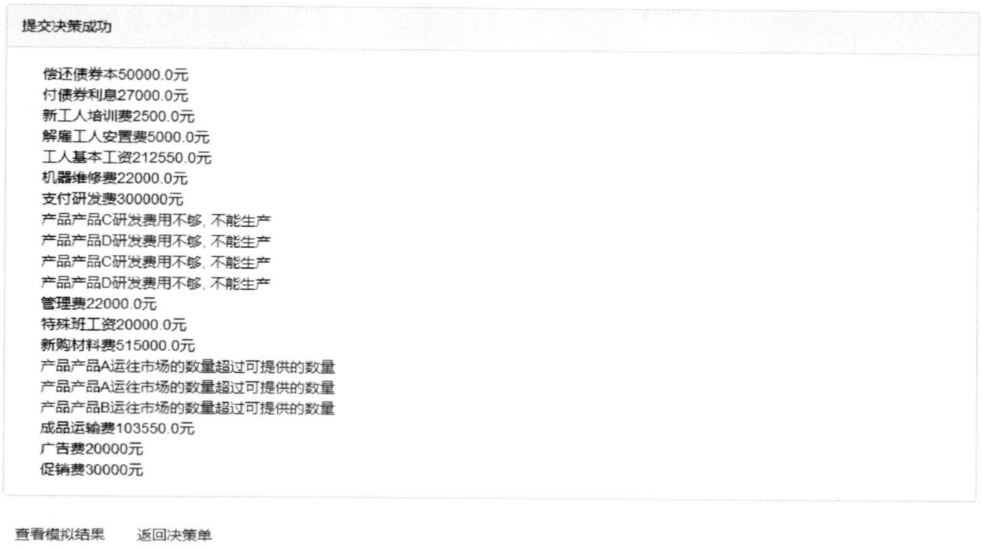

图6－48 不可行决策提交后结果

制定决策可在比赛管理员或教师执行“模拟”之前，可反复修改并提交，每次提交均将覆盖前一次数据，系统的模拟将以各团队最后一次提交的决策数据为准。

9. 模拟及查看结果

比赛管理员或教师执行完成“模拟”，企业团队刷新系统即可看到“报表”数据，即为本期决策后市场竞争的结果，并可开始制定下一期决策了。

6.3 教师或比赛管理员

1. 新建比赛

在教学中，通过新建一个比赛来搭建综合决策模拟的环境。普通用户需经过软件公司系统管理员审核批准后，授权赋予学校教师身份，方可进入操作赛区管理。用学校教师的用户进入后，可以看见如图6－49所示界面，增加了“管理”—“我的赛区”的管理权限。

点击“我的赛区”进入赛区管理。赛区管理包括新建比赛和管理比赛两项功能，如图6－50所示。

根据系统管理员授权的“赛区许可数”，可同时在线多个比赛，便于多班教学。点击“新建比赛”，设置比赛名称、比赛描述、比赛期数、比赛类型、报名密码、现场教学还是第二课堂、团队数等参数，如图 6－51 所示。

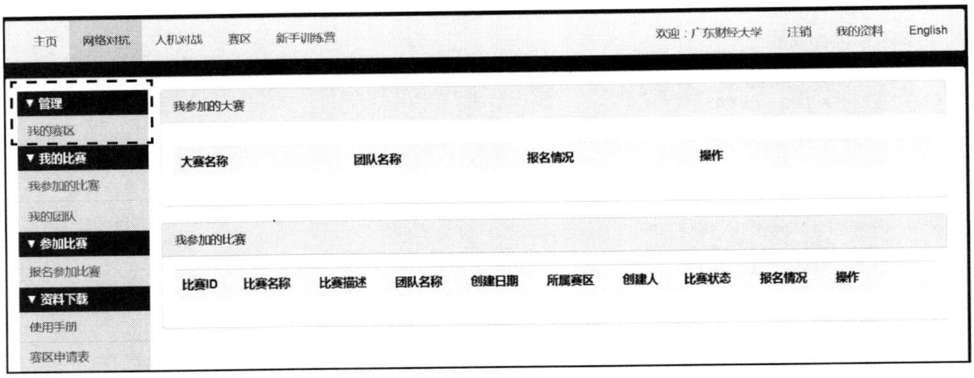

图 6－49　教师界面

图 6－50　新建比赛界面

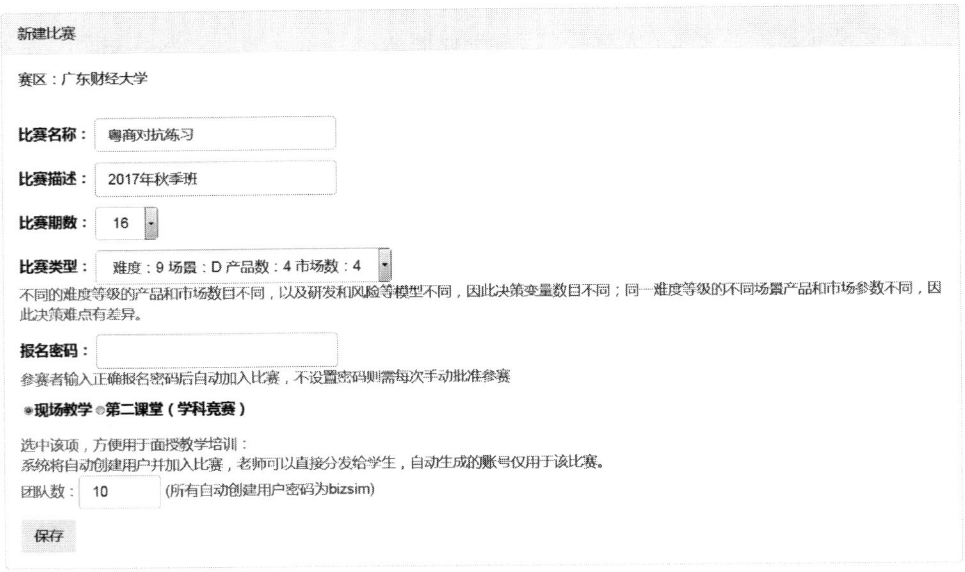

图 6－51　新建比赛参数设置

比赛期数。根据系统模型设置，一期为一个季度，一般用 8 期时间展示企业运营的历史数据，那么设置 16 期，即学生从第 9 期开始模拟对抗，至第 16 期决出胜负，经营两年。

比赛类型。在此需选择教学需要的难度层次，难度从 1 到 9 共 9 个等级，场景从 A 到 P，产品种类从 2 种到 4 种，市场个数从 2 个到 4 个，由以上四个维度组成了众多难度场景的组合。一般来讲，难度由低到高，5 级难度开始增加研发费用参数，场景 A ~ F 属于低工资场景，G ~ P 属于高工资场景。越高难度的情境下，决策变量越多，复杂程度越大，对学生的要求越高。本书接下来的章节将以 9 级 D 场景 4 种产品 4 个市场的难度类型为例进行讲解。

报名密码。只有第二课堂（学科竞赛）才有报名密码设置，为了方便开展第二课堂的学科竞赛，系统允许用户自由报名参赛，凭大赛公告的密码即可免审核报名参赛。如果未设报名密码，报名用户报名后需等待大赛管理员审核通过后方可确定已参赛。学生账号可以同时报名参加多个比赛。

现场教学或第二课堂。大赛组织类型有两种形式，分别是现场教学和第二课堂（学科竞赛）。如果选择“现场教学”，系统将自动根据下方“团队数”的设置创建相应数量的参赛用户账号，教师只需要将系统生成的账号分发给学生团队，一队一号，学生团队凭该账号（初始密码均为 bizsim）即可登录后进入该比赛。账号仅限于本次比赛可用。如果选择“第二课堂（学科竞赛）”，系统将创建未报名的比赛，学生可以用自己的账号报名参加，老师也可以直接将学生账号手动加入。

团队数。只有“现场教学”才能设置团队数，一般教学中可设置 10 ~ 20 支团队。

2. 比赛管理

新建比赛完成后可进入管理，如图 6 – 52 所示。

图 6 – 52　进入管理按钮

教师账户点击“进入管理”可对该比赛进行管理设置。

（1）参数调整。如图 6 – 53 所示，参数调整包括对市场容量、研发对销售的影响、工资系数对成品率影响、广告和促销的作用、价格对需求的影响、基本与相对价格比例、银行信用七个方面的系统隐含参数的调整。教学中若需要针对某个专题进行训练时，可以通过参数调整变化出相应的场景，比赛时也可以通过参数微调使系统更加丰富化，避免刷赛。参数调整的结果无须告知学生，可考核学生能否通过历史时间序列数据以及后期的报表数据分析并得出结论，同时在后面的管理决策中作出正确的应对。

图 6－53 比赛参数调整

需要特别提醒的是，比赛开始之后，仍允许教师做参数调整，但若调整，系统将不能精确回退，请谨慎处理。

（2）参赛用户审核。如果团队账号为系统自动生成，如本赛中为1@1251117，则无须审核，可以直接凭这些账号登录系统后进入比赛；通过报名密码加入的也无须审核；如果是学生自己注册的账号，如 gdufe@qq.com，学生团队 CEO 登录后通过“报名加入”申请加入比赛中，并等待比赛管理员在“比赛管理”里审核“同意”，方才确认为已参赛。另外，比赛管理员还可以通过手动添加的方式，将某一团队 CEO 的账号直接加入参赛队伍中（如图 6－54 所示）。一个比赛的参赛团队大于 1 支时才能进行竞争模拟。

图 6－54 参赛团队管理

比赛一旦点击开始后，将不能再增加参赛团队（如图 6－55 所示）。

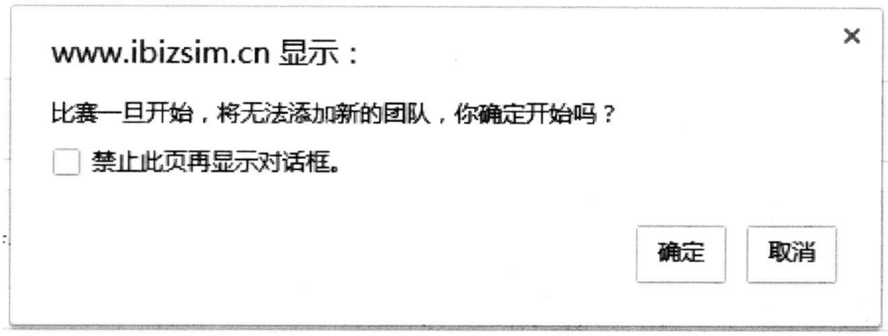

图 6－55 比赛开始提示界面

（3）比赛开始。点击“确定”后，比赛管理员或教师需初始化 1～8 期的模拟，以此产生企业历史时间序列数据，便于学生对企业基础现状和经济环境进行分析，进行从第 9 期开始的经营管理决策。

（4）比赛结束。完成比赛最后一期模拟之后才能操作比赛结束。比赛结束之后，不能再进行新的模拟，只能查看观摩比赛和历史报表数据。

（5）继续比赛。操作比赛结束之后，如果还有模拟期间，可以操作“继续比赛”。

（6）公开比赛。公开比赛可对所有系统账户开放观摩，观摩的内容仅包括公共报表和模拟规则这两项内容。

公开的比赛在赛区中点击进入后可以看到“比赛状态”为“已公开赛况”，如图6－56所示。

比赛ID	比赛名称	比赛描述	创建日期	比赛状态	报名人数	操作
8	第3届（2012）全国高等院校企业竞争模拟大赛半决赛8		2012-04-20	已公开赛况	17	观摩比赛
7	第3届（2012）全国高等院校企业竞争模拟大赛半决赛7		2012-04-20	已公开赛况	16	观摩比赛
6	第3届（2012）全国高等院校企业竞争模拟大赛半决赛6		2012-04-20	已公开赛况	16	观摩比赛

图6－56　公开赛况操作

点击“操作”下的“观摩比赛”，即可进入观摩页面，如图6－57所示。

图6－57　公开赛观摩页面

3. 初始化历史数据

所有的决策模拟操作均在比赛开始后和结束前进行，且均需参赛团队CEO操作。比赛管理员或教师在初始化历史数据时，可任意使用一个参赛团队CEO的角色进行。点击如图6－58中所示的“切换团队”。

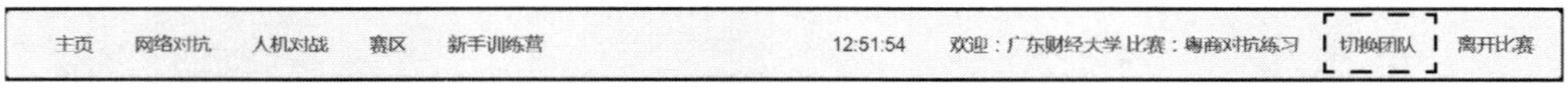

图6－58　切换用户

在图6－59中任意选择一行，如点击1@125117。

（1）制定决策。切换到1号团队的界面，用1号团队的角色点击“制定决策”，如图6－60所示。

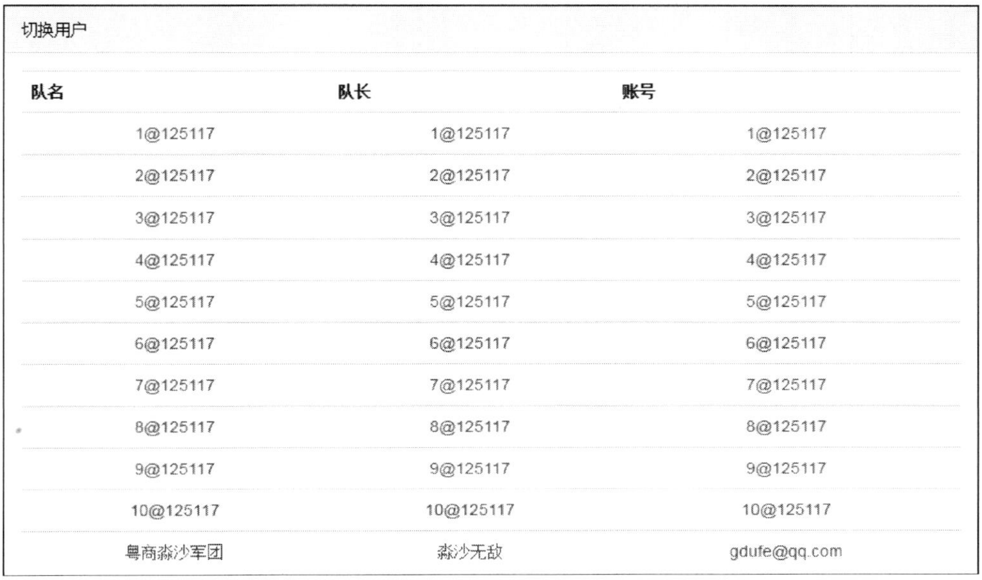
切换用户

队名	队长	账号
1@125117	1@125117	1@125117
2@125117	2@125117	2@125117
3@125117	3@125117	3@125117
4@125117	4@125117	4@125117
5@125117	5@125117	5@125117
6@125117	6@125117	6@125117
7@125117	7@125117	7@125117
8@125117	8@125117	8@125117
9@125117	9@125117	9@125117
10@125117	10@125117	10@125117
粤商淼沙军团	淼沙无敌	gdufe@qq.com

图 6－59　切换用户选择

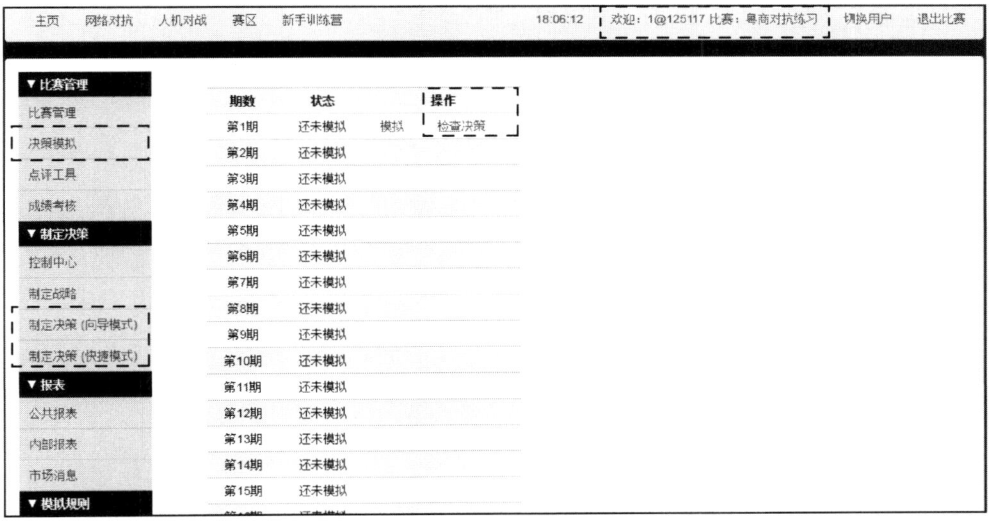

图 6－60　检查决策按钮

（2）复制决策。第 1 期决策制定完成并提交后，点击图 6－60 中“决策模拟”里第 1 期所对应的操作“检查决策”，在弹出的界面点击第 1 期所对应的操作“复制到其他决策”，即可将 1 号团队的第 1 期决策数据完全复制给其他团队，实现所有团队初始化数据完全相同，如图 6－61 所示。

期数	公司	提交情况	操作
第1期	1@125117	已提交	复制到其他决策 ×
第1期	2@125117	未提交	
第1期	3@125117	未提交	
第1期	4@125117	未提交	
第1期	5@125117	未提交	
第1期	6@125117	未提交	
第1期	7@125117	未提交	
第1期	8@125117	未提交	
第1期	9@125117	未提交	
第1期	10@125117	未提交	
第1期	粤商淼沙军团	未提交	

图 6－61　复制决策按钮

在看到“决策拷贝成功”后，回查可以看到图 6－62 所示内容。

期数	公司	提交情况	操作
第1期	1@125117	已提交	复制到其他决策 ×
第1期	2@125117	已提交	复制到其他决策 ×
第1期	3@125117	已提交	复制到其他决策 ×
第1期	4@125117	已提交	复制到其他决策 ×
第1期	5@125117	已提交	复制到其他决策 ×
第1期	6@125117	已提交	复制到其他决策 ×
第1期	7@125117	已提交	复制到其他决策 ×
第1期	8@125117	已提交	复制到其他决策 ×
第1期	9@125117	已提交	复制到其他决策 ×
第1期	10@125117	已提交	复制到其他决策 ×
第1期	粤商淼沙军团	已提交	复制到其他决策 ×

图 6－62　复制决策结果

（3）模拟。回查无误，此时即可点击“模拟”，如图 6－63 所示。

图 6－63　模拟按钮

显示“模拟第 1 期比赛成功”，刷新后显示如图 6－64 所示。

图 6－64　模拟后界面

（4）以上述步骤，逐期完成前 8 期决策、复制和模拟。

模拟 8 期后界面如图 6－65 所示。

为了使历史时间序列数据具有更好的可读性和分析性，前 8 期决策一般以以下原则设置：第 1 期直接模拟，第 2 期撤掉产品 1、产品 2 的研发费用；以后各期的模拟需要在某一期只更改价格，某一期只更改广告，某一期只更改促销，某一期只更改工资系数，某一期什么也不改变，另外一期综合改动。以此便于同学们分析研究价格、广告、促销、产品等级与需求的关系，以及市场的自然变化、工资系数与正品率之间的关系等。例如以下方案：

第 1 期　默认提交；

第 2 期　研发费用归零；

第 3 期　调价格，每个产品每个市场均上调 200 元；

第 4 期　调广告，每个产品广告均上升 10000 元；

第 5 期　调促销，每个市场促销均上升 10000 元；

第 6 期　调工资系数为 1.2，同时每个产品广告下降 10000 元；

第 7 期　工资系数不变，每个市场促销均下降 10000 元；

第 8 期　工资系数调回为 1，贷款、发债、分红、国债调整为 10000。

期数	状态	操作		
第1期	已模拟	模拟	检查决策	
第2期	已模拟	模拟	检查决策	
第3期	已模拟	模拟	检查决策	
第4期	已模拟	模拟	检查决策	
第5期	已模拟	模拟	检查决策	
第6期	已模拟	模拟	检查决策	
第7期	已模拟	模拟	检查决策	
第8期	已模拟	模拟	检查决策	回退
第9期	还未模拟	模拟	检查决策	
第10期	还未模拟			

图 6－65　模拟 8 期后界面

4. 整体回退

为了便于教学，系统提供整体回退功能。点击“回退”即可撤销当前期的模拟操作，学生可重新提交决策，如图 6－66 所示。

5. 个别撤回

如果只需要撤回某个团队的当前期决策，可以点击“检查决策”，再点击该团队所对应的操作栏里面的“✕”即可，如图 6－67 所示。

期数	状态	操作		
第1期	已模拟	模拟	检查决策	
第2期	已模拟	模拟	检查决策	
第3期	已模拟	模拟	检查决策	
第4期	已模拟	模拟	检查决策	
第5期	已模拟	模拟	检查决策	
第6期	已模拟	模拟	检查决策	
第7期	已模拟	模拟	检查决策	
第8期	已模拟	模拟	检查决策	回退
第9期	还未模拟	模拟	检查决策	
第10期	还未模拟			
第11期	还未模拟			
第12期	还未模拟			
第13期	还未模拟			
第14期	还未模拟			
第15期	还未模拟			
第16期	还未模拟			

图 6－66　回退按钮

期数	公司	提交情况	操作
第8期	1@125117	已提交	复制到其他决策 ×
第8期	2@125117	已提交	复制到其他决策 ×
第8期	3@125117	已提交	复制到其他决策 ×
第8期	4@125117	已提交	复制到其他决策 ×
第8期	5@125117	已提交	复制到其他决策 ×
第8期	6@125117	已提交	复制到其他决策 ×
第8期	7@125117	已提交	复制到其他决策 ×
第8期	8@125117	已提交	复制到其他决策 ×
第8期	9@125117	已提交	复制到其他决策 ×
第8期	10@125117	已提交	复制到其他决策 ×
第8期	粤商淼沙军团	已提交	复制到其他决策 ×

图 6－67　个别撤回操作

6. 默认提交

在操作“模拟”时，若存在某个团队没有提交决策，系统会给出如图6－68所示的提示。

尚有公司没有提交决策
要使用默认数据填充并开始模拟，请点击提交

图6－68　强制提交操作

教学中需提醒团队及时提交决策，若是比赛可直接点击“提交”，使用系统默认数据（团队上期决策单的数据）作为该团队本期的决策数据参与竞争模拟。

实验与思考

1. 完成模拟系统账号注册。

2. 完成新手训练营所有单项决策训练，总结市场决策、运输决策、生产决策、人力决策和采购决策的要点。

3. 完成人机对战5A场景至少4期决策，总结模拟系统的决策流程和报表分析方法。

主要参考文献

[1] BIZSIM企业竞争模拟系统，http：//www.ibizsim.cn。

第7章

模拟规则

实验目标

1. 熟练掌握模拟系统规则；
2. 掌握使用模型、工具解决复杂管理决策问题的方法。

实验内容

不同的难度场景下，模拟规则有所不同，主要表现在物流费用、生产成本、人员工资及培训费用、资金筹措、纳税与分红规则，甚至评判的指标权重都会有所不同，必须针对不同的难度场景仔细阅读和分析模拟规则。以下以9D难度场景为例，规则示例如下。

7.1 一般规则

模拟参加者要服从比赛管理者的领导和指挥，按时、按规定的方式提交决策。参加本次模拟的有N个组，代表N个相同类型、相同规模的企业（或称公司），它们可以生产4种产品，在4个市场上销售。模拟情景难度属第9级（共9级）。各公司每期（假定一期为一个季度）做一个决策。各公司要在管理者指定的时间以前将决策输入计算机系统。否则，模拟管理者可以将该公司上期的决策作为该公司本期的决策。

公司做决策时应考虑本公司的现状、历史状况、经营环境以及其他公司的信息，综合运用学过的管理学知识，发挥集体智慧与创造精神，追求成功的目标。公司做决策时一定要注意决策的可行性。例如，安排生产时要有足够的机时、人力和原材料，要买机器，要有足够的资金。当决策不可行时，模拟软件将改变公司的决策。这种改变有一定的随意性，并不遵循优化原则。每期模拟结束后，公司可在内部报表中的公司会计项目页面的最底端看到公司决策是否被改动过，如果出现“公司决策被改动”的提示，说明上期决策不可行，系统将决策中的数据改动了。

7.2 市场机制

各市场对各种产品的需求与多种因素有关，符合基本的经济规律。对某公司的需求量依赖于该公司的决策及状况（包括对产品的定价、广告费、促销费用及市场份额等），也依赖于其他公司的决策及状况。同时，需求量也与整个市场的容量、经济发展水平、季节变动等因素有关。

价格、广告和促销费的绝对值会影响需求，与其他公司相比较的相对值也会影响需求。企业对产品的广告投入影响该产品在各个市场上的需求，但可能有滞后作用。促销费包括营销人员费用等，企业在各市场的促销费也会影响它在该市场的各种产品的需求。

企业的研发费、工人工资会影响产品的等级，等级高的产品可以较高的价格出售。模拟中发布的动态消息是对下期的经济环境、社会变革、自然现象等突发事件的预测，事件是否真正发生以及将造成多大影响都具有随机性，决策者要有风险意识。

7.3 产品分销

本期生产下线的产品中 75% 可以运往各市场，同时工厂的库存可以全部运往各市场。本期生产可运出量加上工厂已有的库存量是本期可以向各个市场输送的最大产品数量，且市场与市场之间不能互相转运。公式表示为：

$$可运去市场的产品量 = 原工厂库存 + 本期生产数量 \times 75\%$$

产品从工厂向各个市场运输中产生的运输费用由固定运费和变动运费组成。只要有产品运往市场，就会发生固定运输费用，用于运输设备的保养、货物装卸和整理、保险等。变动运输费用是有关每个产品的运输费用。

各公司各产品向各市场运输的固定运费和变动运费如表 7－1、表 7－2 所示。

表 7－1 **产品运输固定费用** 单位：元/次

产品	市场	公司编号									
		1	2	3	4	5	6	7	8	9	10
A	1	2000	1833	1667	1500	1333	1167	1000	833	667	500
	2	500	667	833	1000	1167	1333	1500	1667	1833	2000
	3	4000	4000	4000	4000	4000	4000	4000	4000	4000	4000
	4	5000	5000	5000	5000	5000	5000	5000	5000	5000	5000
B	1	10000	9556	9111	8667	8222	7778	7333	6889	6444	6000
	2	6000	6444	6889	7333	7778	8222	8667	9111	9556	10000
	3	12000	12000	12000	12000	12000	12000	12000	12000	12000	12000
	4	13000	13000	13000	13000	13000	13000	13000	13000	13000	13000
C	1	14000	13556	13111	12667	12222	11778	11333	10889	10444	10000
	2	10000	10444	10889	11333	11778	12222	12667	13111	13556	14000
	3	16000	16000	16000	16000	16000	16000	16000	16000	16000	16000
	4	17000	17000	17000	17000	17000	17000	17000	17000	17000	17000
D	1	16000	15556	15111	14667	14222	13778	13333	12889	12444	12000
	2	12000	12444	12889	13333	13778	14222	14667	15111	15556	16000
	3	18000	18000	18000	18000	18000	18000	18000	18000	18000	18000
	4	19000	19000	19000	19000	19000	19000	19000	19000	19000	19000

表 7－2 **产品运输变动费用** 单位：元/单位

产品	市场	公司编号									
		1	2	3	4	5	6	7	8	9	10
A	1	100	92	83	75	67	58	50	42	33	25
	2	25	33	42	50	58	67	75	83	92	100
	3	200	200	200	200	200	200	200	200	200	200
	4	250	250	250	250	250	250	250	250	250	250
B	1	500	478	456	433	411	389	367	344	322	300
	2	300	322	344	367	389	411	433	456	478	500
	3	600	600	600	600	600	600	600	600	600	600
	4	650	650	650	650	650	650	650	650	650	650

续表

产品	市场	公司编号									
		1	2	3	4	5	6	7	8	9	10
C	1	600	578	556	533	511	489	467	444	422	400
	2	400	422	444	467	489	511	533	556	578	600
	3	800	800	800	800	800	800	800	800	800	800
	4	850	850	850	850	850	850	850	850	850	850
D	1	700	678	656	633	611	589	567	544	522	500
	2	500	522	544	567	589	611	633	656	678	700
	3	900	900	900	900	900	900	900	900	900	900
	4	950	950	950	950	950	950	950	950	950	950

从表中数据可以看出：通常情况下，市场 1 和市场 2 为国内市场，因各公司的工厂在国内的地理位置不同，所以各公司向市场 1 和市场 2 运输时产生的固定运费与变动运费数据各有不同，但各公司对两个市场的运费之和相同。如图 7 – 1 所示，公司 1 离市场 1 近而离市场 2 就远，公司 10 离市场 1 远就离市场 2 近，而趋于两市场中间位置的公司所对应的国内市场的运费也趋于相同。市场 3 和市场 4 为国际市场，因距离遥远，各公司之间的差异可忽略不计，故系统设计所有公司的工厂对国际市场的运费相同，以保持公平。

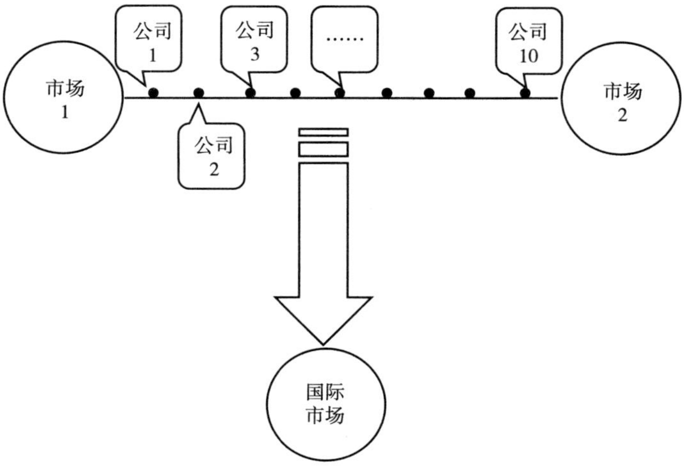

图 7 – 1　公司及市场地理位置模型

7.4 库存

剩余原材料可存放在企业仓库，原材料库存费为每元原材料每期0.05元。

成品可存于工厂的仓库或各市场的仓库，单位成品每期库存费如表7-3所示。

表7-3 产品库存费信息

产品A	20.00元
产品B	80.00元
产品C	100.00元
产品D	120.00元

库存费在每期期末支付，库存量按期初和期末的平均数计算，公式表示为：

$$库存费 = 单位库存费 \times 平均库存量$$

$$平均库存量 = \frac{期初库存量 + 期末库存量}{2}$$

7.5 预订

当市场对某公司的产品需求大于公司在该市场可销售的产品数量时，多余的需求按表7-4所示比例变为对该公司下期的订货，并以本期价格付款。在本期销售时，上期订货将会被优先满足。若上期订货不能被满足时，剩余订货将不再转至下期订货。公式表示为：

$$市场可销售产品数量 = 原市场库存量 + 本期运来的新增数量 - 废品量$$

$$某产品某市场下期订货 = (本期需求 - 本期销售 - 上期预订) \times 该产品该市场转预订比率$$

表7-4 未满足需求转下期预订比率 单位：%

	产品A	产品B	产品C	产品D
市场1	30.0	35.0	40.0	40.0
市场2	30.0	35.0	40.0	40.0
市场3	20.0	25.0	30.0	30.0
市场4	22.0	28.0	25.0	25.0

某公司不能满足的需求，除了转为下期订货外，其余的可能变为对其他公司的市场需求。

7.6 生产作业

1. 生产单个产品所需要的资源

生产单个产品所需要的资源如表 7－5 所示。

表 7－5　　产品资源耗用情况

产品资源	产品 A	产品 B	产品 C	产品 D
机 器（时）	120.0	180.0	400.0	450.0
人 力（时）	160.0	200.0	180.0	160.0
原材料（单位）	600.0	1200.0	2000.0	2800.0

2. 班次

生产排班情况如表 7－6 所示。

表 7－6　　生产排班情况

第一班		第二班	
正班	加班	正班	加班
6：00－14：00	14：00－18：00	14：00－22：00	22：00－2：00

系统规定，一期正常班共计 520 小时（一季度 13 周，每周 40 小时），加班共计 260 小时。

3. 机器

生产机器可在两班使用，但第一班加班和第二班正班时间重叠，第一班加班用的机器在完工后的 4 小时也不能用于第二班正班，故第一班加班和第二班正班所用的机器之和不能多于公司机器总数。公式表示为：

$$本期机器需求总量 = MAX(第一班正班机器数, 第一班加班机器数 + 第二班正班机器数, 第二班加班机器数)$$

$$各班机器需求数 = 各班\sum(各产品产量 \times 产品单位机时)$$

机器购置价格为 100000.0 元，折旧期为 5 年（20 期），每期折旧为 5.0%，不管使用与否均按直线法计提折旧。

若购买机器，本期末付款，下期运输安装，再一期才能使用，自使用期开始计算折旧。

每台机器每期的维修费为 200.0 元，不论使用与否。

4. 管理成本

公司每期的车间管理固定费用与生产的产品和班次有关，如表 7 – 7 所示。

表 7 – 7　车间管理费用　单位：元/期

	第一班	第二班
产品 A	4000	5000
产品 B	6000	7000
产品 C	8000	9000
产品 D	8000	9000

7.7 材料订购

原材料的标价为 1 元/单位，但可以根据订货量得到批量价格优惠。数量折扣信息如表 7 – 8 所示。

表 7 – 8　原材料采购价格及折扣信息

订购量≥（单位）	单价（元）
2000000	0.93
1500000	0.95
1000000	0.97
0	1.00

原材料的运输费用由固定费用和变动费用组成。原材料的固定运输费用为 5000 元/次，变动费用为 0.02 元/单位。采购原材料的运费计入本期成本，批量优惠计入本期收入。

由于运输的原因，本期订购的原材料至多只有 50.0% 到货并可以用于本期生产，剩余的原料需下期才能到货。

7.8 研究开发

企业要生产某种产品，需先投入基本的研发费用，待研发成功后方可上线生产，最低等级为等级 1，最基本的研发费用为等级 1 所对应的费用（如表 7 – 9 所示）。基本研发费用包括为生产新产品需要的专利的获得、设施的购置和技术的培训等。

表 7 – 9　各种产品达到不同等级需要的累积研发费用　单位：元

产品	等级 1	等级 2	等级 3	等级 4	等级 5
产品 A	100000	200000	300000	400000	500000
产品 B	200000	350000	480000	600000	700000
产品 C	300000	480000	600000	720000	850000
产品 D	500000	600000	720000	850000	1000000

企业可进一步投入研发费用，以提高产品等级。它包括为提高产品质量的技术革新和生产工艺的改进等。若产品等级高，可以增加客户的需求。

在计算成本时，本期的研发费用将平均分摊在本期和下一期支付。

工人工资系数对产品等级的影响是在研发费用基础上的进一步调整。例如，研发费用决定的产品等级若为 3，考虑工资系数后，产品等级调节后的区间为（3.0，3.9）。

因考虑产品等级的提高要循序渐进，故不论投入多少研发费用，每期最多只能提高一级，若一次投入大量的研发费用，将在未来的季度里持续提高产品等级，直至所对应的产品等级为止。

企业通过研发提升产品等级之后，企业原有库存也受影响，系统未对不同期生产的产品分别记录产品等级。综合排名中以比较各公司累计投入的研发费用总额来论名次。

7.9 人员招聘、退休与解聘

1. 新工人招聘与培训

企业可以在每期期初招聘工人，但招收人数不得超过当期期初工人总数的 50.0%。

本期招收的新工人在本期必须培训，培训费为 500.0 元/人。培训期间新工人的产出和工资均相当于正式工人的 25.0%。经过一期培训后，新工人成为正式熟练工人。

2. 工人退休或解聘

企业每期有 3.0% 的工人正常退休，退休人数向下取整。

企业可以根据情况解聘工人。决策单中的解聘工人数是退休和解聘人数之和。根据政府规定，退休和解聘人数之和不能多于期初工人数的 10%。本期退休和解聘的工人不再参加本期生产，企业要发给退休和解聘工人一次性生活安置费 1000.0 元/人。

3. 员工待遇与激励

员工工资如表 7-10 所示。

表 7-10　员工工资　单位：元/人时

第一班		第二班	
正班	加班	正班	加班
3.0	4.5	4.0	6.0

生产工人实行两班倒作息制度，每个工人只能上一种班，且加班人数不能多于本班正班人数。公式表示为：

$$\text{本期员工需求总人数} = \text{第一班正班需求人数} + \text{第二班正班需求人数}$$

$$\text{正班需求人数} = \frac{\sum(\text{各产品正班产量} \times \text{产品单位人时})}{520}$$

$$\text{加班需求人数} = \frac{\sum(\text{各产品加班产量} \times \text{产品单位人时})}{260}$$

公司人工工资成本是由基本工资和特殊班工资组成，因生产任务不足未上班的公司员工须按第一班正班标准支付工资，故公司所有员工都能拿到第一班正班的基本工资，加班人员所拿加班工资和上第二班正班的人员所拿差额工资均计入特殊班工资。公式表示为：

$$\text{本期基本工资} = \text{公司可用员工数} \times 520 \times \text{第一班正班单位工资} \times \text{工资系数}$$

$$\text{公司可用员工数} = \text{期初人数} - \text{解聘及退休人数} + \text{新聘人数} \times 25\%$$

$$\text{本期特殊班工资} = (\sum \text{各产品加班工资} + \sum \text{各产品第二班正班差额工资}) \times \text{工资系数}$$

各产品加班工资 =（第一班加班产量 × 该班单位工资 + 第二班加班产量 × 该班单位工资）× 产品单位人时

各产品第二班正班差额工资 = 第二班正班产量 ×（第二班正班单位工资 − 第一班正班单位工资）× 产品单位人时

4. 员工激励

以上的人时基本工资是本行业的基本工资，也是各企业确定工资的最低线。企业可以用提高工资系数的办法激励员工。设对应基本工资的工资系数为 1，若工资系数为 1.2，则实际工资为基本工资乘以 1.2。提高工资系数有助于提高企业的产品质量，减少废品率，同时能微提产品等级。当然，提高工资系数会增加成本。

废品是在销售过程中发生的，故废品即会浪费企业的生产资源，也会造成运输浪费，还会因为顾客退换货产生折价 40% 的废品损失。公式表示为：

废品损失 =（1 + 40%）× 废品数量 × 产品价格

工资系数变化只对模拟难度 5 以上的情景。当难度等级小于 5 时系数设为 1，在决策单上不包括工资系数，也不考虑废品率。

7.10 资金筹措

1. 银行贷款

模拟开始时各公司有现金 300 万元。为了保证公司的运营，每期期末公司至少应有 300 万元现金，作为新一季度的期初现金。公司可以主动通过银行贷款筹集现金，并且如果本期决策未能保证期末现金量，银行将主动在该公司信用额度的范围内，自动给予贷款补足。整个模拟期间贷款的总数不得超过 800 万元的信用总额度。信用总额度用完后将启用紧急救援贷款。

银行贷款的本利在本期末偿还，年利率为 8.0%（每期的利率为年利率的 1/4）。

2. 发行债券

公司还可通过发行债券来筹集资金。当期发行的债券可以在期初得到现金。公司某期发行的债券数额与尚未归还的债券之和不得超过公司该期初净资产的 50.0%。债券偿还期限为 5 年（20 期），债券的年利率为 12.0%（每期利率为年利率的 1/4），各期按 5.0% 的比例偿还债券的本金，并付利息。本期发行的债券本利的偿还从下一期开始，并且不能提前偿付或拖延。公司在初始化的历史期间，可能已经发行了债券，未偿还的债券总量可在报表中查看。

3. 购买国债

公司可投资国债，国债年利率为 6.0%（每期利率为年利率的 1/4）。若购买国债，在本期末付款，本利在下期末兑现。

7.11 纳税

公司缴税是公司对国家应尽的义务，也是评价公司经营绩效的一项重要指标。税金为本期净收益的 30.0%，在本期末缴纳。本期净收益为负值时，可按该亏损额的 30.0% 在下一期（或以后几期）减税。

7.12 分红

公司分红的条件：

（1）应优先保证期末剩余的现金数量超过 300 万元。

（2）分红数量不能超过公司该期末的税后利润。

考虑到资金的时间价值，公司累计缴税和累计分红按 7.0% 的年息计算。

7.13 现金收支次序

现金收支次序如下：

期初现金 + 银行贷款 + 发行债券 − 部分债券还本 − 债券息 − 培训费 − 退休费 − 基本工资 − 机器维护费 + 紧急救援贷款 − 研发费 − 购原材料 − 管理费 − 特殊班工资 − 运输费 − 广告费 − 促销费 + 销售收入 − 存储费 + 上期国债本息 − 本期银行贷款本息 − 上期紧急救援贷款本息 − 税金 − 买机器 − 分红 − 买国债

当资金不足时，系统将按以上次序支出，并自动修改该公司决策。如果现金不够支付“机器维护费”以前的项目，系统将会给出“紧急救援贷款”。此贷款年利率为40%（每期利率为年利率的1/4），本息需在下期末偿还，紧急救援贷款不占用公司信用额度。

7.14 评判标准

每期模拟结束后，软件根据各企业的经营业绩评定一个综合成绩。评判的标准包含七项指标：本期利润、市场份额、累计分红、累计缴税、净资产、人均利润率、资本利润率。其中，计算人均利润率的人数包括本期解聘的和本期新雇的工人，计算资本利润率的资本等于净资产加未偿还的债券。公式表示为：

$$人均利润率 = \frac{本期期末利润}{期末工人人数 + 本期解聘工人人数}$$

$$资本利润率 = \frac{本期期末利润}{本期期末净资产 + 本期期末债券}$$

评定的方法是先按这些指标分别计算标准分，再按设定的权重计算出综合评分。

各项指标的权重分别为：0. 1、0. 15、0. 15、0. 15、0. 15、0. 15、0. 15。其中，市场份额是按各个产品在各个市场的销售数量的占有率，分别计算标准分后再求平均。公式表示为：

$$指标标准分 = \frac{公司指标值 - 平均值}{标准差}$$

$$综合得分 = \sum (指标标准分 \times 指标权重)$$

标准分或综合得分为 0 意味着企业的这一指标或综合业绩恰好等于各企业的均值，在各公司排名中居中；标准分为正，表示该指标或综合实力较好；若为负，表示该指标或综合实力不佳。

在计算标准分时，会考虑上期综合评分的影响，也会根据企业的发展潜力进行调整。如果企业所留现金小于本期期初现金或本期费用，这意味着经营的连续性不佳，其标准分将适当下调。

每期模拟结束之后，系统将在报表中公布各企业七项指标的排名以及综合评分。

实验与思考

1. 模拟系统中市场需求受哪些因素影响，并编制 Excel 模型。

2. 结合产品运输费和仓储费信息谈谈如何调整企业运输方案，并编制 Excel 模型。

3. 结合原材料采购折扣和仓储费信息谈谈如何制定采购决策，并编制 Excel 模型。

4. 结合生产作业相关规则谈谈如何优化生产决策，并编制 Excel 模型。

5. 结合人力资源相关规则谈谈如何更好地安排工人，并编制 Excel 模型。

6. 结合财务相关规则以及现金收支次序谈谈如何筹措资金和投资，并编制 Excel 模型。

7. 尝试将以上 Excel 模型整合、完善，并预测财务报表和经营业绩评分。

主要参考文献

[1] BIZSIM 企业竞争模拟系统，http：//www. ibizsim. cn。

第8章

综合实验教学组织

实验目标

1. 了解团队实验各岗位职责，了解优化群体决策的方法和技术；
2. 在竞争对抗实操中灵活运用模拟系统操作流程、管理决策规则、技术和方法；
3. 通过竞争对抗实操熟练掌握Excel操作和管理决策模型的综合运用。

实验内容

待新手训练和人机对抗完成之后，可进入综合对抗实验。综合实验采用先演练后实战式的循序渐进的教学模式。学生通过组建团队、角色扮演、竞争模拟等内容，更加加深对企业的认识，熟悉企业管理决策流程，增强和巩固企业管理决策理论知识，锻炼学生在更加复杂多变的竞争动态环境下进行有效科学的优化决策能力；并能锻炼学生的领导能力和分工协作能力，提升沟通与交流能力，培养多方面综合素质。

8.1 教学过程

教学过程主要分为四个部分：第一，团队组建和接手公司；第二，演练和点评；第三，实战和总结；第四，综合考评。

教学程序如下（若每次课为 2 个课时）：

第一次课：

（1）教师新建比赛，分发账号。

（2）教师初始化前 8 期历史数据。

（3）学生进入比赛。

（4）教师带领学生分析报表，熟悉模拟规则。

（5）分工与岗位就职。

课后：

（6）学生整理数据，建立模型，决策第 9 期。

第二次课：

（7）模拟第 9 期，点评模拟结果。

（8）整体回退至第 8 期末。

课后：

（9）重新决策第 9 期并提交，教师重新模拟第 9 期。

第三次课：

（10）继续决策及模拟第 10 期，教师点评。

（11）学生中期论坛。

（12）整体回退至第 8 期末。

课后及第四次至第七次课：

（13）学生实战开始。

（14）实战第 9 ~ 15 +1 期并结束。

第八次课：

（15）学生期末总结。

（16）综合考评。

共计课内 16 课时 + 课外 16 课时。

8.2 分组与团队组建

系统学习期间一般要求一人多岗，展开全面学习。待规则全部掌握并能熟练操作系统后，企业应以团队形式进入综合竞争模拟实验。系统中团队组建时允许有首席执行官

CEO、首席财务官 CFO、首席运营官 COO、首席市场官 CMO、首席人事官 CHO 五个岗位（如图 8－1 所示）。实际教学组织中，一般设置 3～5 名学生为一组，岗位尽量匹配专业，充分考虑学生专业特长进行分工，组建一个多学科、跨专业、健全稳定的团队组织结构，将更有利于提升学习效果，表 8－1 为岗位分工表。

若教学中课时允许，能多增加回合，可考虑岗位轮换，充分调动跨专业学习热情，拓宽学生认知，提高学生综合素质和能力。

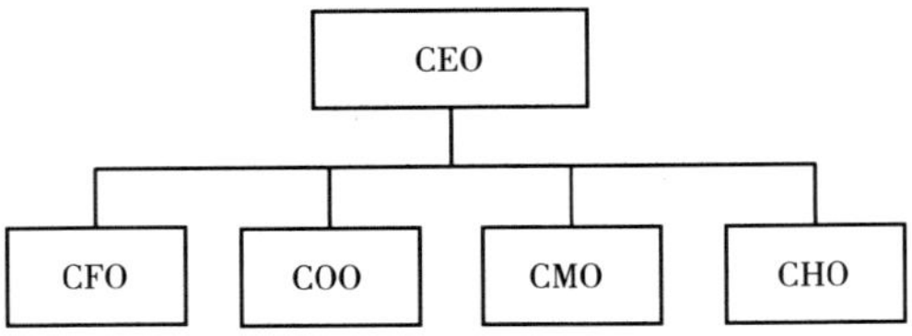

图 8－1　组织架构

表 8－1　　　**岗位分工**

公司名称：　　　　　　编号：

岗位	学号	姓名	专业	系统账号
CEO				
CFO				
COO				
CMO				
CHO				

8.3 岗位职责

首席执行官（chief executive officer，CEO）是在一个企业中负责日常营运的最高行政长官，在公司或组织内部拥有经营管理决策的最终执行权力。首席执行官的主要职责是：对公司一切重大经营运作事项进行决策，包括制定公司经营方向和目标、实施战略选择、主持公司的日常业务活动、对外签订合同、任免公司的高层管理人员、定期向董事会报告业务情况、提交年度报告等，其他职责还可以包括树立、巩固或变更企业文化，以及团队建设等。在教学中，首席执行官是一个团队的队长，负责统筹协调各个职能部门的决策，并负责组织和管理团队成员，考核团队成员业绩，并对企业最终经营成绩负主要责任。

首席财务官（chief financial officer，CFO）是一个企业中负责财务的最高执行长官。现实中，首席财务官主要职责：公司理财与金融市场交互、项目估价、风险管理、产品研发、战略规划、企业核心竞争力的识别与建立等，通过资源配置实现企业的战略目标和长期发展。在教学中，该岗位主要负责根据企业生产计划、销售计划进行资金预算，制定企业筹资决策和投资决策等。

首席运营官（chief operating officer，COO）是全面负责企业的日常营运的高级执行长官。现实中，应负责公司的市场运营、生产运作、推进公司财务管理、协调各部门工作，并建立有效的团队协作机制等。在教学中，首席运营官主要负责生产运作与管理以及根据市场信息对生产的原料订购、生产排班、库存管理、产品研发等制定决策。

首席市场官（chief marketing officer，CMO）是企业中负责市场运营的高级管理人员，主要负责企业的市场分析、需求预测、市场定位、营销组织制定，协调企业内外部关系，对企业市场营销战略计划的执行进行监督和控制等。在教学中，首席市场官主要负责分析市场、需求预测，以及市场定位、产品定价以及广告、促销费用投放等的决策。

首席人事官（chief human resource officer，CHO）是企业负责人力资源规划和管理的高级管理人员。现实中，首席人事管理是从战略的高度构建高效实用的人力资源管理系统，成功进行人才选拔，建立科学的考核与激励机制，最大限度地激发人才潜能，创建优秀团队，塑造卓越的企业文化，推动组织变革与创新，最终实现组织的持续发展。在教学中，首席人事官主要负责企业员工的招聘、解聘，保证企业劳动力的充分供应，并通过制定合理的工资方案确保员工的能力水平。

8.4 演练指导

在单兵训练之后和实战之前，有必要先进行一轮团队演练，主要演练的是学生对软件操作的熟练程度，对模拟规则的全面认识程度，以及团队集体决策的默契程度。进行 1 期决策模拟后，教师可带领学生进行分析和点评，主要包括以下几个方面。

8.4.1 操作问题

BIZSIM 系统是一款易用性强、用户体验较好、操作简单智能的教学软件。但是在操作过程中仍然可能出现容易疏忽的操作，例如：

决策单中的所有单元格均属于数字型，需输入大于等于0的数字，不得出现空格或空等其他符号。

比赛难度场景的选择决定了模拟规则有所不同，应认真对比规则中具体数字的变化。

若学生提交的决策不满足规则要求或不可行时，系统将在模拟时自动修改公司提交的决策数据。待本期模拟结束后，学生务必查看决策是否被改动，若被改动须对比系统可行决策与线下原始决策之间的差异，并分析原因，以提高未来期决策的准确性。

公司决策可以在模拟之前多次提交，系统模拟时以最后一次提交的决策单数据为准。

模拟规则显示的固定运输费用和变动运输费用是整数，但其实运输费用是系统根据模型计算出来的数字，存在小数部分，在决策单上点击运输方案的单元格，会显示各公司详细的运输费用数据，为精确预算，各公司可根据该数据自行调整规则中的参数。

决策单上显示的各产品估算成本是按照第一班正班生产来估算的，各企业实际产品成本会因生产排班的不同存在差异。

8.4.2 规则问题

演练的目的是让学生更加深入地理解综合模拟规则，需着重提醒共同存在的问题。

1. 生产排班

产品需投入基本研发费方可上线生产，未投入足够的基本研发费但却安排生产的产品，该公司决策单将会在提交时被系统以红色文字提醒，若置之不理，系统模拟时将自动修改排班产量为0，造成本期机器、人力和原料以及运输等的浪费。

新购机器需隔期才能安装完毕开工生产，新聘人员只有1/4的产能，原材料只有部分能当期运到，所以学生在进行生产决策时必须有前瞻性和计划性，做一期看三期是必要的工作。

生产决策是综合模拟决策的核心内容之一，生产决策的目标是要将工厂资源有效利用且达到成本最低、利润最大。根据市场需求预测和定价策略的制定，确定产品利润贡献率，设计产品结构。产品结构还应结合上期预订、库存和工厂设备等资源状况进行调整。同时，产品的利润贡献率却不是固定不变的，当某产品盈利能力强，势必将带来产量的提升，产量增加后需降价以实现销售，那么利润贡献就降低了。另外，根据各产品盈利能力，结合该产品对机器、人力和原料等资源的消耗情况，规划出最优产量，而这些产量会因排班不同造成车间管理费用和人工工资的差异，生产成本也在变化。所以，生产决策是一个动态的决策过程。

一般情况下，在产品盈利能力均衡的前提下，可以采用如表8－2所示的生产排班方案。

表8－2　　生产排班方案

	第一班正班	第一班加班	第二班正班	第二班加班
班次时间	6：00－14：00	14：00－18：00	14：00－22：00	22：00－2：00
排班方案1	A/B/C		C/D	D
排班方案2	A/B		B/C/D	D

2. 销售定价

营销决策包括市场选择、产品定价以及确定产品广告费、市场促销费的投放等。其中，定价是最难把握的问题。定高了，造成货物滞销，库存积压，机会错失；定低了，造成利润减少，供不应求，满足不了的需求还会被转为其他竞争对手的下期需求，将市场份额拱手相让。演练期间学生应避免盲目定价，学习使用定价方法理性定价。

市场销售除了优先满足上期预订以外，主要是满足本期产生的新的市场需求。影响市场需求变化的因素很多，除了产品价格、广告和促销的投放以外，还有产品等级、季节因素、生命周期，以及其他竞争对手上期未满足需求的程度等，都可能影响本期的市场需求。首先，可以通过对历史时间序列的回归分析，了解市场需求与各影响因子之间的相关关系。生产制造型企业产能的调整受机器设备投资和安装周期的制约，产量是能够预计到的，确定产量之后，通过调整产品价格，结合适当的广促投放，以及对竞争对手决策的分析和预测，来制定产品向各市场的输送和销售方案。

值得注意的是，本期工厂下线的产品至多只有75%能够被送往市场，而非全部；产生下期订货是因为本期定价过低，而下期预订交货时却是以这个本期价格结算；需求与影响因子之间的关系往往并非线性关系，可能是非线性关系，在决策中应综合考虑。

3. 财务管理

财务管理涉及银行贷款、发行债券、购买国债和分红等内容。

企业投资决策与企业扩张策略相关，企业在制定战略后，应首先明确扩张策略。在弱肉强食的市场竞争环境下，不发展等于自动退出，企业需要确定的只是要急速扩张，还是稳步扩张。企业扩张表现在机器设备购置、员工招聘、产品等级提升等方面，其中机器购置是核心内容，人员随机器匹配。在企业创业初期若有大量留存资金时，应首先考虑如何在新购机器、人员招聘、产品研发等费用上的合理分配，而非购买国债。模拟倒数第二期时，因机器购置需隔期才能发挥作用，此时应慎重考虑是否还要继续投资机器。

企业可通过银行贷款和发行债券来筹得资金。需要注意的是，银行贷款属于短期筹资方式，利率低但期限短，只能用于本期日常生产运营的资金周转，不能用于纳税、购买机器、分红和购买国债。发行债券属于长期筹资方式，利率高但还本期限长，分20期还本，主要用于企业扩张。筹资利率高于投资国债的利率，用借来的钱买国债的行为是不合理的。

财务经理另一项工作是预测财务报表，进行财务指标分析。系统虽然会在模拟之后自动给出各公司本期末详细财务报表，包括损益表、资产负债表、现金流量表，但是企业财务经理应在决策过程中，通过预测财务报表，预测收入、成本、利润和现金流，验证筹资决策、投资决策等的合理性，避免出现现金流断裂。很显然，财务人员要做的就是避免企业“闭眼也能拼”的笑话。

财务报表可用 Excel 工具制作。如表 8－3 所示会计项目记账示例。

表 8－3 **会计项目报表** 单位：元

会计项目	收支	本期收入	本期成本	现金累计
上期转来				3978699.18
银行贷款	0			3978699.18
发行债券	0			3978699.18
还债券本金	－50000.00			3928699.18
还债券利息	－18000.00		18000.00	3910699.18
新工人培训费	－3000.00		21000.00	3907699.18
解雇工人安置费	－6000.00		27000.00	3901699.18
工人基本工资	－457470.00		484470.00	3444229.18
机器维修费	－20000.00		504470.00	3424229.18
紧急贷款	0			3424229.18
研发费	0			3424229.18
研发费分摊	(0)		504470.00	
购原材料	－500000.00			2924229.18
购原材料折扣	0	0		2924229.18

续表

会计项目	收支	本期收入	本期成本	现金累计
购材料运费	-15000.00		519470.00	2909229.18
管理费	10000.00		529470.00	2899229.18
特殊班工资	-239625.00		769095.00	2659604.18
使用材料费	(-408000.00)		1177095.00	
成品运输费	-226250.00		1403345.00	2433354.18
广告费	0		1403345.00	2433354.18
促销费	0		1403345.00	2433354.18
销售收入	1570000.00	1570000.00		4003354.18
废品损失	0		1403345.00	4003354.18
折旧费	(-300000.00)		1703345.00	
产品库存变化	(-273230.77)		1430114.23	
原材料存储费	-64100.00		1494214.23	3939254.18
成品存储费	-12540.00		1506754.23	3926714.18
上期国债返回	0			3926714.18
上期国债利息	0	1570000.00		3926714.18
还银行贷款	0			3926714.18
银行贷款利息	0		1506754.23	3926714.18
还上期紧急贷款	0			3926714.18
上期紧急贷款利息	0		1506754.23	3926714.18
纳税	-18973.73			3907740.45
买机器	0			3907740.45
分红	-24110.00			3883630.45
买国债	0			3883630.45

通过 Excel 的公式、函数可关联决策数据，自动计算收入、成本和现金变化情况。销售收入之前的项目，均可以通过本公司制定的决策单中的数据计算出来。而销售收入、产品库存变化、存储费、纳税等，因受市场竞争结果的影响，会与预测有所差异，应注意在模拟结束后查阅报表，修正差异。

表 8-3 中需要注意的是产品库存变化项目的核算方法。BIZSIM 系统并未指定用先进先出或后进先出等的存货核算方法，系统中对原材料和成品等存货并未区分是哪一期。那么，表 8-3 中：

$$产品库存变化 = \sum 期初各产品库存价值 - \sum 期末各产品库存价值$$

$$某产品库存价值 = 该产品库存数量 \times 该产品单位库存价值$$

$$某产品库存数量 = 该产品工厂库存 + 该产品市场库存$$

$$某产品单位库存价值 = 该产品单位直接人工 + 该产品单位直接材料 + 该产品单位制造费用$$

$$某产品单位直接人工 = 该产品单位人工工时 \times 第一班正班单位工资$$

$$某产品单位直接材料 = 该产品单位材料数量 \times 原材料原始单价$$

$$某产品单位制造费用 = \frac{该产品单位机器机时}{520} \times 本期单位机器折旧$$

$$本期单位机器折旧 = 单位机器价格 \times 期折旧率$$

显然，某产品单位库存价值并不会变化。

4. 综合评分

系统对各公司经营业绩的评价是通过本期利润、市场份额、累计分红、累计缴税、净资产、人均利润率、资本利润率七项指标进行评价的，指标采用标准分衡量，0 分为平均水平，正分为高于平均值，负分为低于平均值。标准分代表的是企业在竞争中所处的位置，标准分的绝对值代表离中值的远近距离。标准分计量可以让企业不仅看到自身某项指标绝对值的变化，更能看到自身在整体中相对地位的变化。例如，某企业本期利润比上期利润增加了 200 万元，本以为决策更加优化了，但其实本期标准分却下降了，说明其他公司的利润提高更快，本企业在竞争中处于落后状态。标准分同时也要求在权重相当的前提下，企业各项指标应均衡发展，若出现严重“偏科”，将给综合分带来不利的影响。

七项指标的权重一般在 0.10 ~ 0.20，不同的难度场景下指标权重不同。应关注各项指标权值的轻重，做好布局。显然，本期利润最为重要，因为除了利润以外，缴税、人均利润率、资本利润率等指标也都与利润直接相关。所以，与利润相关的指标权重在半数左右。但是，100 万元资产实现 1000 万元利润和 1000 万元资产实现 1000 万元利润的绩效是不同的，要求企业在关注利润提升的同时，还应该关注企业资源的最大化利用。到了比赛竞争后期，更加需要锱铢必较，分毫必争。可以通过 Excel 计算各项指标对综合分的贡献率。例如，10 万元税后利润是拿来分红还是留为企业净资产呢？可以用 100000 除以指标标准差再乘以指标权重，求得该指标对综合分的贡献率，比较贡献率大小就方便做决策了。

市场份额指标采用所有市场产品份额标准分的平均值来计量，提醒我们除了应该把握优势市场，更重要的是市场均衡发展，因为如果某些市场不投放产品，市场份额将直接为 0，标准分为负最大。4 种产品和 4 个市场组合共有 16 个细分市场，若出现过多细分市场的标准分为负，甚至负最大，平均分将受到很大影响。所以放弃市场或者放弃产品无疑都是不太明智的选择。

纳税和分红具有时间价值，早期适当分红有利于分数的提高。但也要考虑到，分红势必会减少企业用于投资的资金占用。所以，根据博弈判断和纳斯均衡原理，最后以求不落后太多即可。

另外，系统的鲁棒性很强。换句话说，系统中若出现恶意破坏市场环境的企业将不会对市场的健康发展带来太大的影响。例如：有破产公司恶意将价格定得过高，会造成它自身的产品积压，对其他公司的影响不大。因为市场销售虽然也受相对价格影响，但是相对价格是由所有公司可销售数量乘以价格加权平均，而非价格的简单平均，所以，定价过高的企业可销售的数量极低，对相对价格影响不大，如果销量为0，那么将不会影响市场该产品的平均价格。若破产公司将价格定得过低，比如1元白送，低价将刺激大量的市场需求，有些需求将转为其他公司的需求。所以，综上所述，恶意竞争将得不偿失。

8.5 实战指导

8.5.1 战略选择

战略管理是企业高层团队对企业未来发展的定位，表现的是企业迎接竞争的准备和将在竞争中采用的计谋，意图在竞争中建立自己的优势地位，战胜竞争对手，赢得企业价值。战略管理是企业高层管理人员的重要工作。同时，战略也是各职能部门统一行动的依据，是团队作战的基础。

企业之间的竞争，在相当程度上表现的是企业战略定位、运作策略方面的竞争。方向正确、战略明确，企业的投入才能获得事半功倍的收益。战略体现的是企业对中长期未来的规划，“人无远虑，必有近忧”，充分说明了长远考虑与近期工作的关系。

在BIZSIM系统中，根据历史数据可以分析，A、B、C、D四种产品的行业背景有所不同，A、B可以假定为家电行业产品，如冰箱、洗衣机等，C、D可以假定为新兴电子科技产品，如智能手机、PAD等。A、B产品成熟度较高，需求量大，价格竞争激烈，价格弹性大，且存在季节性波动。C、D产品属于新研发上市产品，单位成本高，且单位利润也高，行业吸引力大，先入市场者领先优势明显，产品需求受研发等级的影响显著。针对不同行业和处于不同生命周期阶段的产品，应进行有针对性的战略选择。

但是，不同的场景下，产品行业背景和生命周期阶段设置可能有所差异，需审慎分析。

针对自身企业在竞争格局中所占有的市场份额大小，以及该市场未来增长率高低，画出波士顿矩阵，公司可在有限资源下做出合理的战略取舍。

BIZSIM 系统“制定战略”的内容主要包括市场份额、定价、广告、促销四个方面，每一方面分别有高、中、低三档的战略选择。四个方面相辅相成且相互制约，应协调统一。例如，公司规划未来某产品在某市场上提升市场份额，那么定价和广告、促销应呼应这一决策，可以选择高价高广告、促销，迅速抢占市场份额，并给未来降价抢夺更多市场份额预留空间；或低价高广促，快速渗透市场，取得尽可能高的市场占有率，收获更多利润，为企业未来扩大生产规模、降低成本储备力量；但若此时选择高价低广促，那么在竞争中很有可能将南辕北辙，被对手挤压。

8.5.2 竞争对手分析

每期模拟之后，都可以从报表中获取竞争对手的公共信息，同时也能通过市场份额和自身销售量，推测出对手企业的销量，进而可以估测对手企业的产品结构。

对竞争对手的分析应有针对性，对市场领先者和排名靠近或战略相似的对手着重分析。通过收集竞争对手数据，对竞争对手全面分析（从公共信息中获得竞争对手的定价、市场份额、研发排名、机器排名、工人排名、收入、成本、利润、分红、期末现金和净资产等方面的信息），确定对手经营目标和竞争战略，试探竞争对手的市场反应，选择应对对策。

根据竞争对手的市场份额、市场价格以及研发排序等市场公共信息，可以推测对手企业的营销策略。例如：价格更高，销量却更大，研发差不多，那么该公司可能是广告、促销费用投入更多；低价、低研发、低收入，但却高利润，那么一般是选择了低成本战略；而高价、高研发、高收入的企业可能选择的是高端市场差异化战略。

了解竞争对手的战略布局后，企业结合自身所处的竞争地位、资源、优势和劣势，选择应对策略。市场主导者在定价、广告、促销方面拥有更多的空间，可选择增加广促，保证市场份额，继续提高产品等级，增加产量，提高市场占有率。挑战者选择挑战对象，避开与其的正面交锋，寻找细分市场，选择领先者较为薄弱的产品市场，逐渐扩大优势，稳步提升竞争地位。还有一种面对竞争对手的策略是跟随，模仿对手的市场反应和竞争战略，意图瓜分市场份额甚至取代对手的市场地位。

8.5.3 关于群体决策

在现实生活中，决策往往是群体行为，甚至可以说，企业中的绝大多数重大决策都是由管理者集体而不是个人做出的。对于那些复杂的决策问题，往往涉及目标的多重性、时间的动态性和状态的不确定性，这是单纯个人的能力远远不能驾驭的，往往需要综合许多领域的专门知识、经验和能力才能解决问题。为此，面对这类复杂、动态的决策问题，应由多人组成决策机构，共同参加管理决策活动。如各种管理委员会、董事会、代表大会等，就是这样的群体决策机构。决策个体间可能是合作者，也可能是竞争者，还可能是复杂联合的以及合作基础上的有限竞争者等，但必须合作抉择出统一的决策行为。群决策就是研究决策群体如何做出统一有效的决策。

一般来说，群决策是非结构化的复杂决策问题，由两个以上决策个体共同负责的决策，是各决策个体偏好形成一致或妥协之后得出的决策。海萨尼（Harsanyi）根据群体中成员的行为把群决策问题分为两大类。一类是从伦理道德观念出发，追求群体利益的集体决策，研究各成员间不存在根本利益冲突的群体决策问题；另一类是群中成员追求自身的利益和与其他人对立的价值，即成员间存在利益冲突的对策（或称博弈）问题。

群体决策的成功和失败取决于很多因素，如群体进行决策的情境，以及群体成员的水平、能力等。而群体决策客观上也存在优缺点。

1. 群决策的优势

（1）群体在决策中集思广益，有助于做出最佳决策。决策群体中有更多的知识优势，能借助于更多的信息，形成更多的可行性方案，并能形成互补，进而挖掘出更加令人满意的行动方案。

（2）群体决策容易得到普遍的认同，有助于决策的顺利实施。参与群体决策的决策者往往也是决策的执行者，决策群体的成员具有广泛的代表性，所形成的决策是在综合各成员意见的基础上形成的对问题趋于一致的看法，因而有利于决策实施有关部门或人员的理解和接受，在实施中也容易得到各部门的支持与配合。从而在很大程度上有利于提高决策实施的质量。

（3）群体决策有利于使人们勇于承担风险。据有关学者研究表明，在群体决策的情况下，许多人都比个人决策时更敢于承担更大的风险。

2. 群决策存在的问题

群体决策虽然具有上述明显的优点，但也有一些特殊的问题，如果不加以妥善处理，就会影响决策的质量。群体决策容易出现的问题主要表现在以下四个方面：

（1）速度、效率可能低下。群体决策鼓励各个领域的专家、员工积极参与，力争以民主的方式拟定出最满意的行动方案。在这个过程中，如果处理不当，就可能陷入盲目讨论的误区之中，既浪费了时间，也降低了速度和决策效率。

（2）有可能受到群体中有权威或有影响力的个体或子群体所左右。群体决策之所以具有科学性，原因之一是群体决策成员在决策中处于同等的地位，可以充分发表个人见解。但在实际决策中，这种状态并不容易达到，很可能出现以个人或子群体为主发表意见、进行决策的情况。

（3）很可能更关心个体目标。在实践中，不同部门的管理者可能会从不同角度对不同问题进行定义，管理者更会对与其所管理的部门相关的问题更加敏感。例如，市场营销经理往往希望较高的库存水平，而把较低的库存水平视为问题的征兆；财务经理则偏好于较低的库存水平，而把较高的库存水平视为问题发生的信号。因此，如果处理不当，很可能发生决策目标偏离组织目标而偏向个人目标的情况。

（4）可能出现责任不明。群体成员共享责任，但是当具体问题最终出现时，可能出现责任模糊，边界不清或者责任扩散。

3. 群决策的改善

要想在群体决策过程中达成完全一致的意见是很难做到的，要求参与决策的每一个人在合乎逻辑与切实可行的基础上接受这个决策，达成共识，成为群体决策，应该采取以下方法：

（1）避免个人认知偏见，应尽可能倾听他人的意见并认真地加以考虑，然后再充分表明自己的观点；

（2）当讨论处于僵持状态时，应当调换思路，去寻找各方都能接受的新的方案；

（3）不要简单地人云亦云，轻易改变自己的观点，应积极参与，共同探求问题的本质；

（4）促使决策群体成员的多元化，尝试鼓励每个人参与到决策讨论中，有助于群体决策收集更加全面的信息，从而做出决策。

4. 群体决策技术

在群体决策中，由于群体成员心理相互作用影响，易屈于权威或大多数人意见，形成所谓的“群体思维”。群体思维削弱了群体的批判精神和创造力，损害了决策的质量。为了保证群体决策的创造性，提高决策质量，管理学上发展出一系列改善群体决策的方法，包括头脑风暴法、德尔菲法、名义小组技术等。

（1）头脑风暴法。头脑风暴法是一种专家会议决策技术。采用头脑风暴法组织群体决策时，要集中有关专家召开专题会议，主持者以明确的方式向所有参与者阐明问题，说明会议的规则，尽力创造融洽轻松的会议气氛。会议中一般不发表意见，以免影响会议的自由气氛。由专家们“自由”提出尽可能多的方案。在专家提出备选方案时，一般不允许任何人批评，直到全部备选方案都被提出。集体成员对每种备选方案的优点与不足展开讨论，直到形成一个最佳方案的排列。

实践经验表明，头脑风暴法可以排除折中方案，对所讨论问题通过客观、连续的分析，找到一组切实可行的方案，因而头脑风暴法在军事决策和民用决策中得到了较为广泛的应用。例如在美国国防部制订长远科技规划中，曾邀请 50 名专家采取头脑风暴法开了两周会议，参加者的任务是对事先提出的长远规划提出异议。通过讨论，得到一个使原规划文件变为协调一致的报告，在原规划文件中，只有 25% ~30% 的意见得到保留。由此可以看到头脑风暴法的价值。

当然，头脑风暴法实施的成本（时间、费用等）是很高的，同时，头脑风暴法要求参与者有较好的素质。这些因素是否满足会影响头脑风暴法实施的效果。

（2）德尔菲法。德尔菲法是在 20 世纪 40 年代由 O. 赫尔姆和 N. 达尔克首创，经过 T. J. 戈尔登和兰德公司进一步发展而成的。德尔菲这一名称起源于古希腊有关太阳神阿波罗的神话。传说中阿波罗具有预见未来的能力。因此，这种预测方法被命名为德尔菲法。

德尔菲法又称专家意见法或专家函询调查法，是依据系统的程序，采用匿名发表意见的方式，即团队成员之间不得互相讨论，不发生横向联系，只能与调查人员发生联系，专家反复填写问卷，调查者经过反复征询、归纳、修改，最后汇总成一个比较一致的意见，作为集体决策的结果。

德尔菲法是一种最为有效的专家判断预测法。由于吸收了不同专家参与预测，充分利用了专家的经验和学识；并且采用匿名或背靠背的方式，能使每一位专家独立地做出自己的判断，不会受其他繁杂因素的影响；预测过程必须经过几轮的反馈，使专家的意见逐渐趋同。正是由于德尔菲法具有以上这些特点，并且实施起来简便易行，使它在诸多判断预测或决策手段中脱颖而出。德尔菲法的主要缺点是过程复杂，花费时间较长。

5. 高效的决策群体

管理决策的质量最终取决于对机会或威胁的创造性反应和效率。管理者和管理者群体如何才能提高其面对复杂多变的非程序性决策的能力，提高其适应、调整甚至改变其任务环境的能力以不断提高企业绩效呢？除了通过决策技术的实施，促进决策者和决策群体的创造性以外，还应该是一个高效的决策群体。麦格雷戈（McGregor，1980）根据自己的观察列出了有效率组织的特征：

（1）团队的任务和目标得到了成员的充分理解和接受；

（2）每个成员都真正参加了很多与团队任务有关的讨论；

（3）成员相互听取意见，每种想法都有公开表达的机会；

（4）虽然存在分歧，但团队并不以此为忤，没有表现出必须避免冲突或维持表面上一团和气的迹象；

（5）大多数决策是在取得一致后才达成的，每个成员都表示同意并愿意服从这些决策；

（6）团队的主席并不支配决策，而且成员也不过多地向主席请示；

（7）团队对自身的运作了然于胸，常检查决策的完成状况或哪些因素干扰了团队的运作；

（8）当采取行动时，指派的任务要明确并能够被接受。

8.6 总结与考评

在综合模拟实验环节，每个学生的成绩主要由团队成绩和个人成绩两部分组成。其中，团队成绩由实战模拟成绩、团队总结汇报成绩构成；个人成绩由个人实验报告成绩、个人在团队中的表现等构成。

1. 考核内容

学生需在期末完成综合模拟实验的团队总结汇报和个人实验报告两项任务，其中团队总结汇报以团队汇报演讲形式进行。

（1）团队汇报演讲内容提纲。

基本情况：公司介绍、团队分工、经营主要业绩展示；

经营分析：分析团队优势与不足，成功与失误的关键事件；

理论总结：对相关专业理论应用于模拟实践的认识和感悟（企业战略管理、财务管理、生产管理、市场营销、运筹学）等；

体会与建议：学习该门课程的心得体会、对该门课程改进的意见和建议。

（2）个人实验报告内容提纲。

岗位职责及岗位履行情况；与岗位相关的实验成果全面展示；结合专业知识的深入总结；收获和体会；CEO 评价。

2. 考评办法

综合实验采用实战成绩与平时表现相结合、以教师考查与 CEO 评价相结合的方法进行。

综合实验成绩 = 团队成绩 ×50% + 个人成绩 ×50%

团队成绩 = 最后一期对抗实战综合得分百分制分 ×60% + 团队总结汇报得分 ×40% 个人成绩

= 个人实验报告得分 ×70% + CEO 评价得分 ×30%

其中，公司实战模拟综合得分需采用 MIN – MAX 标准化方法处理。实战综合得分第一名记 100 分，最后一名记 60 分，各公司实战综合得分百分制分计算方法如下：

$$X' = \frac{X - MIN}{MAX - MIN} \times 40 + 60$$

上式中，X 为该公司综合得分原始值，MIN 为综合得分中的最小值，MAX 为综合得分中的最大值，X' 为该公司综合得分标准化后百分制值。

实验与思考

1. 结合你在综合模拟实验中担任的岗位谈谈履职情况，总结履职经验和教训。
2. 结合商战模拟，谈谈你对创业的认识，如果有机会创业会从哪些方面着手准备。
3. 结合专业知识并举实务案例说明你对初创企业成长的认识。

主要参考文献

[1] BIZSIM 企业竞争模拟系统，http://www.ibizsim.cn。

[2] 苗敬毅、张玲：《管理预测技术与方法》，清华大学出版社 2014 年版。

[3] 周柏翔：《企业管理决策模拟》，化学工业出版社 2012 年版。

[4] 张所地、吉迎东、胡琳娜：《管理决策理论、技术与方法》，清华大学出版社 2013 年版。

附录

复利现值系数表（PVIF 表）

n	1%	2%	3%	4%	5%	6%	8%	10%	12%	14%	15%	16%	18%	20%	25%	30%	35%	40%	50%
1	0. 990	0. 980	0. 970	0. 961	0. 952	0. 943	0. 925	0. 909	0. 892	0. 877	0. 869	0. 862	0. 847	0. 833	0. 800	0. 769	0. 740	0. 714	0. 666
2	0. 980	0. 961	0. 942	0. 924	0. 907	0. 889	0. 857	0. 826	0. 797	0. 769	0. 756	0. 743	0. 718	0. 694	0. 640	0. 591	0. 548	0. 510	0. 444
3	0. 970	0. 942	0. 915	0. 888	0. 863	0. 839	0. 793	0. 751	0. 711	0. 674	0. 657	0. 640	0. 608	0. 578	0. 512	0. 455	0. 406	0. 364	0. 296
4	0. 960	0. 923	0. 888	0. 854	0. 822	0. 792	0. 735	0. 683	0. 635	0. 592	0. 571	0. 552	0. 515	0. 482	0. 409	0. 350	0. 301	0. 260	0. 197
5	0. 951	0. 905	0. 862	0. 821	0. 783	0. 747	0. 680	0. 620	0. 567	0. 519	0. 497	0. 476	0. 437	0. 401	0. 327	0. 269	0. 223	0. 185	0. 131
6	0. 942	0. 887	0. 837	0. 790	0. 746	0. 704	0. 630	0. 564	0. 506	0. 455	0. 432	0. 410	0. 370	0. 334	0. 262	0. 207	0. 165	0. 132	0. 087
7	0. 932	0. 870	0. 813	0. 759	0. 710	0. 665	0. 583	0. 513	0. 452	0. 399	0. 375	0. 353	0. 313	0. 279	0. 209	0. 159	0. 122	0. 094	0. 058
8	0. 923	0. 853	0. 789	0. 730	0. 676	0. 627	0. 540	0. 466	0. 403	0. 350	0. 326	0. 305	0. 266	0. 232	0. 167	0. 122	0. 090	0. 067	0. 039
9	0. 914	0. 836	0. 766	0. 702	0. 644	0. 591	0. 500	0. 424	0. 360	0. 307	0. 284	0. 262	0. 225	0. 193	0. 134	0. 094	0. 067	0. 048	0. 026
10	0. 905	0. 820	0. 744	0. 675	0. 613	0. 558	0. 463	0. 385	0. 321	0. 269	0. 247	0. 226	0. 191	0. 161	0. 107	0. 072	0. 049	0. 034	0. 017
11	0. 896	0. 804	0. 722	0. 649	0. 584	0. 526	0. 428	0. 350	0. 287	0. 236	0. 214	0. 195	0. 161	0. 134	0. 085	0. 055	0. 036	0. 024	0. 011
12	0. 887	0. 788	0. 701	0. 624	0. 556	0. 496	0. 397	0. 318	0. 256	0. 207	0. 186	0. 168	0. 137	0. 112	0. 068	0. 042	0. 027	0. 017	0. 007
13	0. 878	0. 773	0. 680	0. 600	0. 530	0. 468	0. 367	0. 289	0. 229	0. 182	0. 162	0. 145	0. 116	0. 093	0. 054	0. 033	0. 020	0. 012	0. 005
14	0. 869	0. 757	0. 661	0. 577	0. 505	0. 442	0. 340	0. 263	0. 204	0. 159	0. 141	0. 125	0. 098	0. 077	0. 043	0. 025	0. 014	0. 008	0. 003
15	0. 861	0. 743	0. 641	0. 555	0. 481	0. 417	0. 315	0. 239	0. 182	0. 140	0. 122	0. 107	0. 083	0. 064	0. 035	0. 019	0. 011	0. 006	0. 002
16	0. 852	0. 728	0. 623	0. 533	0. 458	0. 393	0. 291	0. 217	0. 163	0. 122	0. 106	0. 093	0. 070	0. 054	0. 028	0. 015	0. 008	0. 004	0. 001
17	0. 844	0. 714	0. 605	0. 513	0. 436	0. 371	0. 270	0. 197	0. 145	0. 107	0. 092	0. 080	0. 059	0. 045	0. 022	0. 011	0. 006	0. 003	0. 001
18	0. 836	0. 700	0. 587	0. 493	0. 415	0. 350	0. 250	0. 179	0. 130	0. 094	0. 080	0. 069	0. 050	0. 037	0. 018	0. 008	0. 004	0. 002	0. 000
19	0. 827	0. 686	0. 570	0. 474	0. 395	0. 330	0. 231	0. 163	0. 116	0. 082	0. 070	0. 059	0. 043	0. 031	0. 014	0. 006	0. 003	0. 001	0. 000
20	0. 819	0. 672	0. 553	0. 456	0. 376	0. 311	0. 214	0. 148	0. 103	0. 072	0. 061	0. 051	0. 036	0. 026	0. 011	0. 005	0. 002	0. 001	0. 000
25	0. 779	0. 609	0. 477	0. 375	0. 295	0. 232	0. 146	0. 092	0. 058	0. 037	0. 030	0. 024	0. 015	0. 010	0. 003	0. 001	0. 000	0. 000	0. 000
30	0. 741	0. 552	0. 411	0. 308	0. 231	0. 174	0. 099	0. 057	0. 033	0. 019	0. 015	0. 011	0. 006	0. 004	0. 001	0. 000	0. 000	0. 000	0. 000
35	0. 705	0. 500	0. 355	0. 253	0. 181	0. 130	0. 067	0. 035	0. 018	0. 010	0. 007	0. 005	0. 003	0. 001	0. 000	0. 000	0. 000	0. 000	0. 000
40	0. 671	0. 452	0. 306	0. 208	0. 142	0. 097	0. 046	0. 022	0. 010	0. 005	0. 003	0. 002	0. 001	0. 000	0. 000	0. 000	0. 000	0. 000	0. 000
45	0. 639	0. 410	0. 264	0. 171	0. 111	0. 072	0. 031	0. 013	0. 006	0. 002	0. 001	0. 001	0. 000	0. 000	0. 000	0. 000	0. 000	0. 000	0. 000
50	0. 608	0. 371	0. 228	0. 140	0. 087	0. 054	0. 021	0. 008	0. 003	0. 001	0. 000	0. 000	0. 000	0. 000	0. 000	0. 000	0. 000	0. 000	0. 000